Hanban

国家汉办十五科研规划项目

国家社科基金十一五规划项目

外国人学汉语语法偏误研究

周小兵　朱其智　邓小宁　等　著

北京语言大学出版社
BEIJING LANGUAGE AND CULTURE UNIVERSITY PRESS

图书在版编目（CIP）数据

外国人学汉语语法偏误研究 / 周小兵著. -- 北京 :
北京语言大学出版社, 2007.12(2024.3重印)
ISBN 978-7-5619-1967-5

Ⅰ. ①外… Ⅱ. ①周… Ⅲ. ①汉语－语法－对外汉语
教学－教学研究 Ⅳ. ①H195.3

中国版本图书馆 CIP 数据核字(2007)第 163427 号

外国人学汉语语法偏误研究

WAIGUO REN XUE HANYU YUFA PIANWU YANJIU

责任编辑：上官雪娜　刘艳芬
责任印制：邝　天

出版发行：北京语言大学出版社
社　　址：北京市海淀区学院路 15 号，100083
网　　址：www.blcup.com
电子信箱：service@blcup.com
电　　话：编 辑 部　8610-82303647/3592/3395
　　　　　国内发行　8610-82303650/3591/3648
　　　　　海外发行　8610-82303365/3080/3668
　　　　　北语书店　8610-82303653
　　　　　网购咨询　8610-82303908
印　　刷：北京鑫丰华彩印有限公司

版　　次：2007 年 12 月第 1 版　　印　　次：2024 年 3 月第 11 次印刷
开　　本：710 毫米×1000 毫米 1/16　　印　　张：25.5
字　　数：388 千字
定　　价：62.00 元

PRINTED IN CHINA
凡有印装质量问题，本社负责调换。售后QQ号1367565611，电话010-82303590

序

赵金铭

从事汉语作为第二语言教学的人们常说，外国人学习汉语过程中出现的各种偏误是语言研究、汉语研究和汉语作为第二语言教学和习得研究的无尽宝藏，旨哉斯言。惜乎开发的规模还不够大，挖掘也有待于进一步深入。坊间虽有外国人学习汉语病句分析之类书籍，大多止于形式与语义上的辨析正误，极少涉及成因。有的学校虽建有旨在偏误分析的外国人汉语中介语语料库，但使用不广，未能物尽其用。现在，中山大学周小兵教授牵头组织一批年富力强、教学经验丰富、又有第二语言教学与习得理论学养的教师，先是建成一个“汉语中介语偏误标注语料库”，收入外国人学习汉语的作文 60 万字，其中对语法、汉字等进行多角度、多层面偏误标注的熟加工语料有 40 万字。基于这个语料库，承担了国家汉办“十五”科研规划项目和全国社科基金“十一五”规划项目，对外国人学习汉语的语法偏误，展开了大规模的、深入全面的研究，三历寒暑，成果终于面世。

在汉语作为第二语言学习中，学习者常常出现各种各样的“错误”，发现错语，纠正错误，以往似乎是教师的责任。20 世纪 90 年代以后，在我国第二语言习得研究文献中，多使用“偏误”一词。这是翻译英语的 error 一词，而将 mistake 一词译为“错误”或“失误”。翻译的不同，标志着一种观念的转变，标示着研究者对第二语言学习与习得现象认识的提升。所谓偏误，是指第二语言学习过程中学习者的语言偏离了目的语规律的一种现象，它显示的是一种“差距”，大多带有规律性，且可追究原因，因而不应当视为一种错误。“偏误”是第二语言习得研究中的重要概念，被作为观察第二语言学习者语言认知心理过程的一个窗口。

有一种说法，对比分析、偏误分析和中介语研究为三驾马车，奔向一个目标，就是第二语言习得研究。对比分析的目的，主要在于找出母语对目的语学习的干扰，预测并解释学习者的习得难点和可能出现的错误。实际上，学习者偏误的产生，并非单纯源于母语的干扰，而是多种因素影响的结果。20世纪70年代以后，偏误分析理论在对比分析的基础上，进一步发展，总结出一些非母语干扰而造成偏误的原因，比如第二语言学习者在使用目的语时的泛化现象。偏误分析的研究目的，一是通过偏误分析建立中介语系统；一是通过偏误分析找到第二语言学习中产生问题的症结。这一切仍离不开语言对比分析。本书正是基于中介语语料库，从汉外语言对比出发，分析学习者的偏误，从而显现中介语的性质和特点，展示学习者目的语的发展过程，并从心理学角度分析习得过程，解释偏误，预测偏误，为第二语言学习提供教学对策和学习策略。三驾马车，三位一体，共同深化第二语言习得研究，共同促进汉语第二语言教学研究。

本书具有明显的特色：

在汉外语言对比时，着重分析母语在第二语言学习中的负迁移作用，材料丰赡，涉及大量语际偏误，计有英语、日语、朝鲜语、越南语、泰语、西班牙语和法语。根据各语种的不同情况，分别从词类、句法成分、语序、句式以及表达诸方面分析母语的干扰，是目前在偏误分析方面涉及语种最多的。语际偏误，可为汉语语法研究提供参照，为汉语语法研究提供新的视角。

本书对语法偏误的研究程序全面、科学而严谨。偏误分析一般有五个步骤：选择语料、确定偏误、偏误分类、解释偏误、评价偏误。本书在此基础上增加了偏误纠正、偏误探源和教学建议。在纠正偏误方面提出四条原则，具有可操作性，即：不违背学习者原意、符合汉语规则和语感、最简化、接近学习者语言水平。学习者的语法偏误，情况复杂，成因也不单纯，往往可能有多种纠正办法。加之从语料库中提取的语法偏误多为单句，脱离了具体的语言环境，没有上下文，有时很难纠正。甚或将“正”改“错”，也未可知。另则，明显有类可归的偏误，改起来容易；具有高下之分、优劣之别者，处理起来难。本书确立纠错的原则，实给人以津梁。

本书将“教学误导”独立成编，实属必要，但需要勇气。书中考察了几套教材，对教材中直接或间接导致学习者产生偏误的因素作了中肯的揭示，难能可贵。如外语注释的准确性问题，我们常听到学习者反映教材中的注释看不懂，或按照注释去表达，结果出现了偏误，这就是教材误导。此外，如词语和语法点讲解的不准确、不完整，课文中的语言错误，练习设计失误等，所在多有。本书特别以“得”字情态补语句和概数表达为例，进行教学误导分析，给人以启迪。

语言研究中，人们常说：“说有易，说无难”。套用一下，我们说第二语言习得研究中分析容易，解释难。本书从母语负迁移、目的语规则泛化、教学误导、交际策略应用失误等方面详尽分析外国人语法偏误的成因，仅此还不够，还不能从心理过程和认知过程来解释第二语言习得的本质。书中尝试应用认知科学的理论，从语言普遍性、普遍语法与第二语言习得的关系，标记性和偏误的产生，自然度的高低与偏误的生成等，对语法偏误作出解释。解释是一家之言，不必求同。解释可以多种多样，只要言之成理，持之有故，就能发人深思，使人耳目一新。

周小兵教授的研究项目已结项，书也定稿，嘱我写个序。序无定式，我对偏误分析素无研究，只能写个读后感，以完成小兵教授对我的嘱托，并感念小兵教授对我的信任。

内容介绍

本书主要介绍如何分析、研究汉语作为第二语言/外语学习中出现的语法偏误，如何针对语法偏误进行恰当而有效的教学和学习。

本书分六部分：总论，汉外对比与母语负迁移，目的语规则泛化，教学误导，基于交际策略的偏误，语法偏误的认知解释。

第一编（总论部分）介绍语法偏误研究的意义和现状，语法偏误研究的方法和程序。其中研究方法一章，列举了丰富的语料，详细介绍了语法偏误的类别、研究方法和程序，对偏误的研究、教学有切实的指导意义。

第二编（汉外对比与母语迁移）以汉外对比为基础，分析母语为英语、日语、韩语、越南语、泰语、西班牙语和法语的学习者受母语影响而生成的语际偏误。对比准确，分析细致。

第三编（目的语规则泛化）从宾语、搭配、杂糅、语篇、结构诱发几个方面探讨偏误生成的语内因素。内容丰富，论述清晰。

第四编（教学误导）从教科书的外文注释、解释和讲解、课文、练习几个方面入手，探讨了教学误导引发的偏误，对“得”字补语句和概数表达两个语法项目进行了较为深入的考察和研究。

第五编（交际策略运用）从转述、有意迁移、回避三方面考察了学习者使用交际策略时出现的偏误。

第六编（偏误的认知解释）从语言普遍性、标记性、自然度等角度探讨了诱发偏误产生的认知因素，对疑问句进行了考察。

本书的特点是：（1）内容丰富，角度新颖，将习得、教学理论和相关的基础理论融为一体，系统性强。（2）使用多种理论、方法、手段，对收集的丰富语料（包括2000多条偏误）进行深入研究，解决了汉语偏误分析和习得研究中的一些具体难题，如，从度量差比句、“不比”句等语法点的偏误中探讨习得规律，找出汉外语法及思维上的一些基本区别。（3）概念科学清晰，论述深入浅出，语料丰富，例子准确，容易阅读和掌握。（4）将基础研究和开发研究有机地结合在应用研究上，可操作性强，能切实促进汉语作为第二语言/外语的教学和学习。

本书适合以下读者：海内外从事汉语作为第二语言/外语教学的教师；对外汉语专业本科生，对外汉语教学方向或相关专业（如心理学、外语等）的研究生；汉语言专业的本科生，汉语言文字学专业的研究生。此外，其他语言作为第二语言/外语教学的教师也可以参考。

目 录

第1编

总 论

第一章
语法偏误研究的意义和现状

第一节　语法偏误研究的意义

偏误是一种中介语现象，“指的是中介语与目的语规律之间的差距”。（鲁健骥，1984）本书主要研究汉语作为第二语言习得中的语法偏误。先看例子：

（1）＊他们学习汉语和教英语。（他们学习汉语并教英语。）

（2）＊我昨天见面了老师。（我昨天跟老师见了面。）

这类偏误，汉语作为母语者极少出现，但汉语作为外语的学习者却常常出现。

对这类语法偏误进行系统研究是非常必要的。最早系统论述偏误分析的 Corder（1967）认为，偏误有三个作用：1）能使教师了解学习者的学习情况；2）能使研究者了解学习者是如何学习语言的；3）是学习者赖以发现目的语规则的工具。

偏误研究是对外汉语学科建设的重要内容。陆俭明（1999）提出对外汉语研究的四个步骤，其中第二个步骤就是“加强汉外对比研究和外国学生偏误分析研究，以便尽可能有针对性地进行对外汉语教学”。

下面我们从几个方面探讨偏误研究的重要性。

一、语法偏误研究可以深化汉语习得研究

第二语言习得研究，发端于二十个世纪六十年代末七十年代初。短短三十多年的时间，它已经成为跟第二语言教学并驾齐驱的新兴学科。它所关注的问题有：人们是如何学习第二语言的；学习第二语言的途径、阶段、过程、规律是怎样的；学习第二语言和习得第一语言有什么相同之处，有什么不同之处。它致力于揭示学习第二语言时人的心理特点和过程，揭开大脑运作的“黑箱”。

越来越多的第二语言教学者承认，只有将教的研究和学的研究结合起来，只有了解和把握学生的习得特点和规律，才能使第二语言教学更有效果。而现代意义上的偏误研究，不但是习得研究的前沿阵地，而且是连接习得研究和教学研究的桥梁。

1. 考察偏误产生的原因和途径

习得研究和偏误研究都要运用心理学的方法，考察各类迁移在第二语言习得中的影响和发生影响的途径。如例（1），学生显然是受到母语的影响而出现这类偏误，因为英语可以说：

（3）They learn Chinese ***and*** teach English.

不但英语如此，还有不少语言，连接名词词语和动词词语的连词都是一样的。这自然会影响学习者，导致他们在使用汉语时用“和”连接充当谓语的动词词语。

而例（2）的生成就更复杂一些。首先，母语迁移的作用肯定在起作用。如英语可以说：

（4）I ***met*** my teacher yesterday.

不少语言中与“见面”意思相同的词都可以带宾语，如法语、韩语、日语、

越南语等。学习者会将母语同义词的句法搭配搬到汉语里，生成类似（2）的偏误。

其次，目的语的规则泛化也会产生影响。如汉语可以说：

（5）a. 我昨天见了老师。

b. 我昨天看见了老师。

“见、看见”和“见面”都有相同的语素；“见面”和“见”、“看见”对初学者来说，意思也差不多。既然“见、看见”可以带宾语，自然会让学习者类推而认为“见面”也可以带宾语。

此外，还有教学误导的因素。不少教材、词典都将“见面”注释为英文的“meet”。从学习者的角度看，“meet”可以带指人名词做宾语，“见面”自然也可以。这也是一种迁移或类推。

总之，偏误的出现有着很复杂的原因。偏误研究要找出偏误出现的种种原因，探索学习者生成偏误的心理机制。偏误研究深入下去，必然会推动第二语言习得研究。当然，有关偏误的研究还远远不够。如，偏误（2）中母语迁移、目的语规则泛化、教学误导这三个因素到底哪个起着主要作用？或者说，这三个因素是否根据不同学习者、不同学习阶段分别起着主要作用？又或者，还有没有其他因素在起作用？不言而喻，偏误研究对促进第二误言习得研究，对揭示习得第二语言时人们的心理有着重要意义。

2. 考察中介语的发展过程和规律

中介语是如何发展的？要经历哪些阶段？有什么规律？这是第二语言习得研究最关注的问题之一。要揭示中介语的发展过程，偏误研究是一个重要手段。

孙德金（2005）考察了北京语言大学中介语语料库中英语母语者使用动态助词“了、着、过”的情况。收集“了”句579个，“着”句199个，“过”句74个。通过对八个学时等级的考察，统计出这三个助词的偏误率如下：

表 1-1　“了”的使用错误率

学时等级	总句数	错误句数	错误率
1	27	7	26%
2	142	39	27%
3	120	22	18%
4	133	36	27%
5	98	21	21%
6	41	7	17%
7	10	2	20%
8	8	1	13%
总计	579	135	23%

表 1-2　“着”的使用错误率

学时等级	总句数	错误句数	错误率
1	5	2	40%
2	60	26	45%
3	34	7	21%
4	37	5	14%
5	53	5	9%
6	9	0	0
7	1	0	0
总计	199	45	23%

表 1-3　“过”的使用错误率

学时等级	总句数	错句数	错误率
1	0	0	0
2	20	13	65%
3	13	7	54%
4	20	4	20%
5	13	1	8%
6	5	1	20%
7	3	0	0
总计	74	26	35%

根据统计可以总结出英语母语者掌握3个体标记的规律：

在习得初期，“过”的难度最大，其次是“着”，再次是“了”。但随着学习等级提高，“着”和“过”错误率迅速下降，高年级学生能基本掌握它们的用法。而“了”虽在习得初期学生就大量使用，但存在的困难却很难克服，高年级学生仍然不能很好地掌握它的用法。

不难看出，要研究中介语的发展过程，离不开对偏误的考察。如果对学生的某个语言点偏误和正确表达进行科学的考察和统计，就可能看出学习者对这个语言点的习得过程，从而容易总结出相关的习得规律。

二、语法偏误研究可以促进对外汉语教学

1. 便于对偏误进行解释和纠正

以往的对外汉语教学忽视或轻视对偏误的研究，一些教师不知道如何在教学中适当地纠正偏误，更不知道如何解释偏误。这样教学的后果是，不少学习者出现了偏误自己还不知道；或者感觉到、知道自己输出了偏误，但不知道正确的表达应该是什么；或者知道自己生成了偏误，也知道正确的说法是什么，但不太明白自己为什么会错，也不太明白汉语的语法规则。

比如说，有一个留学生造出以下病句：

（6）＊釜山是在韩国第二大城市。

有一位缺乏经验的年轻教师这样讲解：应改为‘釜山在韩国是第二大城市’，介词短语应放在动词前。该教师发现、认定了偏误，改正后的句子也符合汉语语法。但是，这个解释还有需要改进的地方。语法偏误的修改和解释，一般要符合几个原则（详见第二章第二节）。

首先，改正后的句子要符合目的语语感，能正确表达作者意思。“釜山在韩国是第二大城市”在语法上没有问题。但相比之下，我们总觉得（7）更符合汉语语感，更能准确表达学生的意思：

（7）釜山是韩国第二大城市。

这个句子的结构可以抽象出一个固定的格式：

（8）专有名词1＋是＋专有名词2或一般名词1＋定语＋一般名词2

填进不同的词项，就可以生成许多合法的句子。如：

中国是世界人口最多的国家。

台湾岛是中国最大的岛。

他是我们班最高的同学。我是我们班第二高的同学。

我们可以通过偏误分析，将上述句式教给学生，或者将学生已经学过但还未完全掌握的这个句式进一步加以巩固。

其次，语法规则的解释要符合语言事实。“介词短语应放在动词前”这个规则值得商榷。因为在汉语中，介词短语也可以放在动词之后（他坐在椅子上），还可以放在名词词语前（在韩国的时候、对这个问题的看法）。尽管我们可以说在（6）这个具体句子中，介词短语应放在动词前。但我们刚刚看到，介词短语放在动词前的句子，在表达方式、语感两方面并不是最理想的句子，因此，该解释还有待改进。

再次，对规则的解释要有系统性。我们发现，韩国学生使用汉语时滥用“在”字短语的现象并不是偶然的。如：

＊汉城是在韩国的第一个城市。

＊听说昆明是在中国最漂亮的地方。

＊我住的西大门区，是在汉城四个很有名的大门之一。

＊我热爱在汉城的冬天。

前三句跟偏误（6）的结构相似，只要去掉一个“在”，就可以成为格式（8）了。我们教给学生格式（8）来表达相关意思，就可以有举一反三的效果。如果只是将介词短语提到动词前，效果就没有那么好了。

此外，最后一句偏误的结构跟前三句不同，但同样去掉“在”就可以成为正确的句子。可见，用误加“在”来解释这一大类偏误，用去掉“在”的方法来纠正，是比较合适的解释和改正方法。它使偏误的解释体现出系统性。

综上所述，对语法偏误进行系统、深入的研究，可以使教师更好地解释偏误、纠正偏误，从而促进学生的汉语语法学习，使他们减少偏误，更多更好地输出合乎语法的句子。

2. 便于对语法规则的掌握

正确分析学习者的语法偏误，对学习者来说，尤其是中高级阶段的学习者来说，是十分重要的。研究偏误对掌握语法规则的重要性，周小兵（1996）提到两点：

1）能让学生明白偏误产生的原因，了解汉语和其母语的区别，避免或减少偏误的出现。同时，可以使学生掌握相关的语法规则，从而生成大量合格的句子。

2）能激发学生学习、掌握汉语语法的积极性。教成人学习外语时，为了让学生掌握好目的语语法，既要教正确的句子，也要分析学生输出的错句。有时后者效果更好。因为很多学习者是在经常出现偏误后才重视语法规则的学习；正误对比、寻找原因，比只是根据正确句解释语法规则更有效。这很像一般人对待医疗知识，有了病才主动去学习，医疗知识是在防病、治病过程中掌握的。

大量教学实践证明，好的教师能在教学中恰当地分析偏误，能让学生自然而然地掌握相关的语法规则。这种分析可以在专门的病句分析课、语法专题课中进行，更多地则是在各类不同课型中随机进行。

问题在于，我们的教师是否能在讲解偏误的时候，适当地将语法规则传授给学生。一位学汉语的日本学生对某些教师提出批评："好些老师在纠正病句时说：不要问为什么，反正这样说对，那样说不对。我们都是成年人，跟小孩学语言不一样。听到老师说这样的话，我们感到伤心和无奈。"她的这番话，也让我们这些教汉语并研究汉语的老师感到伤心。

应该说，近二十年的偏误研究，已经使对外汉语教学界对不少偏误有了比较科学的解释，也归纳出不少相关的语法规则。如果我们的教师能学习、消化这些成果，对学生掌握相关语法规则将是十分有益的。当然还要看到，对许多语法偏误，我们还没有找到合理的解释。针对这些偏误总结出符合汉语事实的语法规则，将是对外汉语学界和汉语语法学界需要共同完成的艰巨任务。

3. 便于有针对性地进行教学

在某种程度上，偏误是学习难度的晴雨表。某一个语法点偏误出现次数的多少，偏误持续时间的长短，往往反映出该语法点学习难度的高低。可以说，偏误越多、偏误持续时间越长的语法点，正是学生的学习难点，也是我们的教学重点。

以动态助词“了、着、过”为例，根据我们对不同母语学生的考察，跟“过”相关的偏误出现频率最低，初级阶段较多，到了中级阶段就很少出现；跟“了”相关的偏误出现频率最高，从初级阶段到高级阶段一直都有；跟“着”相关的偏误居中。由此可以判定，“了”的学习难度最高，“着”次之，“过”最低。我们应该根据学习难度的高低来安排教学重点。

此外，一个大的语法点还可以细分为若干个小的语法点。每个小点的偏误情况是不同的。如果能细致研究每个小点的偏误情况，可以更科学、更细致地进行有的放矢的教学。如“着”既可以表示动态也可以表示静态。根据李蕊、周小兵（2005）的研究，表示动态的“着”，学习者偏误的频率远远超过表示静态的“着”。根据孙德金（2005）的研究，母语为英语者“着”的偏误主要在活动情态和终结情态。活动情态的错误大多出现在用“着”表示动作持续的句子里。因此，在教学中我们应该更关注表示动态的“着”。

4. 便于大纲、教材和词典的编制

现有的对外汉语教学大纲、教材，虽然考虑到将本体研究成果和对外汉语教学结合起来，并在教学实践中发挥了较好的效应，但是，毋庸置疑，它们还或多或少地存在一些问题。

大纲、教材最重要的一点就是科学地反映语言事实。但目前这一点还做得相当不够。如留学生在使用汉语时时常出现下列偏误：

*我们班有二十一二十二个学生。

*桌子上有十七十八斤水果。

这类偏误的出现，当然跟相关语言点的学习难度有关，但跟一些教材解释得不全面也有关。

根据姚清银（详见第十七章）的考察，在谈到用相邻两个数字表示概数时，有五套对外汉语教材的表述都很简单，可以总结概括为：

两个相邻的数字或数词连用可以用来表示概数。

这样的表述虽然简洁，但对于汉语作为外语的学习者来说，就存在与汉语事实不符的问题。事实上，并非所有相邻的两个数字连用都可以表示概数。学习者如果照搬这样的解释，就容易生成上述偏误。汉语事实告诉我们，连用的只限于 1～9 这几个数，而且是由小到大、两个两个地连用（“九”和“十”还不能连用）。现在有一些教材表述不够准确，过于简单粗略，不利于学生学习，容易诱发偏误的产生。

还有一些教材没有很好地考虑对外汉语教学的需求，没有充分体现对外汉语教学的特点，使用起来会出现一些问题和麻烦。比如说，语法点的学习难度有高低之分。施家炜（1998）的研究显示，有的大纲将类似“把书打开（合上）”的“把”字句列为比较容易的语法点，将类似“把书放在桌子上”的“把”字句列为比较难的语法点。但从习得情况的考察看，外国留学生往往是先习得后者，后习得前者。如果我们了解、掌握相关偏误出现的情况，就可以进一步了解语法点的难易程度，并据此对语法点的解释、练习等作适当的处理。

再如不少教材中，“A 比 B + 形容词”（他比小王高）和“A 不比 B + 形容词”（他不比小王高）两个语法点，在初级阶段的同一课中出现。然而从对中介语的考察看，“不比”句很难跟“比”句同时习得并掌握。根据陈珺和周小兵（2005）的考察，留学生在中级阶段、甚至高级阶段还没能很好地掌握“不比”句，偏误出现频率很高。原因有三个：第一，尽管“不比”句从形式上看是“比”句的否定式，但它并非表达跟“比”字句相反的意思。“不比”句是话语的否定，否定对方说的话，或否定不少人认为是常理的东西，习得难度上比“比”字句要高得多。因此，该句式不应在初级教学阶段出现，而应在中级第二学期教。第二，不少教材在初级阶段把“不比”句和“比”字句一起教给学生，造成了混淆，诱发出一些偏误。如混淆“A 不比 B + 形容词”（他不比你高）跟“A 没有 B + 形容词”（他没有你高）两种句式；或将两个句式杂揉在一起（＊他没有不比你高）；或用“A不比B＋形容词”句式表达“A没有B＋形容词”的意思。第三，到了中级第二学期，学生有能力掌握“不比”句了，却没有对此句式进行适当的教学。

如果我们能对“比”句和“不比”句偏误出现的情况（如时间、频率等）进行统计，对相关偏误进行科学的考察和分析，就可以对这两个语法点出现的时间进行合理的安排。

总之，教材中语法点的出现顺序，语法点描写和规则解释的准确性，语法讲解的多少和练习设计的合理性等，都可以从偏误的类别、频率反馈出来。如果能对学习者偏误做较深的研究，就可以不断地改善大纲和教材，编写出更加适用的大纲和教材，切实促进教学。

此外，词典的编制也可以从偏误研究中获益。李大忠（1993）指出，有一个留学生造出“＊宿舍里来了三位人”的句子，一问原因，学生说，《现代汉语词典》对“位”的解释是“用于人”，但没有具体解释和例子。我们的考察也发现，“数词＋位＋人”是很常见的偏误。《现代汉语词典》是针对本族人编写的词典，现在针对汉语作为第二语言的学习者编写的词典太少；现有的一些外向型词典，其中有些辞条的解释也没有充分考虑汉语作为第二语言的需求和特点，常常是以词训词，缺乏具体用法的展示。如果对学习者的偏误进行深入研究，就可以知道学习者的难点，了解产生学习困难的原因，从而有的放矢地编写出适用的外向型词典。

三、语法偏误研究可以推动汉语本体研究

要对学习者的偏误进行全面、准确的解释，就必须弄清楚相关的语法规则。比如说，对上述偏误（2）的解释，就需要找出相关的语法规则。诚然，我们可以用本体研究的成果解释说，“见面”是述宾式离合词，因此不能带宾语。但这种解释会遇到挑战：为什么常用的离合词“帮忙”和新出现的离合词“出台”可以带宾语？述宾式离合词一般不能带宾语，但哪些可以带宾语？或者某一个离合词常态下不带宾语，但在哪些特殊条件下可以

带宾语？这些，都是本体研究还没有解决的问题。

陆俭明（2005）指出，对外汉语教学的实际需要和学生提出或出现的种种问题迫使汉语本体研究的学者专家必须加强词语或句法格式的用法研究，特别是语义背景的研究。他举出两个例子：

*田中，走，去跳舞！（跳舞去！）

*商量以后，我们分了工，爱丽思布置会场去，大卫买饮料去，……（商量以后，我们分了工，爱丽思去布置会场，大卫去买饮料，……）

他认为，这两句话我们念着别扭，问题不在于语法，而在于不符合语用要求。根据他（1985）的调查，“去＋VP”意在强调施动者“从事什么事情”；而“VP＋去”（表目的关系）意在强调施动者位置。这两种格式的细微差别，以前做汉语语法研究的学者一般不研究。只是外国学生学习汉语时出现了上述偏误，才促使学者进行相关研究。

以往的本体研究往往从本族人的视角看问题，从符合汉语语法的语言现象里去找问题。这种研究视角是单向的、狭窄的、静态的。偏误研究，需要从外国人、外族人的角度看汉语，从多语对比的层面去观照汉语，从不符合汉语语法的中介语现象里去找问题，从产生和发展过程去纵向观察中介语。这种视角是多向的、宽广的、动态的。全新的视点，当然会促进研究理论、方式、程序、手段的创新，当然会促进汉语本体研究的突破。

马真（1983）通过考察分析留学生偏误及本族人偏误发现，“反而”的使用有一定的语义背景，可分为：A，某情况发生；B，按常理，A会导致另一情况发生；C，另一情况没有发生；D，出现了跟另一情况相反的情况。“反而”就出现在D里。其中前3项有的可以不出现。如：“进入五月，反而更冷了”。A是“进入五月”。B是按常理，五月比四月暖和。C是并没有暖和。D是反而更冷了。不少留学生母语中没有跟“反而”完全对应的词语，以为“反而”只表示一般的转折，因此出现偏误。

以往很少有人研究汉语多项状语的顺序。刘月华（1983）将状语分为描写性和非描写性两大类，内分若干小类，勾勒出汉语多项状语的排序规则。她的这个研究，考虑了对外汉语教学的需求。但研究的范围比较大，没有细致的偏误分析，有的结论还稍嫌粗略，如提到“也”跟时间词语的次序，认为“也”可以在前，也可以在后。后来，陈小荷（1996）使用中介语语料库对留学生与“也”相关的偏误进行了统计和分析。他研究了与“也”相关的四类偏误及其出现频率；考察了相关偏误的出现条件；通过对偏误的分析和对汉语相关事实的描写，概括出更为细致的语法规则：

> 从“也”的使用来看，时间词语应分为两种，一种是体词性的，即时间词或相当于时间词的短语，如：“刚才、以前、这时候、那时候、有时候、……的时候”，一般放在“也”的前面；另一种是表时间或频率的副词，如：“常常、经常、时常、时而”，一般放在“也”的后面。

再如周小兵（1991）对“除”字句的研究。他针对留学生的语法偏误（如“＊除爬山外，他们都游泳了。”“＊除了排球，所有球类运动他也喜欢。”），对汉外相关句式进行了对比，指出加合式与排除式的区别，英语是靠介词标示的，而汉语是靠副词及其他手段（周遍性词语）标示的。如：

（9）Other persons in the class left ***besides*** him.

除了他，班里其他人<u>也</u>走了。（加合式）

（10）Other persons in the class left ***except*** him.

除了他，班里其他人<u>都</u>走了。（排除式）

（11）All rooms are occupied ***except*** this room.

除了这一间，<u>全</u>住满了。（排除式）

此外，汉语还有一些无标志的句式，只能靠语义组合来理解：

（12）除了注释，这篇文章才3000字。

（13）除了稍小一点，这套房间还不错。

汉语和外语的上述异同，给学习造成困难，是引发学习者生成偏误的原因之一。

应该说，上述基于对外汉语教学及偏误分析的研究，对汉语语法的本体研究有重要的启发意义。这也说明，偏误研究是推动汉语语法研究的动力。

20世纪初以来，英语在全世界得到迅速推广。英语作为外语教学的实际需求，包括对外族人学习英语语法偏误的合理解释，推动现代英语语法研究出现了质的飞跃，推动了现代英语语法体系的建立。如果我们在研究汉语语法时能考虑偏误解释的需要，考虑汉语作为第二语言教学的需求，那么，汉语语法研究一定会像英语那样取得实质性的突破。

第二节　偏误研究与对比分析、中介语理论

关于“偏误”一词的译法，有好多种。盛炎（1993）对此有一个较为详细的解释：

科德把学生的错误分为两种：mistake 和 error。前者一般译成“失误”，没有异议；后者译成“错误”、“差误”（吴棠）、“误差”（王宗炎）、“偏误”（鲁健骥）等多种，其中“偏误”使用较广。

因此，我们就使用“偏误”这一概念。

一、偏误研究与对比分析

偏误研究离不开对比分析。在中介语理论产生以前，外语教学中对语言难点进行分析的主要方法是对比分析，其作用主要是通过比较母语和目的语的异同，总结出母语对目的语学习产生干扰的规律，预测并解释学习者的难点与错误（详见本书第三章）。王力先生（1985）曾说：“对外教学，我认为最有效的方法是中外语言的比较教学。要突出难点，就是中国人看来容易，外国人学起来困难的地方。在语音、语法、词汇三方面，汉语都有自己的民族特点，这些特点，往往就是难点。必须首先让学生突破难点。”①

传统的偏误分析是跟对比分析连在一起的，服务于教学。如通过对比分析、偏误分析来预测教学难点、排列教学顺序、弥补教材的不足等。其做法是收集常见的错误并进行分类，然后对目的语和母语中相关语言点进行对比，找出母语负迁移对偏误产生的影响，并预测学习难点等。如，发现留学

---

① 转引自赵金铭（1985）把汉语教学与研究推向新高潮——第一届国际汉语教学讨论会论文举要，《语言教学与研究》第4期

生的偏误（*他们学习汉语和教英语）；通过汉语英语表示并列关系连词的对比，找出学习者生成这一偏误的原因；提出教学汉语连词的建议。

对比分析在教学上发挥了积极的作用。但教学实践告诉我们，母语干扰所预测和解释的范围是有限的，有些对比分析预测出的学习难点，学习者并不感到困难；学习者的有些学习难点，对比分析并没有预测出来。因此，在中介语理论引进前，跟对比分析密切相关的偏误分析并没有形成系统。随着中介语理论的传入，偏误研究才逐步形成体系，总结出一些除母语干扰以外的其他偏误形式的原因，如语内迁移、教学诱发、交际策略的影响、文化因素的干扰，等等。

二、偏误研究与中介语理论

偏误研究在汉语里作为第二语言教学界的开拓，与中介语研究的引进密不可分。

“中介语”的术语最早由 Selinker 于 1969 年提出（1972 年正式发表），用来指称学习者在二语习得过程中构建的既不同于母语，又不同于目的语的一种语言知识系统，是逐步接近目的语的发展阶段。中介语研究把学习者使用的目的语形式当做一个整体，当做一个动态系统加以研究，从而发现外语学习的规律，揭示成年人学习外语的过程。

学习者的中介语包括两个部分：跟目的语一致的部分，即符合目的语语法的部分；跟目的语不一致的部分，即不符合目的语语法的部分。这后一部分，就是本书主要讨论的偏误。可见，中介语不仅要考察研究偏误部分，还要考察研究正确部分，尤其要考察研究学习者的正确部分（跟目的语一致的部分）如何逐步增加、偏误部分（跟目的语不一致的部分）如何逐步减少。这就是一般所说的习得过程。当然，研究习得过程的目的是概括出习得规律，以便更好地指导教学。总之，中介语的研究范围比偏误研究的范围要广。可以说，这两种研究是密不可分、相互依存、相互促进的。有了中介语理论的指导，偏误研究将更加深入，更有理论性和系统性。

“偏误分析是中介语理论的一个组成部分”（鲁健骥，1993），它的研究成果得益于中介语理论，又反过来推动了后者的发展。美国 S. N. Sridhar 写过一篇文章，题目是《对比分析、偏误分析和中介语：一个目标的三个方面》，比较恰当地对这三方面的关系进行了阐述。1990 年，孙德坤翻译了 Jack C. Richards 的重要论文《错误分析、中介语和第二语言习得》，后来还撰写了《错误分析、中介语和第二语言习得研究述评》一文，详细论述和评价了中介语理论、偏误分析和第二语言习得研究的有关文章。这些文章对我们理解偏误研究有很大的帮助。

第三节　语法偏误的研究现状

汉语语法偏误的研究，主要可分为两大阶段：第一阶段从 20 世纪 80 年代中期到 90 年代中期，主要经历了从中介语的引进，到初步利用它进行汉语语法偏误分析研究的过程；第二阶段从 90 年代中至今，是研究的发展期。两个阶段，以鲁健骥的《中介语研究十年》（1996）的发表为分水岭。

一、第一阶段

在 20 世纪 60 年代以前，对于第二语言学习中出现的偏误，主要用语言对比分析的方法加以预测、解释和分析。国内从 60 年代起已经开始对留学生的病句进行搜集和整理工作，但由于缺乏先进的理论指导，在教学实践中的作用较为有限。中介语和偏误分析理论的引进则为我们打开了思路。

1. 鲁健骥的研究

80 年代初期，在中国对外汉语教学中，首先倡导用中介语理论来分析外国学生汉语偏误的，当推鲁健骥。而在中介语和偏误理论的发展过程中，他又起到了贯穿作用。

1983 年年底，美国黎天睦教授在北京语言学院讲学，中间穿插了鲁健骥作的题为《中介语理论与偏误分析》的报告。从那时起，中介语理论便引起了对外汉语学界的关注和重视。1984 年，鲁健骥又发表了《中介语理论与外国人学习汉语的语音偏误分析》一文，文章不仅对中介语和偏误的概念作了概括性的解释，把“错误”和“偏误”区分开来，还从中介语的几个主要根源，对外国人学习汉语时的语音偏误进行了分析。这是国内首篇有关偏误分析的文章，对汉语语法偏误分析起了先锋作用。在此之后，他又相继发表了《外国人学习汉语的词语偏误分析》（1987）、《外国人学习汉语的语用失误》（1993）和《外国人学习汉语的语法偏误分析》（1994）三篇文章，其中，1994 年的这篇文章开了以论文形式专论汉语语法偏误的先河。文章以偏误分析理论为依据，把偏误做形式上的分类，并按偏误的性质把它们分为遗漏、误加、误代、错序四大类。据此探究了外国人初学汉语时的语法偏误在各种语法形式上的表现形式，以及学习策略与教学失误对语法偏误的影响。

这些文章是一个不可分割的整体，从宏观和微观上对对外汉语教学中的语音、词语、语法、语用几方面进行了针对性的研究，对偏误分析具有指导意义。期间，他又发表了具有理论意义与综述作用的几篇文章，如《偏误分析与对外汉语教学》（1992）、《中介语研究中的几个问题》（1993）、《中介语研究十年》（1996），都不同程度地推进了中介语和偏误分析的发展。

2. 汉语本体研究、习得研究与偏误分析的结合

朱德熙先生（1989）说过：“对外汉语教学的特殊研究对象有两个方面：一方面是汉语研究，这是对外汉语教学的基础，是后备力量，离开汉语研究，对外汉语教学就没法前进；另一方面是对外汉语教学本身的研究，而这绝不是教学经验的问题。”当时，在汉语语法研究方面的代表人物有：王还、陆俭明、邓守信、李英哲、屈承熹、刘月华等。而在对外汉语教学界，在汉语语法偏误的研究中，还有其他不少专家学者或从理论上出发，或紧密地结合教学实际，做着很实在的工作。

赵金铭（1989）在《近十年对外汉语教学研究述评》一文中，列举了当时对外语言和文化对比研究的文章。这些对比研究为语法偏误研究的开展奠定了基础。次年，盛炎（1990）在他的著作《语言教学原理》中以专门的章节论述了中介语理论与错误分析，其中通过对国外先进理论的借鉴，较详细地论述了错误的来源、错误分析的过程与错误的分类。

中国人民大学的李大忠为外国留学生开了十年的偏误分析课，他以中介语理论为基础，逐步摆脱了陈旧的病句分析模式，写出了一系列论文，如《学生的类推错误和老师的词语教学》（1989）、《谈错误分析课 —— 十年实践的回顾和总结》（1992）等。孙德坤于1993写的文章《中介语理论与汉语习得研究》，介绍了Hatch关于中介语研究所提出的十个问题，要解决这些问题必须进行比较研究，比较不同母语、年龄、学习环境、教学方式下习得某一特定目的语的中介语系统，以及这种中介语与儿童把该目的语作为第一语言习得的中介语之间的差异。这种研究立足于中介语理论，对如何研究语法偏误的来源，以及比较各种来源的不同影响有很好的启发作用。

比较有代表性的还有田善继的《外国人汉语非对比性偏误分析》（1995），对非对比性偏误的分析打破了之前以母语干扰为最重要参数的研究局面。文中把常见偏误分为替代、类推、简化、回避、诱发五种形式，这在国内的同类研究中尚属创新，尤其是后三类的分析，对语法偏误以后的发展方向起到了一定的引导作用，更是对前人研究的一个重要补充。另外，吕必松、刘珣等也在自己的论著或文章中对中介语研究和偏误进行了概括和论述。

此外，还有追踪调查与偏误分析相结合的文章。孙德坤等对两名以英语为母语的外国学生习得汉语的情况进行跟踪调查，取得了大量的第一手资料。他的《外国学生现代汉语“了”的习得过程初步分析》（1993）就是以此为基础撰写的论文。后来，就同样的语法项目，赵立江（1996）也写了题为《外国留学生使用“了”的情况调查与分析》的论文，追踪调查的时间更长，调查的方法更多样。这样的论文，从历时角度考察了某个语法项目的偏误在学习者不同学习阶段的表现，对对外汉语教学的进一步深入展开发挥了作用。

周小兵则针对教学中发现的留学生偏误，结合汉语语法研究和汉外对比进行了深入的研究。他的《浅谈“除”字句》（1991）、《“常常”和“通常”》（1994）、《谈汉语时间词》（1995）等均属这类研究，对汉语教学和汉语语法本体研究均有促进作用。另外，他还从课堂实践出发，在《病句分析课的教学》（1996）一文中，详细地讨论了病句分析课的重要性、语法病句的类别、教学方法、教材编写和教学实施等问题，有效地解决了一些教学与习得中的难题。

3. 对偏误研究的普遍关注和中介语语料库的建立

对中介语和汉语偏误的分析研究引起整个对外汉语教学界的重视。《世界汉语教学》、《语言教学与研究》、《语言文字应用》等刊物上时有相关论文发表。第一到第四届“国际汉语教学讨论会”都有关于对比分析的文章；到第四届，更把“偏误分析、语言对比和中介语”作为“汉语学习研究”部分的一个主要议题。另外，1985 年以来出版的对外汉语教学论文集，如《对外汉语教学论文》（1985）、《对外汉语教学论文选评》（1993）以及上述学术会议的论文选，都收录了中介语和偏误分析方面的论文。

在这一阶段，也出现了第一本关于语法偏误分析的专著——佟慧君的《外国人学汉语病句分析》（1986）。书中从母语或媒介语为英语、法语、德语、日语、西班牙语、朝鲜语、越南语的留学生习作中搜集病句 2020 句，分为词和句子两部分，涉及项目包括从名词到词尾“们”的十二个词类，以及从主谓句到强调句的九种句型，每个项目又按问题的性质分类，并进行分析。虽然其中对某些语法点的说明还稍嫌简略，对某些病句的选取归类上还存在着一些受时代和研究成果局限产生的失误（参见肖奚强（2001）的《略论偏误分析的基本原则》），但它的开拓性和当时在学术界的地位，我们还是应该给予充分肯定的。

从二十世纪九十年代开始，北京语言学院的陈小荷和储诚志着手主持部委级科研项目“汉语中介语语料库系统”，为创立和发展汉语学习理论和第二阶段汉语偏误研究提供了充分可靠的语料基础。

4. 小结

综上可知，这一阶段对语法偏误的研究，主要集中在研究范围、偏误原因、偏误分类三个方面。

对语法偏误的归纳和分析，主要还是以形式上合不合法为基础的，研究范围多局限在句子平面，是一种静态分析，无法反映动态过程。正如鲁健骥（1993）所说："只从形式上看是否正确，未免过于表面化，特别对于非偏误部分的复杂性没有注意到。"有时，形式上的"对"与掌握是两回事。掌握与否要放在更大的背景（如超句结构、语境、语用）中去检验。其他学者，如王建勤、孙德坤等也注意到这种现象，但能从篇章、话语、语用等角度分析语法偏误的论文可以说是凤毛麟角。所幸这个问题在下一阶段的研究中逐步引起了学者们的关注，出现了一些优秀的论文及著作。

偏误产生的原因①，尽管各家表述不一②，但主要是两方面："母语干扰"和"过度泛化"。对"教学失误"这一原因，不少学者也注意到了，并从训练、讲解等方面提出了改善建议。

对于偏误产生的其他因素，如：学习策略、留学生对汉语的态度、文化和交际策略等，虽有所提及，但仍欠缺详细论述，尚属需要开发的领域。特别是交际策略，王建勤（1994）曾提到："学习者面对大量的目的语的输入，一时不能完全消化吸收，便将其简化为一种简单的系统。这是学习者普遍采用的一种学习策略，但这种简化也可能是运用交际策略的结果。学习者为了应付交际，避免言语不连贯，省略了暂时不影响交际的功能词，特别是学习者注意力放在交际内容而不是语言形式上，这种情形就更突出。"这表明，交际策略对学习者语法偏误所产生的重要影响已从理论上开始受到关注，为下一阶段研究的深入提供了契机。

对偏误的分类，常常是与原因相结合的。专家学者们大多采用"遗漏"、"误加"、"误代"、"错序"四分法，这主要是从形式方面入手的分

---

① 又叫"来源"，某些研究者还有将其称为"影响中介语的心理因素"（鲁健骥，1984）或"错误的来源"（盛炎，1990），其表述内容都是相似的。

② 文中引用的是鲁健骥《偏误分析与对外汉语教学》中的提法。其他的表述有：盛炎分别称之为"语际迁移"和"语内迁移"（《语言教学原理》，1990）；王建勤称为"语言迁移"和"目的语规则泛化"。

类。田善继（1995）在他的文章中将非对比性偏误分为“替代”、“类推”、“回避”“简化”、“诱发”五类，其中“回避”、“简化”、“诱发”的归类方法解决了一些前人未曾涉及的问题，也对下一阶段的研究有一定的启发性。

这一阶段的研究取得了一定的成果，也存在着一定的局限，需要在日后的研究中进一步发展完善。

二、第二阶段

1. 偏误分析向纵深、宽广两个方向发展

前十年偏误分析所取得的成就十分显著，偏误分析的宏观框架已经基本确立。近十年的偏误分析更为细化，出现了很多针对性很强的文章，从偏误的来源、成因和操作上下工夫，对于教学有很好的促进作用，同时也有利于汉语语法研究的发展。

研究者拓展视野、突破局限，使偏误分析扩大了研究范围，越来越多的研究者把眼光投向了语用、篇章，乃至修辞、文化方面的偏误，成果越来越多。如鲁健骥（1999）的《外国人学汉语的篇章偏误分析》，结合了中介语研究，特别是偏误分析的新动向，对一篇典型语料中与篇章有关的偏误进行分析，进一步说明了扩大中介语研究范围的必要性，并对此提出了一些具体的建议。

另外，以前的偏误研究主要是针对留学生书面语展开的，口语则因为收集的难度较大而容易被人忽视。但我们可喜地看到这一时期也出现了针对口语的偏误研究，如丁安琪和沈兰（2001）的《韩国留学生口语中使用介词“在”的调查分析》。留学生学习汉语的最终目的就是要做到能在交际中正确使用，因此口语中的偏误应该引起研究者更多的关注。

这一时期研究者更注意借鉴新的研究方法和成果，体现了偏误分析较强的跨学科性，尤其是近几年比较流行的认知理论。其次在研究中使用了中介语语料库，使得研究材料更丰富更具说服力。还有像语义学、统计学、跨文化交际理论也都被引入偏误分析，并取得很多有价值的研究成果。

值得一提的是，偏误分析在二语习得领域研究中的地位日趋突显，不仅有利于中介语理论的发展，还由此出现了很多借助偏误分析成果进行习得研究的文章。如周小兵（2004）的《学习难度的测定与考察》，将偏误分析跟学习难度研究结合起来，从四个方面探讨了学习难度的测定与考察，通过跟多种语言的对比，具体研究了三个语言点的学习难度。

此外，跟类型学研究结合，是偏误研究的一个亮点。赵金铭（2006）的《差比句偏误的类型语共性》，从语言共性入手，结合外国学习者母语差比句类型，分析其偏误的类型学意义，进而探讨外国学习者汉语差比句偏误中表现出的语言类型和语言共性问题。

2. 偏误分析跟汉语本体研究的结合

语法教学是汉语作为第二语言教学的一个重要任务，而汉语语法本身还存在不少有争议的观点，语法偏误的研究不仅有利于教学实践，还可以促进汉语语法本体的研究，因此越来越受到重视，这方面的研究成果也是非常突出的，这里选取比较有代表性的观点来作一简单回顾。

汉语中的虚词承担着重要的语法功能，是教学的重点和难点，因此关于虚词的研究十分丰富。有李大忠（1995）《语法偏误分析二题》关于“都”和“凡是”的偏误分析，陈小荷（1996）《跟副词“也”有关的偏误分析》，丁安琪和沈兰（2001）《韩国留学生口语中使用介词“在”的调查分析》，邓小宁（2002）《“一直”与“一向”的多角度分析》，韩在均（2003）《韩国学生学习汉语“了”的常见偏误》，聂丹（2004）《语气副词“竟”及其教学》。周小兵、赵新（2002）的专著《对外汉语教学中的副词研究》，把汉语本体、汉语习得与偏误分析三者结合进行研究，其成果对于对外汉语教学有较大的启发和指导作用。这些研究都是在偏误分析的基础上挖掘一些母语使用者不易发现的问题，从新的角度来考察汉语语法，得到了一些有说服力的结论，对于本体研究有较大的促进作用。其中陈小荷的文章使用中介语语料库，从频率统计入手研究跟“也”相关的偏误类别、偏误产生的语内条件，很有新意，对教学和汉语本体研究都很有启发。

汉语中的一些特殊语法形式也是研究的热点，像李大忠（1996）《“使”

字兼语句偏误分析》，姜德梧（1999）《从 HSK（基础）测试的数据统计看“把”字句的教学》，吕滇雯（2000）《日本留学生汉语偏误之（一）：动词重叠》，肖奚强（2000）《韩国学生汉语语法偏误分析》，刘苏乔（2002）《表比较的“有”字句浅析》，劲松（2002）的《被字句的偏误和规范》，武惠华（2001）《功能型语法偏误中的“违规同现”现象探析》，王振来（2004）《韩国学生学习被动表述的偏误分析》，肖奚强（2005）《外国学生“除了”句式使用情况的考察》，周小兵、何黎金英、杨氏金枝（2004）的《越南留学生学习汉语难点分析》。

这些文章具有很强的针对性，提醒对外汉语教师注意学生可能出现的问题，可以在实际教学中发挥重要作用。吕滇雯、肖奚强、王振来、周小兵等人的文章结合对比分析，专门针对某些相同语言背景的学生出现的偏误情况进行分析。姜德梧的论文运用了统计学的方法分析一个老问题：“把”字句，得到了一些很有启发性的结论。这样的研究得出的结论较为客观，其研究方法应该是我们今后的发展趋向。

偏误研究借鉴了本体研究的不少成果。方绪军（2001）《中介语中动词句的配价偏误分析》把配价理论引入偏误研究。袁毓林（2005）在《试析中介语中跟“没有”相关的偏误分析》一文中将话题和焦点等汉语本体研究的新成果，引入偏误分析进行相关解释，得出的结论很有说服力，让我们对偏误成因有了新的认识。

3. 一批专著的出现

近十年出现了一批偏误研究的专著。

李大忠（1996）的《外国人学汉语语法偏误分析》，没有停留在简单的病句分析上，而是在搜集了足够的留学生偏误例句后，以语汇教学为基础，找出留学生容易出现偏误的汉语语言项目，分列常用副词、连词、助词、特殊句式和补语等语言项目，并归纳出不同的偏误类别，对偏误成因和汉语规则的解释较为充分，对于教学有较强的针对性和实用性。

程美珍（1997）主编的《汉语病句辨析九百例》，采用汉英对照形式，主要针对以英语为母语或媒介语的汉语学习者，将其在学习中普遍存在的典型病句进行分析或对比。该书挑选的900条病句，概括了使用英语的留学生在学习汉语时的96个“使用不当”。“误”先列，“正”后出，然后说明修改的理由，有针对性，语言通俗易懂，对汉语学习者，特别是母语为英语的学习者有很好的启发作用。

张起旺、王顺洪（1999）主编的《汉外语言对比与偏误分析论文集》，以汉日对比研究和偏误分析为主，也涉及汉英语言对比、汉韩语言对比、跨文化交际等。其中已经出现了分语种详细进行偏误分析的趋势，对以前只进行笼统的病句分析而不注意病句来源的做法进行了纠正。值得一提的是，文章还涉及文化和修辞的偏误分析，这扩大了偏误分析的领域，是一大创新，尽管深度的开掘仍有所欠缺。

吴丽君等（2002）著的《日本学生汉语习得偏误研究》，在认知理论与中介语理论指导下进行研究，同时还开始用专门章节论述篇章偏误和文化偏误，对于针对日本留学生的汉语教学具有切实的指导意义。

2004年起，中山大学周小兵主持“汉语中介语偏误标注语料库”① 的建立和扩展，为汉语偏误研究提供了更为方便的语料基础。此后，他主持的国家汉办项目《语法点选取与排序的依据》顺利完成，项目成果（李蕊、周小兵，2005；陈珺，2005；李英、邓小宁，2005）的发表，标志着偏误分析跟语法点学习难度、排序的研究有机结合起来了。

偏误研究是二语习得研究的重要组成部分，对于中介语的研究有很好的借鉴作用，还可以促进汉语本体研究，意义重大。我们期待今后有更多新的关于偏误研究的文章问世，以促进对外汉语教学事业的发展。

---

① 该语料库是中山大学“211工程”《逻辑认知研究》中的子项目。已输入60万字的留学生作文；对语法、汉字等进行多角度、多层面偏误标注的熟加工语料有40万字。

参考文献

陈　珺　周小兵　比较句的选项和排序　语言教学与研究　2005（2）
陈小荷　跟副词“也”有关的偏误分析　世界汉语教学　1996（2）
程美珍　汉语病句辨析九百例　华语教学出版社　1997
邓小宁　“一直”与“一向”的多角度分析　汉语学习　2002（6）
丁安琪　沈兰　韩国留学生口语中使用介词“在”的调查分析　语言教学与研究　2001（6）
方绪军　中介语中动词句的配价偏误分析　语言教学与研究　2001（4）
韩在均　韩国学生学习汉语“了”的常见偏误　汉语学习　2003（4）
姜德梧　从 HSK（基础）测试的数据统计看“把”字句的教学　汉语学习　1999（5）
劲　松　被字句的偏误和规范．汉语学习　2002（2）
李大忠　谈错误分析课——十年实践的回顾和总结　中国对外汉语教学学会第四次学术讨论会论文选　北京语言学院出版社　1993
李大忠　语法偏误分析二题　中国人民大学学报　1995（4）
李大忠　“使”字兼语句偏误分析　世界汉语教学　1996（1）
李大忠　外国人学汉语语法偏误分析　北京语言大学出版社　1996
李　蕊　周小兵　对外汉语教学中助词“着”的选项与排序　世界汉语教学　2005（1）
李　英　邓小宁　“把”字句语法项目的选取与排序研究　语言教学与研究　2005（3）
刘苏乔　表比较的“有”字句浅析　语言教学与研究（2002）（2）
刘　珣　语言学习理论的研究与对外汉语教学　语言文字应用　1993（2）
刘月华　状语的分类和多项状语的顺序　语法研究与探索（第 1 辑）　北京大学出版社　1983
鲁健骥　中介语理论与外国人学习汉语的语音偏误分析　语言教学与研究　1984（3）
鲁健骥　外国人学习汉语的词语偏误分析　语言教学与研究　1987（4）
鲁健骥　偏误分析与对外汉语教学．语言文字应用　1992（1）
鲁健骥　外国人学习汉语的语用失误　汉语学习　1993（1）
鲁健骥　中介语研究中的几个问题　语言文字应用　1993（1）
鲁健骥　外国人学习汉语的语法偏误分析　语言教学与研究　1994（1）
鲁健骥　中介语研究十年　中国对外汉语教学学会成立十周年纪念论文选　北京语言学

院出版社， 1996
鲁健骥 外国人学汉语的篇章偏误分析 第六届国际汉语教学讨论会论文选 北京大学出版社 2000
陆俭明 关于“去＋VP”和“VP＋去”句式 语言教学与研究 1985（5）
陆俭明 卷首语 语言文字应用 1999（1）
陆俭明 对外汉语教学与汉语本体研究的关系 语言文字应用 2005（1）
吕必松 对外汉语教学的理论研究问题刍议 语言文字应用 1992（1）
吕必松 汉语中介语研究的意义与策略 语言文字应用 1993（2）
吕必松 论汉语中介语的研究 语言文字应用 1993（2）
吕滇雯 日本留学生汉语偏误之（一）：动词重叠 汉语学习 2000（5）
马 真 说“反而”中国语文 1983（3）
聂 丹 语气副词“竟”及其教学 语言教学与研究 2004（5）
盛 炎 语言教学原理（六章） 重庆出版社 1990
盛 炎 沙 砾主编 对外汉语教学论文选评 北京语言学院出版社 1993
孙德金 描写与实证——汉语要素的多视角考察 北京语言大学出版社 2005
孙德坤 外国学生现代汉语“了·le”的习得过程初步分析 语言教学与研究 1993（2）
孙德坤 中介语理论与汉语习得研究 语言文字应用 1993（4）
田善继 外国人汉语非对比性偏误分析 汉语学习 1995（6）
佟慧君 外国人学汉语病句分析 北京语言学院出版社 1986
王建勤 中介语产生的诸因素及相互关系 语言教学与研究 1994（4）
王建勤 汉语“不”和“没”否定结构的习得过程 第五届国际汉语教学讨论会论文 1996
王振来 韩国学生学习被动表述的偏误分析 云南师范大学学报（对外汉语教学与研究版） 2004（4）
吴丽君等著 日本学生汉语习得偏误研究 中国社会科学出版社 2002
武惠华 功能型语法偏误中的“违规同现”现象探析 中国对外汉语教学学会第七次学术讨论会论文集 人民教育出版社 2002
肖奚强 韩国学生汉语语法偏误分析 世界汉语教学 2002（2）
肖奚强 略论偏误分析的基本原则 语言文字应用 2001（1）

肖奚强　外国学生"除了"句式使用情况的考察　语言教学与研究　2005（2）
语言教学与研究编辑部编　对外汉语教学论集　北京语言学院出版社　1985
袁毓林　试析中介语中跟"没有"相关的偏误分析　世界汉语教学　2005（2）
张起旺　王顺洪主编　汉外语言对比与偏误分析论文集　北京大学出版社　1999
赵金铭　把汉语教学与研究推向新高潮——第一届国际汉语教学讨论会论文举要　语言教学与研究　1985（4）
赵金铭　把汉语教学与研究推向深入——第二届国际汉语教学讨论会论文举要　语言教学与研究　1987（4）
赵金铭　近十年对外汉语教学研究述评　语言教学与研究　1989（1）
赵金铭　汉语教学与研究的发展和创获——第四届国际汉语教学讨论会论文举要　世界汉语教学　1993（4）
赵金铭　对外汉语教学与研究的现状与前瞻　中国语文　1996（6）
赵金铭　差比句偏误的类型语共性　汉语教学学刊（2）　北京大学出版社　2006
赵立江　外国留学生使用"了"的情况调查和分析　北京语言文化大学入选第五届国际汉语教学讨论会论文集汇编　1996
周小兵　浅谈"除"字句　对外汉语教学研究　中山大学出版社　1991
周小兵　"常常"和"通常"　语言教学与研究　1994（4）
周小兵　谈汉语时间词　语言教学与研究　1995（3）
周小兵　病句分析课的教学　中国对外汉语教学学会第五次学术讨论会论文选　北京语言学院出版社　1996
周小兵　越南留学生学习汉语难点分析　第七届国际汉语教学讨论会论文选　北京大学出版社　2004
周小兵　学习难度的测定和考察　世界汉语教学　2004（1）
周小兵　赵　新等　对外汉语教学中的副词研究　中国社会科学出版社　2002
朱德熙　在纪念《语言教学与研究》创刊十周年座谈会上的发言　语言教学与研究　1989（3）

第二章
语法偏误的研究方法

第一节　偏误类别

一、真偏误和假偏误

哪些句子、语篇存在偏误，偏误点在哪里，是偏误研究首先要解决的问题。先看看以下例句，哪些有偏误，哪些没有；如果有，偏误点是什么。

（1）他回家的时候，在这地方来了一个农民。

（2）在北京最有名的饭店是北京饭店。

（3）有的坐在椅子，有的散步，有的聊天，有的下棋。

（4）有的人在公园打太极拳或跳芭蕾舞，有的人在马路上（练）长跑等等。

（5）那时候，警察在前面来了。

（6）兵士们写了信，把信插入衣袋里。①

以上句子，有的论著认为都是偏误。我们认为，只有（1）（3）（5）是真偏误，而（2）（4）（6）是假偏误。

先看偏误点。（1）是介词“在”的误加；（3）是方位词“上”的遗漏；（5）是介词“在”的误代。可以分别改为：

（1′）他回家的时候，_ 这地方来了一个农民。

（3′）有的坐在椅子上，有的散步，有的聊天，有的下棋。

（5′）那时候，警察从前面来了。

再看相关语法规则的解释。（1）的解释为：存现句要求处所名词充当主语，介词结构一般不充当存现句的主语；可以说（3）的解释为：“在”的宾语一般由处所名词或方位词组（事物名词＋方位词）充当，而不由一般的事物名词充当；（5）动词表示位置移动，状语表示动作起点时一般用“从”不用“在”。

（2）（4）（6）表面上看分别跟（1）（3）（5）相似，其实有很大的区别。例（2）中的“在北京”虽然在句首，但并不是主语。该句是一般的判断句，主语是偏正词组“最有名的饭店”中的“饭店”，而“在北京”只是句子状语。因此“在”是完全可以出现的。认为（2）是偏误，可能是将“在北京”看做是存现句的主语了。

例（4）中的“公园”并非一般名词，而是处所名词，可以独立充当“在”的宾语，如：

他喜欢在公园看书。// 我在公园等你。

类似的处所名词还有“学校、银行、商店、车站、机场”等，充当“在”的宾语时都无需后加“里”等方位词构成方位词组。认定（4）是偏误，实际上混淆了“椅子”类事物名词和“公园”类处所名词的界限。

例（6）的“把信插入衣袋里”完全符合汉语母语者的语感。有人认为“入”是表示动态的，这里应该用表示静态的“插在衣袋里”。这其实是用

① 这6个例句选自《日本学生汉语习得偏误研究》（吴丽君，2002）11－19页。

语法概念、语法术语束缚了活生生的语言事实。

类似（2）（4）（6）的句子，有人认为是偏误。但我们认为，它们是人为误解成的“假偏误”。

此外，有些学习者的句子、语篇并没有句法错误，只是相同的意思，汉语有多种表达形式，而学习者选用了母语者使用频率较低的那种形式。如：

a. 有时候写不出东西来，我十分烦恼。

有教师认为“省略句中重现部分保留的应该是第一个”，应改为：

b. 我有时候写不出来东西，十分烦恼。

其实，这两句都是合乎汉语语法的，区别主要在于主语“我”是出现在第一分句还是第二分句句首。如果说还有什么区别，那么，可能 a 句的使用频率比 b 句低一些。因此，没有必要将 a 句定为偏误来纠正、解释。

还有一些句子，有教师认为结构、意思不完备，如：

a. 走路 25 分钟。　b. 走路需要 25 分钟。

有教师认为：“走路”是离合词，后面不能加时量补语，需要变成复杂成分，构成一个小句方可使用。因此改为 b 句。其实，汉语母语者的口语中经常出现类似 a 句的表达形式。

假偏误产生的原因，可以大致归为两个。

1. 规则泛化

将某些语法规则不合理地扩大范围。如认定（2）为偏误，就是将规则“介词结构一般不做存现句的主语”，泛化为“介词结构不能出现在句首”。认定（4）为偏误，就是将“一般事物名词做‘在’的宾语时要加方位词”这条规则，扩展到处所名词。

因规则泛化而被误定的假偏误还有：

（7）他唱歌很好听。

（8）他说汉语很流利。

因为汉语教材在讲授“得”字补语句时常说，动词后既有宾语又有结果补语时，要将动词重复一次，后边加“得”。如（7）（8）的意思应该说成：

（9）他唱歌唱得很好听。

（10）他说汉语说得很流利。

但语言事实告诉我们，（7）（8）也是合法的句子。在本族人的语言中，类似的句子大量存在。

有人会问：这类句子如何划分句子成分？一般有两种分析法。一种是将“他唱歌”当成主语（主谓词组充当），后边的是谓语。还有一种是，“他”是主语，“唱歌很好听”是主谓词组做谓语。当然还有引进“话题”概念的方法，这里暂时不谈。

我们说此类假偏误的误认，是由于语法规则的泛化。其实更准确地说，还是由于语法知识的不完备，语法判断能力不够。如误认（4）是偏误，原因可能是将“公园”跟“椅子”归为一类，认为它们都是一般的事物名词。

由规则泛化引发的偏误的误认，既有母语汉语者，也有母语非汉语者。

2. 目的语知识不足

由于对目的语掌握得不够，将没有听过、看过的句子认定为偏误。如：

（11）你去北京不？

（12）想吃什么就吃。

这些句子完全符合汉语语法。但一些母语非汉语的汉语教师，却认为它们是偏误。他们对汉语的掌握还达不到母语者那么熟练，往往用自己学过的知识作为衡量标准。不符合这个标准，就可能被误认为是偏误。如上述（11）（12），就是国外汉语教师误认的偏误。

此类偏误的误定，当然也跟规则泛化有关。具体的表现是学习汉语时接触的知识、规则不完备。母语非汉语的汉语教师，在学习汉语语法规则时，被传授的语法知识往往是不全面的。如在学习疑问句时，教师往往讲授标准的是非问句、特指问句、选择问句、正反问句等，而对正反问句的变换形式和缺省形式一般不讲。加上他们在生活中很少听到类似（11）的句子，因此将它们认定为偏误。

此类偏误的误认，还跟不完全的语言对比有关。如上述（11）（12）的句型，在某些语言中（如越南语）有。国外汉语教师在学习汉语时一般极少接触这类句子。他们学习的汉语教材，包括给国内外汉语教师看的教学语法教材，也极少提及这些句子。因此，他们以为汉语没有这类句式。在汉外对比中，自然认为这是汉语跟其母语的区别。一旦发现个别汉语学习者说出了这类句子，他们就误认为是偏误。

当然，所谓规则泛化、目的语知识不足，都可以说是语感不好。后者当然是汉语语感不好。前者可以归结为，汉语语感被不完备的语法规则、不全面的语法知识异化了。

二、偏误和失误

科德（S. P. Corder）是最早系统论述偏误研究重要性的学者。他（1967）很早就提出，应该将偏误（error）和失误（mistake）区分开来。

1. 偏误（error）

指学习者掌握一定的目的语语法规则之后出现的系统性错误。此时学习者已经可以生成大量合格的句子，但由于对目的语语法规则还掌握得不准确、不全面，常常出现因目的语规则泛化而产生的偏误。另外，母语的语法规则还经常发生影响，对学习者产生负迁移并引发偏误。

此时出现的偏误，学习者很容易解释自己为什么这么说，但大多还不知道错在哪里，更不会自行纠正。教师对偏误可以进行纠正，对其中大部分应该能够解释相关的语法规则，其中一部分还可以解释其生成原因。如果教学适当，也很容易见效。如，初中级阶段的学习者有时会出现以下偏误：

*他打完篮球，一点累。

*我的头一点痛。

当询问原因时，学习者会说：“一点”表示“少”，头痛少，所以说“一点痛”。学习者还可能会说：我们的母语可以这么说。如汉语的“有点、一点、稍微”，在日语中都可以用一个词语すてし表示。它可以放在肯定式的形容词前边。

有一定教学经验的教师对这个偏误很容易进行解释和纠正。如：

“一点”一般放在名词前表示数量少，如“他买了一点水果”。表示某种性质状态的程度不高，可以在形容词前用“有（一）点”，如

"他有点累"。

为了防止学习者按照这样的解释说出类似"他有一点聪明"、"房间有点干净"的偏误，让学习者明白汉语句子有些是有褒贬之分的，教师还可以适当地解释多一些。如：

"有（一）点 + 形容词"一般表示不满意的情况。可以说"房间有点脏"，不能说"房间有点干净"。如果要表示满意的情况，可以用"比较"。"比较"的程度比"有（一）点"要高，可以用在满意的情况，也可以用在不满意的情况。如"他的房间比较干净"，"他的房间比较脏"。

对于初级第二学期的学生，还可以做更多的解释，如：

"一点"还可以放在形容词前边，一般要说"一点（+也）+不+形容词"，表示某种性质状态根本不存在。如"他一点也不累"。

对中级阶段的学习者，还可以有更多的解释，如：

"一点"如果放在形容词后边，一般表示对比之后某人某物在某个性质方面的程度比其他的高，如"这双鞋大一点"。但"了"放在不同位置上，意思不一样。"形容词 + 了 + 一点"，或表示发生了变化，如"他高了一点"；或表示超出了满意的标准，如"这件衣服短了一点"。"形容词 + 一点 + 了"既表示发生了变化，又表示这种变化对说话人或当事人是满意的，如"苹果长得大一点了"。

对成人学习者，应该对偏误进行纠正和解释。对不同汉语水平的学习者进行不同难度的解释，可以收到很好的效果。

2. 失误（mistake）

指学习者因未形成自动机制而偶然出现的错误。他们已经完全掌握了某些语法点的规则，绝大多数场合可以生成正确的句子，只是因为没有像母语者那样成为习惯，或由于粗心、意外等因素偶尔出现一些错误。

对于失误，学习者完全可以自己解释，即：可以指出错误点，可以找出原因，可以自行改正。对于失误，教学者不用解释。必要的话，可以用疑问的语气重复一下学习者的偏误，对方自然会明白。

失误不但会出现在二语学习者身上，也时常出现在母语者身上。母语者的失误大多是由于过分紧张或过于随意而出现，一般可以分为口误（slip of the tongue）和笔误（slip of the pen）两类。

3. 偏误和失误的区别

对于外语教学而言，失误不是研究重点，偏误才是研究的主要内容。

问题是，如何区分偏误和失误。比如说，一个学习者说出“他觉得一点累”，到底是偏误还是失误？Ellis（1994）提出两条鉴别标准：

1）看使用频率。如果一个学习者同一类错误出现频率较高，就是偏误，说明他没有掌握好相关的语法规则。如果只是偶尔出现，而这一语法点的正确表达占绝大多数，就是失误。可见，二者的鉴别要看同一语法点正确用法和错误用法的频率比例。

2）看使用者能否自行纠正。如果使用者不能自行纠正，就是偏误，说明他未掌握相关规则。如果使用者可以自行纠正，就是失误，说明他已经掌握规则，只是由于粗心或其他因素出了错误。

4. 从系统性看偏误

科德还提出过三个概念：系统前偏误（presystematic error），系统偏误（systematic error），系统后偏误（postsystematic error）。后两者大致对应于前面讲的“偏误”和“失误”。需要解释的是系统前偏误。

此类偏误指学习者没有掌握多少目的语规则时形成的、看不出系统性的偏误。生成这类错误的主要是初学者。他们有许多需要表达的内容，但由于目的语规则学习、掌握得太少，根本无法用目的语表达清楚，只能使用那些掌握极少的目的语规则，借用大量的母语或第一外语知识来进行表达，这些表达在形式与内容上有很大矛盾。

此类偏误的特点是：1）表义不清。有时听话者很难根据对方话语明白要表达的内容。2）偏误点很多。有时一个句子就可能有好几处偏误。3）任意性很强。同样一个意思，一会儿用这个形式，一会儿用那种形式。4）无法说明来源。当教学者询问为什么会使用某种形式时，学习者往往答不出来。以上特点显示，学习者的偏误没有形成规则系统。请看下例：

你最近难吗？嗯，不好吗？（“难、不好”意思都是“身体不好”）

书，桌子，我看。（意思是：书放在桌子上，我要看。）

对系统前偏误，教学者一般应采取容忍的态度，没有必要指出、解释、纠正偏误。因为，学习者所要表达的内容已经远远超出他的表达能力，即使指出、解释、纠正，也没有多少效果，因为学习者还没有能力接受、消化、应用。

当然，系统前偏误和系统偏误有时界限不是很清晰。在这两类偏误的中介阶段，对某些偏误，教师可以适当地表明哪些说法不正确，并说明正确的说法；对个别偏误，也可以进行解释和纠正。

三、显性偏误和隐性偏误

先看例子：

（13）＊这双鞋子一点大。

（14）＊这双鞋子有点大。我想，你男朋友穿一定合适。

例（13）一看就有问题，因为偏误在句子内部就可以显现出来。例（14）由两个句子构成，光看第一个句子语法没有问题，但看了第二个句子，就感到别扭了。对比两个句子，就会发现第一个句子是错句，可以将“有点大”改为“比较大”或“大一点”。因为“有点大”表示说话人对某人、某事、某物表示不满意的态度。而例（14）很可能是用于这样一个语境里：两人在挑选鞋。刚看过的一双小了。现在看到的鞋子比刚看过的大一点。

因此说话人应该说：

（14′）这双鞋大一点，我想，你男朋友穿一定合适。

此处的“大一点”，是对比刚才看到的那双鞋而言的。

我们说，在单句里不符合语法规则的，是显性偏误，如例（13）。一个单句语法没有问题（如“这双鞋子有点大”），但在语境中却显现出问题的，叫隐性偏误，如例（14）。以往的偏误研究，对显性偏误比较关注，对隐性偏误关注不够。

Ellis（1999）指出，偏误评估在很大程度上受到语境的影响。但到目前为止的许多偏误评估的实验，都是把偏误放在孤立的句子中，只注重句法偏误而忽略了语境偏误。

隐性偏误，以往的研究比较少，也没有一致的分类标准。依据上边的定义，根据我们做的考察和研究，我们认为，隐性偏误起码可以分为三类：语义偏误，语篇偏误，语用偏误。为了引起人们的重视，我们将这三类偏误各自单独列出一小节来讨论。

四、语义偏误、语篇偏误和语用偏误

1. 语义偏误

语义偏误指没有准确表达说话者意图的偏误。如例（14），说话人想表达的是“这双鞋大一点”，却说成了“这双鞋有点大”；“这双鞋有点大”本身句法没有问题，但没有准确表达出说话者意图。说话者意图，可以通过上下文和语境来确定。再看几例：

（15）＊（我家有三个孩子，我哥哥，我，我妹妹。我哥哥比我高，）我妹妹不比我高。

（16）＊（对不起，这次找他是没有办法的事。）我们真的不要再打扰他。

（17）＊（小王上午去的学校。）现在他已经来了。

例（15）说话人想表达的意思是“我妹妹没有我高”。但由于没有掌握好“A 没有 B + 形容词”的句式，或不知道“A 没有 B + 形容词”跟“A 不比 B + 形容词”的区别，错用了后一种句式。例（16）的后一句单看没有错，“不要”表示祈使语气。但从第一句可以看出，说话人要表示的是“不想”。例（17）的后一句单看也没有错。但从第一句可以看出，说话人要表达的是“他已经回来了”。

说语义偏误是隐性偏误，是因为就单个句子而言，语法没有问题。只有通过语境因素，我们才能看出偏误所在。以往的研究常常忽略语义偏误的存在，更谈不上深入研究了。

2. 语篇偏误

语篇偏误指违背语篇衔接原则的偏误。先看两个例子：

(18) *我觉得这个不是一个问题，但是一个很好的事情。

(19) *他在东欧长大，在美国工作，到了澳大利亚后继续教书。因此他说话时还有一种有较重的美国口音。这儿常使我们学生互相闹笑话。

从语篇衔接上看，例（18）后一句的"但"应该改成"而"；例（19）的后一句的"这儿"应改成"这"。这两例光看后一单句也没有什么问题，但一跟上文衔接起来，连词和代词的误代问题就显露出来了。从这两例还可以看出，语篇越长，后续句中衔接成分的可能性就越多，偏误的认定就越困难。如下例：

(20) *丈夫带上眼镜，他觉得高兴极了，一切都看得清楚。但是他一看他的妻子就愣了半天没说话。他差不多二十年没看清楚他的妻子。那时候他觉得她很丑，就说："我的眼病太严重了，戴眼镜也不行。"他把眼镜还给了售货员。

例（20）中，与"二十年"前相比，文中叙述的是比较近的事情，所以应将"那时候"改为"这时候"。这里涉及的还有叙述时点、事件发生时点和以这两个时点为参照的相对时点。句式生成者的衔接难度很大，偏误认定的难度也就更大了。

3. 语用偏误

语用偏误指跟听话人、说话人（或句中所指人物）身份、地位、关系不相符合，或者跟交际场合的话题不相符合的偏误。如：

(21) 你几岁了？

句法没有任何问题。如果是问一个不到十岁的儿童，也没有问题。但是如果用来询问成人，尤其是老人，就很成问题了。它没有顾及听话人的年龄，违背了交际原则。

此类偏误也可能是来源于母语负迁移。如"how old are you"可以有多种汉语翻译：

a. 你多少岁？　b. 你多大了？　c. 你多大年纪了？

学习者不太清楚问什么对象说什么话。其实，此类偏误还可能源于汉语不同方言区的说法不同。如粤方言一般只问：你几多岁？（直译“你多少岁?”）不管你的年纪大小。如果将它照搬到北方话中去问老年人，就会造成交际障碍。

吴丽君（2002）分析过几个日本学生语用偏误的例子：

（22）＊我的朋友们都很忙，可是他们特意的访问我的家。

（22）中，“访问”是正式语体，不适合用于口语。可以改为“来我家看我”。

跟交际场合不相符合的例子也有不少。吕文华、鲁健骥（1993）曾举过意大利学生跟老师道别时说“你好”的例子。因为意大利语中有一个 ciao，既用于见面时的问候，也用于道别。其实类似的还有其他母语的学生，如泰语见面问候和道别也是用一个词，一些初学汉语的泰国人道别时也会说“你好”。

越南学生在本国当面称呼老师时都不用“你”，只用“老师”。到中国学习汉语一段时间后还会这样。跟越南学生面谈时，中国老师听到学生在一长段叙述中不断用“老师”，可能会以为是在讲其他老师呢。

五、整体性偏误和局部性偏误

Ellis（1997）认为，在评估偏误严重程度时可以将其分为两类：整体性偏误（global error），指影响整句结构从而导致理解困难的偏误；局部性偏误（local error），指仅影响句中某一个成分而不影响整句理解的偏误。如：

（23）＊The policeman was in this corner whistle.

（24）＊She gave me two ticket.

例（23）的总体结构有错误，是整体性偏误。例（24）只是 ticket 这个单词没用复数形式，是局部性偏误。但上述定义中的“导致理解困难”和“不影响整句理解”，在概念上似乎有点模糊。（24）的偏误确实“不影响整句理解”。（23）的偏误虽然会让人感到有些别扭，但似乎也不会导致理解困难。

当然，这种区分对我们的研究还是有借鉴作用的。在汉语习得中出现的语法偏误，也可以从严重程度上分为这两类。如：

（25）＊天气暖和，很多人去河边或者去公园看樱花。入学、参加工作等，这个季节也是新生活开始的季节。

（26）＊天气很冷，冷风刮，有时下雪。

（25）确实让人感到理解困难，不但如此，还难以纠正。通过考察，我们知道，该句是受作者母语日语主题句的影响而产生的。“入学、参加工作等”其实是跟“新生活”相关的。可以改为：

（25′）天气暖和，很多人去河边或者去公园看樱花。这个季节也是入学、参加工作等新生活开始的季节。

可见，（25）不但整体结构有问题，理解起来有困难，而且纠正起来也有困难。从此例引申开去，在定义“整体性偏误”时，我们可以从三点考虑：1）整体结构有问题。2）理解有困难。3）纠正有困难。这三点还不只这么简单，还应该分层次进行考察。相对例（23）而言，例（25）的整体结构问题更严重，理解难度更高，纠偏难度也更高。

相比之下，（26）只是个别相邻词语的错序，丝毫不影响句子理解，纠正也非常容易（将“冷风刮”改为“刮冷风”）。因此，它只是局部性偏误。

第二节　研究程序

一、偏误收集

偏误研究首先要做的就是相关偏误的收集。所谓偏误，应该是学习者自己输出的语料（书面的或口头的），而不是研究者凭空想象出来的，也不是根据对比分析的结果造出来的。

偏误收集有多种方法，大致可以分为两大类四小类。

1. 横向（cross – sectional）**与纵向**（longitudi – sectional）

横向指研究者收集学习者某一特定阶段出现的偏误。纵向指研究者收集学习者较长时间出现的偏误。采用哪种收集方法取决于研究的目标。

假设研究者发现了一个偏误，并打算较为系统地研究这个或这类语法点的偏误，具体来说，就是想看看此类偏误是否有普遍性、有多少学习者会出现此类偏误、偏误的频率是多少、此类偏误内部可以细分为多少个偏误点、如何解释汉语相关的语法规则、如何根据汉语和学生母语的异同探索母语负迁移的影响等等。这时，研究者可以对若干个班级乃至若干个学校的留学生进行调查，收集他们这方面的偏误，可以是一次或若干次有目的的语法练习，也可以是一次或若干次作文，一次或若干次说话的录音等。

比如说，教师发现一个学生说“我也太极拳会打了”，他想了解“也”错序的偏误是否普遍、“也”错序内部包含多少种错序情况，那么，他就需要在更大范围内收集一批跟“也”相关的偏误。

如果学习者想了解一个语法点习得的发展过程，看看不同学习阶段的学生习得情况如何，就必须收集学习者较长时间的语料，如三个月，半年，甚至一年、两年。收集纵向偏误语料虽然时间长，但不一定每天收集（当然，如果条件许可，每天收集更好)。通常的办法是隔一段时间（三五天、十天、半个月）收集一次。同样，每次可以是有目的的语法练习，也可以是作文或会话、说话的录音等。

比如，孙德坤等（1993）为考察英语母语者习得汉语“了”的过程，追踪调查两个学生，两周谈话一次，每人每次一小时，共八次。全部录音。他的考察发现，英语为母语的学习者在谈话中先使用“$了_2$”，大约两周后使用“$了_1$”，此后才有“$了_2$”“$了_1$”同时出现的表达。

横向、纵向两种方法各有千秋。横向方法虽然是短时间的，但可以收集较多学习者的偏误。纵向方法虽然是长时间的，但只能收集较少学习者的偏误。

在这里我们还可以借用社会语言学的一对术语来讨论纵向语料和横向语料。纵向语料（包括偏误）可以准确反映习得阶段，可以看出中介语发展的“真实时间”。横向方法如果收集了不同阶段（如初、中、高阶段）学习者的语料（包括偏误），也可以通过分析对比不同阶段的语料，看出习得阶段。因此可以说，在同一时间收集的不同发展阶段的横向语料，可以看出中介语发展的“显像时间”。

由于两种方法各有千秋，因此可以搭配使用。如赵立江（1996）为了考察“了”的使用，用将近两年时间追踪调查一个英国学生。同时，他还用测试方法对从零起点到二年级四个层面的留学生进行横向考察。两种语料得出的结论互相印证，说服力较强。

2. 自然与非自然

自然法指通过谈话或作文来收集偏误。非自然法指通过语法练习和测试来收集偏误。

一般说来，前者（尤其是自由谈话）收集的语料比较自然，更为真实。学习者更关注表达内容，出现语法偏误的频率比较高。后者收集的语料不够自然，真实度不够高。由于是练习和测试，学习者比较关注表达形式，偏误出现的频率没有那么高。

但是，研究者最想要的某一类或某几类偏误，在自然法收集的语料中比例不高，而在专门设计的语法练习或测试中，虽然总体偏误率不高，但研究者想要的偏误，却比较多。因此，不少研究者更喜欢采用后者。

自然语料的收集办法不必细谈。收集到的语料（包括偏误）可以建成语料库。现在北京语言大学有一个中介语语料库，主要是留学生的作文，经过熟加工的语料已经有100多万字，正在加工中的也有100万字。台湾师范大学有一个英语为母语的学习者的中介语语料库。中山大学有一个中介语偏误标注语料库，熟加工的语料已有40万字。这些都是书面语的。希望今后会有口语的中介语语料库。

非自然语料的收集有许多具体做法。仅举几例以为参考。

陈珺、周小兵（2005）为考察留学生使用度量差比句和“不比”句的情况，设计了以下试题：

调查二　请用每一题中的词组成一个完整的句子：

1. 分钟　他　我　比　三　快
2. 首　他　三　多　比　我　唱歌
3. 很　重　那个包　多　比　这个包
4. 法国　德国　比　多　很　漂亮
5. 他儿子　大　两岁　比　我儿子
6. 瘦　了　你　以前　多　比
7. 重要　多　心灵美　外表美　得　比
8. 两度　今天　比　的　温度　昨天　低
9. 产量　的　比　三分之一　今年　了　去年　提高
10. 比我　快　跑　他　跑步　得　一点

调查三　请用括号中的词语完成下面的句子：

1. 我是专科生，很多人觉得本科生比专科生强，但我觉得自己的能力________________。（本科生）

2. A：你要是没钱用，就先拿去用吧。

B：你家的情况也________________（我家），我怎么能拿你的钱。

3. 很长时间中国的电视上几乎全部都是外国动画片。昨天晚上，中央电视一台播出了《西游记》，这部国产动画片吸引了很多孩子，看后都说"好"。国产动画片________________（外国动画片）。

4. 许多人都喜欢喝牛奶，不喜欢喝豆浆（soybean milk）。认为牛奶比豆浆营养丰富（rich nutrition）。其实，豆浆与牛奶各有各的好处，豆浆________________（牛奶）。

5. A：你们觉得选美比赛的结果怎么样？我觉得第一名________________________（第二名）。

B：嗯，我也觉得第二名比第一名更漂亮。不过，第一名问题回答得更好。

6. 虽然这次比赛他们赢了，不过我们一定要相信自己________________________（他们），下次我们一定可以打败他们。

7. 我爸爸脾气很坏，可是我妈妈的脾气也________________（爸爸），他们俩常常吵架。

8. 黄河和李伟成绩差不多，可是老师常常表扬黄河，不表扬李伟。李伟很不高兴，他问老师："老师，我的成绩________________（黄河），你为什么不表扬我？"

再如李蕊、周小兵（2005）考察留学生使用表示动态的"着$_1$"和表示静态的"着$_2$"的情况，使用了以下强制性选择测试的句式。a 句是静态句，b 句是动态句。为了不让学生了解测试意图，练习设计时打乱了顺序，并插入了一些与考察内容无关的干扰项。

1a. 昨天一天，他房间的门关（　　）。

1b. 那天我们很开心，大家说（　　）笑（　　），忘记了时间。

2a. 教室里的灯一直亮（　　）。

2b. 雨不停地下（　　）。

3a. 他穿（　　）一件新大衣。

3b. 小王正写（　　）给父亲的信。

4a. 他拿（　　）一束花走了进来。

4b. 他抚摸（　　）孩子的头说：“下次不能这样做了。”

5a. 阿里房间的墙上挂（　　）他女朋友的照片。

5b. 公园的草地上跑（　　）很多快乐的孩子。

11a. 这两天，他的车在楼前边停（　　）。

11b. 她忙极了：饭还在锅里煮（　　），孩子不停地哭，这时，电话铃响了。

6. 我们正说（　　）话，老师进来了。

7. 我们聊（　　）聊（　　），吃饭的时间到了。

此外，还有一种收集偏误的方法，介于自然法和非自然法之间。如看图说话，看图作文，看录像后口述或笔述等。这种方法对输入有所控制，以引导学习者输出研究者想得到的语料。如陈珺、周小兵（2005）对度量差比句的语料收集：

调查一：请用比较句描写下列图画（可写多句）：

1

2

3

4

5

6

7

8

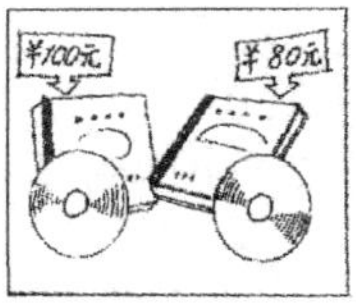

9

10

二、偏误辨认

偏误辨认有两个意思，一是指在中介语语料中将含有偏误的句子、语篇找出来；二是指确认偏误点在哪里。如下面这段话，请找出有偏误的句子，指出偏误点在哪里：

（27）＊我认为写作课很重要。虽然现代已经发达了电脑的水平，但许多人忘记单词越来越多。在日本也老师教我们写作，但是用日语写的，写日记，很简单应用文，写一件事。上个学期也我上了写作课，学写信，自荐信，履历表，听后编故事等。我觉得有一些进步。于是，这个学期我要努力学习写作。

如果将这段话按句号切割，可以分成 6 个句子。第二句至少有一个偏误点：形容词“发达”带了宾语“电脑的水平”。第三句“也”错位是一个偏误点，“的”的遗漏是一个偏误点。第四句“也”错位。第六句“于是”误代是一个偏误点。

偏误的辨认在偏误研究中非常重要。它主要依靠语感和语法知识。

1. 凭借语感

偏误辨认最好的办法当然是凭借语感。汉语本族人如果有好的语感，完全可以凭借它来发现一个句子、一段语篇是否存在偏误。如例（27）中，如果有好的语感，基本上可以辨认出包含偏误的单位和偏误点。

对于非本族汉语教师来说，凭借语感可能有些困难。对于生长在汉语某个方言区、受方言影响严重的教师来说，靠语感辨认偏误也有点困难。

2. 使用语法知识

使用语法知识主要是为了确定偏误点。当凭借语感发现某个句子、语篇存在偏误时，要用语法知识来确定具体的偏误点。如：

（28）a. ＊坐了十分钟时间车，就到了一个很大的游乐园。

b. ＊在印尼大部分孩子们很孝顺对父母，父母说什么他们都听和做父母的要求。

a 句的偏误点容易确定，“坐”有宾语“车”，“坐”和“车”中间有表示动作持续的“十分钟”①。由于后边有了“车”，“十分钟”不能再修饰“时间”。

b句的偏误点有几个，较难确定。第一个偏误点，表示行为对象的“对父母”不应放在谓语“孝顺”的后边。第二个偏误点，第二分句两个谓语成分不能用“和”来连接。第三个偏误点，“做”不能跟“要求”搭配。

值得注意的是，语法知识我们要正确使用，而不是滥用。一些教师在偏误辨认时，将汉语语感抛在一边，不正确地使用语法知识。这样的结果，是将一部分正确句误认为偏误。我们在本章第一节第二小节已经讨论过假偏误的问题。这里再举一例：

（29）我是釜山出生的。

有些教师认为“地点名词不能单独做状语，应加‘在’构成介词短语”。我们认为，“地点名词不能单独做状语”作为规则似乎立不住。如果要说是一条规则，那就会有许多例外，应该将例外的条件讲清楚。如：

（30）屋里坐。

（31）我广州出生，北京长大，上海读大学，香港工作。

（32）他是美国读的博士。

（30）是祈使句，并且是一个套语；（31）含有几个分句，每句中的处所词是对比焦点；（32）是“是……的”强调句。其实，我们如果光凭语感，也可以认定（29）不是偏误，类似的句子在汉语中很多。如：

（33）我是广州出生的，但上中学时还不会说广州话。

（34）他是黑龙江出生的，她是海南出生的。最南边和最北边的谈起恋爱来了。

3. 给偏误分类

本章第一节讨论了偏误类别。这里结合偏误分类进一步论述。

首先，要凭借语感，使用汉语知识，确定真偏误，避免假偏误的出现。

---

① 至于“十分钟”是“坐”的补语，还是“车”的定语，不同语法书有不同的说法。可以略去不说；也可以强调其语义是动作持续，形式上可当“坐”的补语；后加“的”也可做“车”的形式定语。

其次，要区分偏误和失误，系统前、系统中和系统后偏误。如果属于系统前偏误，绝大部分无须解释、纠正，因为讲了作用也不大。如果属于系统后偏误，基本上也没有必要解释。只有遇到系统性偏误，才需要进行认真的辨认和解释。

在系统性偏误中，有句法问题的显性偏误自然要辨认清楚。对单句句法不容易辨认的隐性偏误，也要认真研究其出现的语境，分析各种语境语素，仔细辨认和解释。

在确认偏误点之后，还要分辨全局性偏误和局部性偏误。如果是前者，就要认真讲解，如果是后者，就要根据出现频率的高低、使用者的多少来决定是否需要讲解。

三、偏误纠正

在确定偏误点之后，就要进行偏误纠正。关于偏误纠正，前人很少论述。但从教学实践看，这是偏误研究的重要环节。如果纠偏不得法，就会极大地影响整个偏误研究的质量，极大地影响偏误分析教学的效果。

偏误纠正，一般要注意以下几点。

1. 不违背原句作者意愿

纠偏的首要原则，就是准确表达原句作者的意思。纠偏主要是纠正不符合目的语语法规则的形式。不能由于纠偏，改变了作者的意思。先看一例：

（35） ＊刚结婚以后，他们很幸福。

可以将它改为：

（35′） 结婚以后，他们很幸福。

改后的句子没有句法偏误了，但违背了作者的原意。作者想要表达的是：

（35″） 刚结婚那段时间，他们很幸福。

有的偏误，光看语言单位本身很难确定作者想表达的意思。如：

（36） ＊那时候还有多十个月的时间。

a. 那时候还有十多个月的时间。

b. 那时候还有十个多月的时间。

（37）＊关门以前11点。

a. 以前11点关门。

b. 11点以前关门。

作者要表达的意思是a句还是b句，很难确定。此时，若不能通过上下文来确定，就应该询问作者了。

2. 符合汉语规则和语感

纠正后的句子、语篇，应该是符合汉语语法规则的句子。这似乎是不言自明的。但事实上，确实有一些经过“改正”的句子，仍然存在偏误。如：

（38）a. ＊他们开始会议。

→b. ＊他们开始进行会议。

（39）a. ＊昨天我没看了一个电影。

→b. ＊昨天我没看一个电影。

出现这类“改后偏误”的，大多是非母语教师。

这种情况可以分为两类。第一，纠正了一个偏误，又产生了另一个新的偏误。如对（38a）的解释本来很好：韩语动词“시작하다”与汉语“开始”意思一样，可是用法不同。前者能带谓词宾语，也能带体词宾语；后者只能带谓词宾语。韩国学习者受母语影响，“开始”后面带了体词宾语。但是教师却在纠正后的（38b）中生成了另一个类似的偏误，让只能带谓词宾语的“进行”后边带了体词宾语。造成这种情况的原因可能是：疏忽；汉语知识不完备；母语负迁移。可供参考的句子是“他们开始开会”。

第二，注意了某个偏误点，遗漏了另一个偏误点。如（39a）有两个偏误点：1）“没看”后边误加“了”；2）否定句动词后的宾语用了数量定语“一个”。教师看出了第一个偏误点，却遗漏了第二个偏误点。因此改正后的（39b）依然存在偏误。正确的改法是去掉“一个”。①

---

① 动词前有否定词语，是表示对所有量的否定，后边的宾语一般不能用数量词语修饰。当然，如果数量词语是表示周遍性的“一＋量词”，句子也可以成立。但是（39a）要表达的不是这个意思。此外，周遍性意义通常的表达式是“一＋量词＋句词＋否定词＋动词”，如“一个电影也没看”。

第二种情况经常发生。如：

（40） a. ＊他想来想去，终于决定了买两套月饼。

→ b. ＊他想来想去，终于决定了买两盒月饼。

（41） a. ＊毕业之后工作两年，于是想转业。

→ b. ＊毕业之后工作两年，于是想转行。

（40）将“套”改为“盒”，但没有去掉“决定”后边的“了”。（41）将“转业”改为“转行”，但“于是”没有改。

有的偏误经过纠正，句子符合汉语语法规则，但从语感出发，似乎不是最理想的句子。如以下偏误的纠正：

（42） ＊我藏自己在门的后面。

可以改为：

我把自己藏在门的后边。

虽然没有违背语法规则，但总觉得有点不顺，除非是修辞的需要。相比之下，下句更符合母语者的语感。

我藏在门的后边。

再如：

（43） ＊来中国以后，我两次到长城去了。

有人改成：

来中国以后，我到长城去了两次。

这样改似乎也可以，但不如下句地道：

来中国以后，我去了两次长城。

3. 最简化

对偏误进行纠正，应尽可能少地改变原句结构，尽可能少地增删、替换句中的词语。如下面的偏误，有几种可供选择的纠偏：

（44） a. ＊我被他骂。

b. 我被他骂了一顿。

c. 我被他骂哭了。[3]

d. 我被他骂了。

b 句多了动态助词“了”和数量补语“一顿”；c 句多了结果补语“哭了”；d 句只多了动态助词“了”。相比之下，d 句改得简单，跟原句意思也最符合。其他两句改得太多，跟原句意思也不一定相符：c 句的“哭了”显然是原句没有的意思；b 句的“一顿”可能也比原意要严重。

当然，最简化是以准确纠偏、正确解释为前提的。如下面的纠偏，简单是简单，但是纠正后的句子不符合母语者的语感：

（45）＊他的宿舍只有到星期日才被干净。

？他的宿舍只有到星期日才被打扫干净。

跟原句相比，纠正后的句子只是多了“打扫”一个动词，但这个句子不符合母语者语感。受事主语如果是无生命的事物（如句中的“宿舍”），陈述内容又是说话人觉得满意的，通常不用“被”。因此，纠偏时不但应该加上谓语动词“打扫”，还应该去掉“被”。

4. 接近学生水平

外语教学的一个原则，就是教学内容跟学生水平大致相称，既不能超出学习阶段太远，也不能落后于学习阶段太远。偏误纠正也是如此。最好能用已经教过的知识来纠正偏误。如果无法做到，就要通过讲解一些刚刚超出学习阶段的知识来纠正。

如果正确表达超出学生水平太远，学生就无法掌握。如：

（46）＊你是一点老师，一点朋友。

对这个偏误，有两种改法：

a. 你既是老师，又是朋友。

b. 你是老师，又是朋友。

a 句中的“既”偏难。b 句的表达比较合适。因为从偏误可以看出，学习者大约在初级第一学期，水平不高。此时教“既”，第一难理解，第二掌握不好，第三记不住。“又”可能学过，即使没学过，学习起来也相对容易。

偏误纠正如果落后于学习阶段太远，也不利于学生掌握新知识。如：

（47）＊一边你说，一边我记。

对这个偏误，也有两种改法：

a. 你说我记。

b. 你一边说，我一边记。

虽然两种改法都正确，但由于学生学过了“一边 A，一边 B”，纠正偏误就应该有所选择。相对来说，a 句太容易，不利于学生掌握、巩固学过的语法点。b 句更好，容易让教师结合偏误纠正，讲解相关语法知识，以巩固学生刚学过的语法知识。

5. 偏误点的选择

前面讲的纠偏，是一网打尽的。但在实际的研究及教学中，我们很少采用这种方法。由于人的认知能力有限，在某一个具体研究中，研究者最好只就某一个特定语法点，或某几个有关联的语法点进行考察，很少对所有偏误点进行研究。如前面讲过的三个偏误：

(39) *昨天我没看了一个电影。

(40) *他想来想去，终于决定了买两套月饼。

(41) *毕业之后工作两年，于是想转业。

如果只想研究跟“了”相关的偏误，可以只关注例(39)(40)中的“了”，只去掉“了”，并解释语法规则和来源。对“一个”、“套”的误加可以暂时不理会；只想研究动词误代，对（41）的“于是”误代可以不管；只想研究连接词的误代，对“转业”的误代也可以不管。

选取哪些偏误点，并不是随意的，一般有几个原则。1）学习者偏误最多的，可能最有研究价值。2）前人没有研究过的偏误点，研究过但存在空白处或研究过但有不足的偏误点。3）跟本体研究、汉外对比密切相关的偏误点，最容易用一些理论、方法、模型进行解释的偏误点。

如（27）中有许多偏误点：

(27) 我认为写作课很重要。虽然现代已经发达了电脑的水平，但许多人忘记单词越来越多。在日本也老师教我们写作，但是用日语写的，写日记，很简单应用文，写一件事。上个学期也我上了写作课，学写信，自荐信，履历表，听后编故事等。我觉得有一些进步。于是，这个学期我要努力学习写作。

出现频率最多的是“也”的错序。考察“也”错序的表象，解释相关的语法规则，探索“也”错序语际因素和语内、句内因素，很有价值。因此，好的研究者会选择这个偏误点。

如果研究者的认知能力有限，那么，学习者的认知能力就更有限了。因此，给学习者纠偏时也不可能顾及所有的偏误。选择的原则是：1）跟偏误研究的第一条相同：学习者出现频率最多的偏误。2）比较接近学生语法水平的，或是学生学过但未掌握好的，或即将要学的。超出学生学习阶段太远的，讲了也没有多少作用。

四、偏误描述

主要指对偏误的语法形式进行描述。描述有两种方法。

1. 从传统语法范畴入手

传统的语法范畴指词类（名词、动词等十几个词类）、句子（主语、谓语等，“在”字句、“把”字句等特殊句式，等）。如：

* 我旅行中国。

* 最近我比较很忙。

* 我把这本书没看完。

第一句是动词偏误，“旅行”不能带宾语，应该改为“我去中国旅行”。第二句是副词偏误，“比较”、“很”不能连在一起用，应去掉一个。第三句是“把”字句否定词的位置错了，应放在“把”前。

过去不少偏误分析的书都是用这种方法。如佟慧君（1986）的《外国人学汉语病句分析》，全书分为“词的部分”和“句子部分”两个部分，每部分有若干类（例如词的部分有：名词、代词、数词、量词、形容词、动词、能愿动词、副词、介词、连词、助词、词尾“们”），下面再分小类（例如代词有：人称代词错误、疑问代词错误、指示代词错误）。程美珍（1997）主编的《汉语病句辨析九百例》也是按照这种方法进行描述的。

这种方法的优点是，使用传统的语法术语，可与传统的语言教学接轨。

2. 从标准数学范畴入手

这种方法主要拿偏误形式跟正确形式进行对比，概括出二者的区别。一般分为五类：误加、遗漏、错位、误代、杂糅。

误加（addition error）

也称为“添加”，指句子、语篇中多了不应该出现的语言单位。如：

（48）＊明天你有去银行吗？

（49）＊那篇文章被修改完了。

（50）＊我们在一起去了北京玩。

（48）误加了“有”。汉语普通话肯定式的动词前不加“有”表示动作。（49）误加了“被”。汉语普通话被动句中，受事主语是事物，动作及结果表示说话人满意的事，一般不用“被”。（50）误加了“在”。汉语动词如果表示非位移动作，可以用“在一起”修饰（在一起住；在一起看电影）；表示位移动作，一般不用“在”（＊在一起来看你；＊在一起跑过去）。

遗漏（omission error）

句子、语篇中少了必须具备的语言单位。如：

（51）＊他在广州住了六月。

（52）＊如果不去中国，我们就去香港或别有意思的地方。

（53）＊明天早上你到朋友吗？

（51）应该在“月”前加“个”。（52）应该在“别”后加“的”。（53）应在“朋友”后加“那儿”。汉语指人名词不能表示地点，不能充当“到”的宾语，加上“那儿、那里、这儿”等就可以了。

错序（sequential error）

也可称为“错位”，指句子、语篇中某个或某些语言单位的位置、顺序错了。如：

（54）＊小王比较跑得快。

（55）＊我想写用中国人的思想、语气。

（56）＊北方人吃很少米饭。

例（54）程度副词“比较”应放在形容词“快”前面。例（55）“用中国人的思想、语气”应该放在“写”前面做状语。例（56）“很少”应放在“吃”前做状语，表示频率低。在汉语中，“很少”一般不单独修饰宾语。

误代（substitution）

也可称为“替代”，指在某个句法位置上用了一个不应该用的语言单位。如：

（57）＊我和她是隔壁。

（58）＊他很喜欢我，到底我们结婚了。

（59）＊小李通常迟到。

例（57）应该将“隔壁”改为“邻居”。前者是处所名词，可以说“住在隔壁”；后者是指人名词。例（58）应该将“到底”改为“最后、后来”等词语。“最后、后来”是一般的时间名词，跟句子的意思相符。而“到底”是副词，可以表示语气，强调结果。例（59）应该将“通常”改为“常常”或“总是”。“通常”表示行为或事件在一般情况下有规律地发生，很少能修饰单个动词。如果句子有这些词语，就可能成立。如：

他通常第一节课迟到。// 他通常迟到10分钟。

杂糅（mix－up error）

将两个甚至多个句法结构不恰当地糅合在一起。如：

（60）＊他们的日子过得更加和美多了。

（61）＊咖喱每个人都认识（了），但是很少知道咖喱不仅是黄色的，还有红、绿、白、黑等都有。

（62）＊她又不是广东人，哪儿有资格给人家教广州话的道理呢？

例（60）是“他们的日子过得更加和美了”和“他们的日子过得和美多了”的杂糅；纠正的方法是，任选其中一个句式。例（61）是“很少知道咖喱不仅是黄色的，还有红、绿、白、黑等”和“很少知道咖喱黄色、红、绿、白、黑等都有”的杂糅；相对而言，前边一个句子更好①。例（62）是将“哪儿有资格给人家教广州话呢”和“哪儿有给人家教广州话的道理呢”

---

① “是黄色的”改为“有黄色的”更好。

糅合在一起；纠正的方法也是任选一个。

从数学范畴入手划分偏误类别，比较概括，将分散的类上升到较为抽象的类，便于看出正确与错误的差别。

当然，现在的研究往往是二者结合。可以先用语法范畴进行分类，在具体语法范畴的分析中再使用数学范畴方法。也可以先从数学范畴入手分类，再从语法范畴入手细致分析。

3. 语法规则的解释

偏误分析最终都要对相关的汉语语法规则进行概括和解释。可以说，目的语语法规则的概括和解释，是偏误分析的关键。有了这一条，才能通过偏误分析，促使研究者概括出更多的符合语言事实的规则；才能让教师更好地分析偏误，讲解规则；才能让学习者通过偏误分析，掌握相关的语法规则，减少偏误，更好地运用语法。上边的分类实际上都讲述了相关的规则。

对规则讲解不正确，则可能产生副作用。如：

(63) *有一天他看到镜子里的自己多难看。

一般都知道将“多”改为“很”。但有的解释却值得商榷：

> 形容词做补语一般用复杂成分，且一般在前面加“很”。这里用的是“多”，不合适。

事实上，“多难看”并不是做补语，而是充当小句宾语（“镜子里的自己多难看”充当“看到”的宾语）中的谓语。形容词前面也完全可以加“多”。如偏误中的小句单独拿出来就可以说：

> 镜子里的自己多难看！

跟上述偏误相关的语法规则，应该是陈述句和感叹句对句中某些成分的限制。陈述句中，形容词谓语前一般用“很、非常、挺”等程度副词。感叹句中，形容词谓语前一般用“多（么）、真”等词语。请对比：

> a. 他写的汉字很/非常漂亮。
>
> b. 他写的汉字真/多漂亮！

偏误（63）显然是一个陈述句（他看到……），当然不能使用只出现在感叹句中的“多”。学生掌握了这条规则，就可以减少一些偏误，更好地使用汉语。但是如果按上述不准确的规则概括去讲解，就会有不少副作用。第一，解决不了问题，学生还会出现偏误；第二，学习者可能就回避使用“多”类副词，该用带此类副词的感叹句时，他们就会选择使用只带“很”类副词的陈述句。

五、偏误探源

对偏误来源的探索，是偏误研究中最难的。它涉及语言学、心理学、教育学等多个学科，是偏误研究中最能体现第二语言学科交叉特性的部分。同时，它也是偏误研究中非常重要的一个环节。从二语习得角度看，只有了解偏误来源，才能真正把握二语习得的特点和规律，才能真正弄清楚中介语发展的过程和阶段。从教学角度看，弄清楚了偏误来源，才能有的放矢地进行教学，包括合理地编制教学大纲、教材、词典，有效地实施具体教学方案。

偏误有多种来源，这里主要从五个方面探讨。

1. 母语负迁移

学习者将母语语法规则搬到目的语里而出现的偏误。英语母语者（及其他一些母语者）有时会出现以下偏误：

＊我们的教室很大和很干净。

这显然是受英语（或其他母语）语法影响而产生的。

Our classroom is very big and clean.

日语母语者有时会出现下列偏误：

＊我比他 10 公分高。

原因是日语差比句的度量词语放在形容词前。如：

わたし　は　　あなた　より　10センチ　高い。

词译：我（助词）　你　　比　　10 公分　　高

对于此类偏误，可以称之为“语际偏误”。

要找出母语负迁移的原因，就必须了解学习者的母语。母语为汉语的教师，由于未能掌握学生的母语，要探寻母语负迁移的原因，难度会比较大。但如果我们具备这个意识，就可以通过多种渠道获取学生母语的相应表达方法，有效地进行汉外对比，发现语际偏误的原因。具体方法有：1）询问学习者为什么会这样说、这样写；2）询问操同一母语的高年级学生；3）查找相关的参考文献，如教材、词典等；4）请教该语言的专家。

对于掌握学习者母语的汉语教师来说，只要有通过对比探索偏误原因的意识，就会比较容易认定语际偏误并找出原因。

有关母语负迁移的详细情况，请看本书第三章至第九章。

2. 目的语规则泛化

从目的语某些语法现象概括出不全面的规则，不恰当地进行类推，扩大到不适用的范围。如：

*我喜欢我家，我国家。

*全星期都有课。

*他稍微高。

学习者认为：既然“我家”可以说，“我国家”当然也可以说；“全天、全年”符合语法，“全星期”当然也符合语法；“他比较高”没问题，“他稍微高”也没问题。

有些语言学家认为，在学习的初级阶段，母语负迁移的影响比目的语规则泛化要大；到了高级阶段，目的语规则泛化的影响比母语负迁移要大。

因目的语规则泛化引起的偏误，又称为“语内偏误”。目前对语内偏误的分类和系统研究还很不够。

有关目的语内部规则泛化引发的偏误，具体参看本书第十到十四章。

3. 教学误导

不恰当的教学，也会引发偏误的产生。陆俭明（2006）指出：

> 我们跟外国学生说，汉语动词可以带所谓处所宾语，举的例子是“吃食堂”“吃馆子”“泡澡堂子”等，并解释说，“吃食堂”就是“在食堂吃饭”的意思，“吃馆子”就是“去/在馆子吃饭”的意思，等等。学生学了，就按上面所说的去用了，结果出现了下面这样的偏误句：
>
> a. *我现在吃勺园7号楼食堂。
>
> b. *今天我们吃餐厅吧。

c. *今天我一直看书图书馆。

再举一些例子。不少教材写到，汉语双音节形容词可以用AABB的形式来重叠。一些教师在讲解时没有说明，只有小部分双音节形容词可以这样重叠，结果不少学生说出下列偏误句：

*这里的风景美美丽丽的。

*他刻刻苦苦地学习。

有的教材说，相邻的两个数字连说可以表示概数，于是一些学生写出以下偏误句：

*这个西瓜很大，十五十六斤。

*他看上去三十七三十八岁。

从某种意义上说，此类偏误也是一种错误类推。但产生错误类推的原因之一，是教学上的失误。

此类偏误的确认，往往需要通过询问等方法，直接从作者处得到答案。当然，也可以使用某些教材、教学法之后，让学生做一些练习，检验该教材、教学法是否引发了偏误。

有关教学误导引发的偏误，具体参看本书第十五章到十七章。

4. 交际策略的运用

学习者掌握的目的语知识不足，为了应付交际的需要，会出现一些偏误。如：

S_1：中国和韩国的地铁比较，怎么样？

S_2：*椅子不一样，广州椅子很好，因为火的时候很安全，但是汉城的地铁不安全，很容易火。

要表达“火燃烧起来”的意思，应用“着火”。但说话人不会这个表达，只得用直观的名词“火”进行了替换。在运用第二语言进行交际时，用一些表示直观事物的名词，来替换表达动作的动词或表示性质的形容词，是很常见的情况。这种偏误跟前三种偏误不同的地方在于，学习者知道或感觉到自己的话语不一定符合目的语规则，但为了让交际进行下去，只能如此表达。

交际策略是学习者为了使交际能够进行下去而采用的策略。但这些偏误产生的原因多少也跟母语负迁移、目的语规则泛化等有一定关系。

有关交际策略所引发的偏误，具体参看第十八章。

5. 语言普遍性因素

语言普遍性因素，主要指语言的普遍性、标记性、自然度等。我们刚才说，学习者偏误的产生是由母语负迁移、目的语规则泛化、教学误导、交际策略等因素造成的。可以说，所有这些都跟人的认知有关。我们把“语言普遍性因素”抽出来，不过是为了更好地解释一些偏误的成因。

语言普遍性

生成语法认为，核心语法遵循普遍语法规则，容易习得；外围语法跟普遍语法规则不一致，容易造成认知困难。如：

a. 他要求我立刻走。

b. 他答应我立刻走。

a 句的“走”紧靠左边的施事主语“我”；该句体现了核心语法的特点，二语学习者一般较容易习得，不容易出现偏误。b 句的“走”跟施事者“他”距离很远，中间还隔着一个代词“我”；该句体现了外围语法特性，二语学习者不容易习得，容易出现以下误加性偏误：

*他答应我他立刻走。

从学习者心理上看，将“他”重复一次，出现在跟“走”很近的位置上，觉得比较保险。

标记性

标记性跟语言普遍性相关。标记的有和无，强和弱，会影响语言的认知。一般来说，无标记或标记性弱的语言点，便于认知和习得，往往先习得；有标记或标记性强的语法点，难于认知和习得，往往后习得。比如说，在所有语言中，陈述句是无标记或弱标记的，容易学，不容易错；否定句是有标记或强标记的，不容易学，容易错。应此，第二语言学习者使用目的语时，否定句容易出现偏误。

标记还体现在不同语言的对比上。如同样是否定，有的语言是“否定词 + 动词”（如汉语），有的语言是“助动词 + 否定词 + 动词”（如英语），有的语言是“动词+否定词”（如韩语）。相对来说，“否定词+动词”属于无标记的，使用地域广、语种多，其他两种属于有标记的。母语有标记的人（英语母语者）学习无标记的汉语否定式时，“否定词+动词”的格式不难学；母语无标记的人（汉语者母语）学习有标记的英语否定式时，“助动词+否定词+动词”的格式不容易学。

在否定内部，单纯否定标记性相对弱一些，容易学；对时体的否定标记性相对强一些，难学。请看一个具体例子：

*上星期我不看电影了。（上星期我没看电影）

“不X”不体现时体特征，普遍性高而标记性弱；“没X”体现“过去、完成”的时体特征，普遍性低而标记性强。二语习得中，标记性弱的语言形式认知难度相对低，因而更易于习得。学习者常常用标记性弱的项目来代替标记性强的语言项，如用“不”代替“没”。上例句末“了”显示学习者具备表现过去时体特征的意识，但未能用“没X”结构来体现，而用了标记性弱的“不X”后附“了”来表示。可以说，这是语言普遍性因素在起作用。（详见第五编）

自然度因素

一个语言点形式与意义之间的关系是否简单明了，会影响学习者对它的认知与习得。比如，表示行为动作的重复，有些语言只有一个语言形式，形式和意义的关系简单明了，容易学习和掌握，如英语的again。但汉语常见的就有“再、又、还”，汉语初学者用它们表示重复，就可能出现以下偏误：

*他上个星期<u>再</u>去了北京。

*我明天<u>又</u>看电影。

一般的教材都会解释说明“又”表示过去的重复，“再、还”表示将来的重复。但学生按照这个解释来说话，还是可能出错：

*明天<u>再</u>是中秋节，我们<u>再</u>要去长城看月亮。

*下个月我要<u>还</u>去长城。

于是我们又要解释：表示将来一定要出现的事情，表示有规律必定要发生的事情，用“又”。跟能愿动词（助动词）连用时，“再”一般在能愿动词后边，“还”一般在能愿动词前边。

但到了高级阶段，学生仍然可能出现偏误：

＊我十年前去过天津，前年又去的时候，发现变化很大。

虽然被修饰的动词表示的行为是过去发生的，但位于表示时间的状语中，不能用“又”，只能用“再”。（李英、徐霄鹰，2002）

由上可知，汉语表示动作行为重复发生的“又、再、还”非常复杂。虽然意思相近，但具体用法有许多区别。母语者凭借语感不会说错，但也说不清楚规则。非母语者对它们的认知和习得当然会有许多困难，出现偏误也就一点不奇怪了。

语言项目的简单与复杂，也涉及自然度。一般来说，复杂结构（如包含关系子句的包孕结构）比简单结构认知难度高。学生说一个简单句时可能不出错，但说一个复杂句时就可能出错：

a. 他去了天津吗？　b. ＊我不知道他去了天津吗？

六、偏误评估与教学建议

偏误评估和教学建议是偏误研究的最后阶段。偏误分析是以促进教学为目标的。作为偏误分析的最后一个阶段，偏误评估旨在帮助教师确立衡量偏误严重性的标准，以明确哪一类偏误需要重点对待。

1. 偏误评估

偏误评估主要指对偏误的严重程度进行鉴定。

本章第二节讨论偏误分类时谈到“整体性偏误和局部性偏误”。这一分类就可以说是评估的一部分。一般说来，对整体性偏误一定要认真对待，而对局部性偏误可以区别对待。

所谓认真对待，包括几点：第一，对理解难度高的，首先要清楚说话者到底要表达什么意思。第二，对偏误要进行科学的分类、恰当的纠正、细致准确的描述和多角度的原因探索，以便提出合理的教学建议。

对局部性偏误，还可以进行严重程度的分层鉴定。以出现频率的高低、结构问题的多少、是否容易纠正、是否容易讲解，将它们分成不同的层次，分别对待。

2. 教学建议

评估的目的是为将来的教学做准备的。对整体性偏误、局部性偏误中较为严重的，应该根据研究结果提出合理、可行的教学建议。

建议一般分为几个部分。

一是大纲、教材如何处理跟该偏误有关的语言点。如，这个语言点是否选进大纲、教材？放在大纲里的哪个级别？放在教材的哪个阶段？该语法点是否要分成几个相互联系的微语法点？它们是一起出现还是次第出现？如果是后者，中间间隔多长时间？

二是如何解释。如，什么样的外文注释最合理？如何展示例句？展示什么样的例句？是否需要在刚开始解释时就引进否定式？等等。

三是如何操练，如何设计练习。

如，李蕊、周小兵（2005）在考察留学生跟“着”相关的偏误后提出若干条教学建议：1）表示静态的“着”和表示动态的“着”有必要分开来教。静态“着”最好在第一学期教，动态“着”最好在第二学期教，“正说着，他走进来了”，“说着说着，他就哭了”两个句式适合在第三学期教。2）“着”的否定式没有必要教。

再如，崔希亮（2005）在考察欧美学生习得介词出现的种种偏误倾向后指出：“我们的考察所得出的偏误率可以提醒教师或教材编写者哪一个介词是他们的学习难点，我们的考察所得出的偏误类型可以提醒教师或教材编写者每一个介词在学习过程中会有什么样的问题。”并进一步提出三个建议：1）针对不同的学习者确定不同的学习难点；2）整体把握欧美学生学习汉语介词过程中遇到的问题；3）用认知图式来阐释结构和语义的问题。

以上将偏误研究的程序分成了六个步骤。事实上，这六点不是截然分开的。它们之间的关系密不可分。如，偏误的辨认、纠正、描述和探源，有时可以放在一起进行。如看到以下偏误：

*上个学期也我上了写作课。

研究者凭语感可以确认它是偏误，偏误表现是副词“也”错位，并立刻可以将它改成“上个学期我也上写作课”，接着就可以探索它产生的原因，既跟母语负迁移有关，也跟句内因素（句首有时间词语“上个学期”）有关。

由于这些环节是相互关联的，如果某一个环节出现问题，其他环节可能都会受到影响。如：

*除了小香以外，别的同学们去旅行了。

在偏误辨识时，如果认为只有一个偏误“别的同学们”，那么句子就可以纠正为：

除了小香以外，同学们去旅行了。

相关规则解释为：指人名词后边有“们”，前面不能加“别的”。来源是母语负迁移。该偏误作者是越南学生。越南语说“cac hoc sinh khac”，直译为汉语就是“别的同学们”。偏误评估为局部性问题，因为只涉及充当主语部分的名词性词语。

问题是，偏误辨识时漏掉了另一个偏误，即句子主语谓语之间遗漏了“都”。该句可以改为：

除了小香以外，同学们都去旅行了。

除了小香以外，别的同学都去旅行了。

另一条相关规则是：如果“除”字句是排除式的，主句部分通常要用“都”“全”等词语。这一偏误的产生，跟母语负迁移有关，跟句子语义复杂度、语义和形式的复杂关系也有关。由于“都”的使用不但涉及主句的谓语部分和主语部分，而且跟主语前的状语也有密切关联，因此是整体性偏误。

当然，有时某一个步骤很好，但另一个步骤有问题，二者就会产生矛盾。如以下偏误：

*施工队觉得，这点障碍被他们克服得了。①

分析者指出此句的谓语动词后有可能补语，不符合使用“被”字句的语义要求。“被”字句从语义上要求动词谓语的结果是确定的，因此，动词后边

---

① 此例及解释、纠偏选自《外国人学汉语语法偏误分析》（李大忠，1996）。

多用表示完成或结果的词语，或动词本身包含此类成分。而可能补语正如“可能”这个术语表示的那样，它只是表示谓语产生某种结果的可能性。

可以说，分析者在偏误辨认、偏误描述上做得很好。但偏误纠正就值得商榷了。分析者认为，有两种改法：

……这点障碍能被他们克服。

……这点障碍他们克服得了。

对比可知，后一句改得很好，前一句就有问题了。其实，在“被”字句中使用助动词“能”，跟使用可能补语的效果是一样的。因此，可能义跟“被”字句要求的确定结果仍然出现了矛盾。

事实上，为了避免这一矛盾的产生，同时又能使用留学生便于掌握的句式，此偏误改成下句最好：

……这点障碍他们能克服。

参考文献

陈　珺　周小兵　比较句语法项目的选择和排序　语言教学与研究　2005（2）
崔希亮　欧美学生汉语介词习得的特点及偏误分析　世界汉语教学　2005（3）
桂诗春　应用语言学　湖南教育出版社　1988
黄　冰　第二语言习得入门　广东高等教育出版社　2004
李大忠　外国人学汉语语法偏误分析　北京语言大学出版社　1996
李　蕊　周小兵　对外汉语教学助词“着”的选项与排序　世界汉语教学　2005（1）
李　英　徐霄鹰　表示重复义的“还”与“再”　对外汉语教学中的副词研究　中国社会科学出版社　2002
陆俭明　对外汉语教学与汉语本体研究的关系　语言文字应用　2006（1）
吕文华　鲁健骥　外国人学汉语的语用失误　汉语学习　1993（1）
盛　炎　语言教学原理　重庆出版社　1990
孙德坤　外国学生现代汉语“了”的习得过程初步分析　语言教学与研究　1993（2）
吴丽君　日本学生汉语习得偏误研究　中国社会科学出版社　2002
肖奚强　略论偏误分析的基本原则　语言文字应用　2001（1）
赵立江　汉语“了”的习得过程：个案研究二　汉语作为第二语言的习得研究　北京语言大学出版社　1997
周小兵　留学生汉语病句分析　中山大学内部使用教材　1990
周小兵　第二语言教学论　河北教育出版社　1996
周小兵　李海鸥主编　对外汉语教学入门　中山大学出版社　2004
Corder　S. P. The Significance of Learners' Errors　*International Review of Applied Linguistics*　1967. 5
Ellis　R. *Understanding Second Language Acquisition*　上海外语教育出版社　1999
Ellis　R. *The Study of Second Language Acquisition*　上海外语教育出版社　1999

第2编

汉语对比与母语负迁移

第三章
对比分析与语际偏误

第一节　对比分析的兴起与发展

对比分析是目前国内对外汉语教学界比较熟悉的理论之一，也称对比语言学（Contrastive Linguistics），就是将两种或两种以上的语言进行共时对比，来确定其相同点和相异点。

对比分析是一门既古老又年轻的学科。自从有了语言之间的接触，就有了语言的对比。但直到 1941 年，才由美国人种语言学家沃尔夫（B. Whorf）首次提出对比语言学这一术语，他的《语言与逻辑》全面分析了语言之间的差异。从 1945 年起，弗里斯（C. C. Fries）在许多文章和演讲中也讲到了这个问题。他在密西根大学奠定了对比语言学研究的基础，并把语言教材的编写建立在对比研究的基础上。将对比分析作为一门专门的学科应用到语言教学中，是从拉多（R. Lado）开始的。他 1957 年出版的《跨文化的语言学》（Linguistics Across Culture）一书系统地阐述了语言对比研究的理论、方法和步骤，对外语教学影响很大。

对比分析的目的之一是为外语教学服务。拉多认为，外语习得的过程主要是一个从母语习惯向外语习惯转移的过程。当母语和外语的某些结构相同时，就出现有益的转移，称之为正迁移（positive transfer）；当母语和外语的某些结构相异时，就会出现有害的转移，称之为负迁移（negative transfer）。外语教学的目的是促进有益的转移，克服有害的转移，使学生形成新的外语习惯。外语教师如果能用对比分析的方法，对两种语言进行比较，就能了解学生学习目的语的真正困难所在，从而有针对性地进行教学。弗里斯和拉多等人把不同文化背景学生的母语跟要教给他们的第二语言——英语进行了系统的对比分析，并在此基础上编写出不同母语学生使用的英语教材。

随着乔姆斯基生成语法学的出现和认知心理学的重新抬头，建立在结构主义语言学和行为主义心理学基础上的对比分析理论受到了严重的挑战。20世纪60年代末，出现了中介语理论。这种理论认为，学生偏误的产生不单是源于母语干扰，而是多种因素影响的结果。因此，人们开始把注意力集中到了偏误分析（Error Analysis）上。20世纪70年代以后，偏误分析在很大程度上取代了对比分析，但它仍然离不开语言对比研究。20世纪80年代，对比语用学、对比话语分析等领域的研究开始展开，部分对比分析研究者还结合乔姆斯基的语言理论，为语言普遍现象的假设等寻找依据。

第二节　对比分析的程序与困难层次模式

对比分析之所以成为可能，是由于各种语言之间有着相同和不同的地方，这些异同点是可以描述的，是人们学习第二语言时产生迁移的根源。

经典性的对比分析一般按以下步骤进行：

1. 描写（description）。对学生的母语和目的语进行准确、清晰的描写。这种描写以一定的语法体系为依据。

2. 选择（selection）。选择一定的语言项目、规则或结构进行对比。

3. 对比（contrast itself）。找出两种语言关系中的特殊点。这要依靠参照点的有效性——即具有可比性。

4. 预测（prediction）。对学习中可能出现的错误和难点形成预测。

为了使对比分析的预测能够形式化，排除主观因素的干扰，应用语言学家建立了各种困难层次模式（Difficulty Hierarchy），对学习中的难度进行分类。

Hammerly 对语音、语汇、语法层面的难度分别进行了分类，指出了某些难度的加剧因素，并认为难度最大的不一定是交际中最重要的。具体看一下他的语法困难层次分类模式（引自盛炎，1990：112）：

表 3-1　语法困难层次分类模式

<table>
<tr><td></td><td>本族语</td><td>第二语言</td></tr>
<tr><td>1</td><td>无</td><td>句法模式或范畴</td></tr>
<tr><td>2</td><td colspan="2">词序差异</td></tr>
<tr><td>3</td><td>句法模式或范畴</td><td>无</td></tr>
<tr><td>4</td><td colspan="2">一致（人称、性、数、格等）</td></tr>
<tr><td>5</td><td colspan="2">形态模式分散</td></tr>
<tr><td>6</td><td colspan="2">形态模式集中</td></tr>
</table>

从 1 到 6，难度由高到低。Hammerly 认为句法问题在学习过程中比形态问题大，这主要是以西方语言教学经验为基础得出的结论。我们觉得，此表不太适用于汉语等形态较少的语言。

Stockwell 等通过对比英语和西班牙语，为学习西班牙语的英语母语者得出了一套难度等级的标准（引自 Ellis，1994：307）：

表 3-2　难度等级的标准

困难类型	L_1 英语 → L_2 西班牙语	Example
1. 分裂	X→x　y	‘for’ 对应于 por 或 para
2. 新	0→0	性的语法范畴
3. 缺少	X→0	‘do’ 作为时态的承载体
4. 合并	x　y→x	his/her 对应于单个形式 su
5. 对应	X→x	‘ing’，ndo 作为知觉动词的补足语　as complement with verbs of perception

1 至 5 级，难度由高到低。此表抛开了句法、形态等具体概念的束缚，将难度公式化，适用范围较广。

现在经常介绍的是布拉图（Cliford Prator，1967）提出的较为简明的困难层次模式。他将困难层次分为六个等级（degrees），零至五级难度由低到高。这里以汉语为例对该模式进行详细说明：

一、零级：正迁移（positive transfer）

两种语言里相同的成分，产生正迁移，学习没有困难。下面分结构和语义两部分进行说明。

1. 结构正迁移

语序

即两种语言中某一语言项的语序相同。日语名词的修饰语一般置于名词前，汉语中亦是如此。例如：

日语：これは　私の　がいた　本です。

词译：　这　　我的　买的　　书

汉语：这是我买的书。

日、汉语绝对时间词（所指是固定的，与时间推移无关）与相对时间词（随着时间的推移，时间词所指的时间产生变化）连用时的语序也完全对应，均以“相对时间词＋绝对时间词”的顺序出现。例如：

日语：今日植林の日。　　今日 10 月 30 日。

汉语：今天植树节。　　　今天10月30日。

语法手段

越南语和汉语都是形态变化少的语言，均以语序和虚词为其重要语法手段。例如：

越南语：Tôi ăn cơm rồi.

词译：　我　吃　饭　了

汉语：我吃饭了。

越南语：Tôi đang ăn cơm.

词译：　我　正在　吃　饭

汉语：我正在吃饭。

2. 语义正迁移

语义正迁移主要表现在词语和句类上。例如英语中的may和汉语中的"可以"都有允许的意思，很多外语和汉语一样都有陈述、祈使、疑问、感叹四种类型的句子。

正迁移在学习之初有利于兴趣的形成和信心的培养。

二、一级：合并（coalescence）

第一语言中的两项，到第二语言中合并成一项，学生可以忽略原来的差别，习惯新的项目。

1. 结构合并

越南语被动句常用标志词有两个"được"和"bị"，分别表示如意和不如意；汉语被动句常用标志词"被"没有如意、不如意的区分。例如：

越南语：Chị ấy được bầu làm bí thư thành uỷ.（如意）

词译：　她　被　选　作　书记　市　委

汉语：她被选为市委书记。

越南语：Nó bị thầy giáo phê bình một trận.（不如意）

词译：　他　被　老师　批评　一　顿

汉语：他被老师批评了一顿。

2. 语义合并

英语中 like 和 love 在汉语中都可用“喜欢”表示。例如：

I like playing basketball. 我喜欢打篮球。

I love you. 我喜欢你。

日语中表存在的动词有两个：ある表示花草、桌椅等无生命的物体的存在，いる表示人、动物等有生命的物体的存在。汉语中表存在的词没有这种语义区分。例如：

日语：部屋に 机が あります。

汉语：房间里有桌子。

日语：机の下に 猫が いますす。

汉语：桌子下面有一只猫。

三、二级：差异不足（under differentiation）

第一语言中有而第二语言中没有的语言项目，初学者容易将第一语言的语言项目搬到第二语言中，出现介入性干扰。

1. 结构

汉语中没有冠词，欧美学生初学汉语时可能会在所有名词前面加上“一个”、“某个”、“这/那个”等起不定或限定作用的词。

汉语重意合而不重形合，尽量省去一切不必要的形式装置，故没有英语中的形式主语 it 等替补词。母语为英语者如遇到汉语的长主语时，可能会用“它”、“这/那”做形式主语。例如：

It's nice to meet you.

（＊认识你这很高兴。）

It is difficult to finish all the homework.

（＊完成所有作业这很难。）

2. 语义

日、韩语中的一些寒暄语是汉语中没有的，例如“おつかれさまでし

た”用于职员下班时与老板告别、学生下课时感谢老师，“いただきます”是就餐前所用的客气话。虽然它们可译为“您辛苦了”和“那我就吃/喝了”，但这不是汉语的表达习惯。日本、韩国学生在说汉语时要尽量避免使用它们。

四、三级：再解释（reinterpretation）

第一语言中的某个语言项在第二语言中虽有相应的项目，但在项目的分布方面有差异，学习者必须把它作为新项目重新习得。掌握不好，就容易出现偏误。

分布的经典定义，是一个语言成分所能出现的全部环境的总和，即一个成分相对于其他成分而言出现的所有位置的总和。对比语言项目时所提到的分布不应该局限于此，这里的分布可理解为不等值，即两个语言项既有相同的部分，又有不同的部分，在形式和语义上不是简单的多对一或一对多。

1. 形式分布

形式分布差异可具体表现在三个方面：

句式上的不对应

两种语言中在语义上对应的语言项在句式上呈现不同的分布。

以英汉两种语言中的被动表达为例，英语的结构被动句（syntactic passive）远比意义被动句（notional passive）多；而汉语除了常用结构被动句“被”字句、“由”字句、“让”字句、“叫”字句、“给”字句外，还大量使用以“是……的”句和受事主语句为代表的意义被动句。在英语中用“be + 过去分词（ + by + 施事）”表达的被动义在汉语中可用更多的形式来表达。例如：

It was well done. 这件事做得好。

The paper has already been translated into English. 论文已译成英文。

This TV set is made by our factory. 这台电视机是我们厂生产的。

This article is handled by our corp. 这项商品由我公司经营。

The crops were washed away by the flood. 庄稼让大水冲跑了。

This factory was seriously damaged. 这家工厂遭到严重破坏。

又如英语、汉语中都有因为交际需要而使焦点成分“脱口而出”的焦点前置句，但不同的是，英语除了名字以外很少把其他句子成分移置句首，而汉语则允许不同的名词及名词词组，甚至各种谓词，以焦点的身份直接出现在句首（陆镜光，2004）。例如：

Dot, I think her name is.（多特，我想她的名字是。）

Davie, you called him.（大卫，你叫他作。）

历史，我学的专业是。

要开学了，我们。

此外，韩语、汉语的被动式也存在分布差异，以“NP_1 被 NP_2 + VP”为例说明。韩语 NP_1 可以是不确指的体词性单位，汉语 NP_1 一定要由确指的成分充当；例如：

韩语：그는 옷을 찢었다.

词译：一件衣服被他撕破了。

汉语：那件衣服被他撕破了。

韩国学生易出现的偏误句：

＊一件衣服被他撕了。

韩语被动句中的主语不能是处所性词语；汉语却可以。例如：

韩语：벽에　구멍　이　하다　뚫　렸　　　다.

词译：墙上　洞　主格　一　挖　被动助动词　了。

汉语：墙上被挖了一个洞。

韩国学生易出现的偏误句：

＊一个洞墙上被挖了。

韩语被动表达可以只出现被动主语 NP1 发出的 VP；汉语被动表达如果不出现 NP2 发出的 VP，就是不合法的句子。例如：

韩语：먼지　가　바람　에　날렸　다.

词译：灰尘　主格　风　被　起来　了。

汉语：灰尘被风吹起来了。

韩国学生易出现的偏误句：

＊灰尘被风起来了。

韩语 VP 可以是光杆动词，汉语 VP 一般应是复杂形式。例如：

韩语：옷　　이　　찢　어졌다.

词译：衣服　主格　撕　被动助动词

汉语：衣服被撕了。

韩国学生易出现的偏误句：

＊衣服被撕。

语序上的不对应

两种语言中在语义上对应的语言项在语序上呈现不同的分布。

修饰名词时，印尼语和汉语中修饰语与被修饰语的语序相反。例如：

印尼语：mahasiswa yang baru meninggalkan perpustakaan

①　　②

汉语：刚 离开图书馆的大学生

①　②

日语补格助词に相当于汉语的“在”，表示存在的处所，但二者的位置却不同。例如：

日语：アメリカ に　　日语：どこ に

词译：美国　在　　词译：哪里 在

汉语：在美国　　汉语：在哪里

搭配上的不对应

两种语言中在语义上对应的语言项在搭配上呈现不同的分布，即与该语言项搭配的成分不同或在与某个成分搭配时的条件不同。

汉语中“从、往”等介词的宾语必须是表示处所的名词、代词或方位词，一般的名词、代词必须要加上表示处所义的词才能作其宾语。而英语中 from、toward 等介词对宾语没有这种限制。例如：

英语：from me　　英语：toward its mouth

词译：从　我　　词译：从　它的 嘴

汉语：从我这儿/身上　汉语：从它的嘴里/中

2. 语义分布

语义分布的差异主要表现为，两种语言大致对应的成分，表达的语义有同有异。如汉语助词“了”与日语助动词“た”在语义上有对应之处，但也有不对应之处。日语中“た”表示过去时和完成时态，必须附着在每个动词、形容词的词尾，这与“了”并不一致。汉语有“$了_1$”和“$了_2$”的区分，一个表示完成或实现，一个表示情况发生变化，即使表达已经完成或实现的事情，也不一定必须在每个动词、形容词后用“了”。

再如汉语和越南语的被动句。越南语被动句常用两个标志词được和 bị，分别表示如意和不如意；汉语常用标志词“被”，没有如意与不如意的区分。

汉语：她被选为市委书记。

越南语：Chịấy ***được*** bầu làm bí thu thành uỷ.（如意）

词译：她 被 选 作 书记 市委。

汉语：他被老师批评了一顿。

越南语：Nó ***bị*** thầy giáo phê bình một trận.（不如意）

词译：他 被 老师 批评 一 顿。

但是，越南语可以用được表示如意的被动，汉语不行。如：

越南语：Ngày sinh nhật, nó được（bạn bè）tặng rất nhiều quà.

词译：天 生日，他 被 （朋友） 送 很 多 礼物。

汉语：生日那天，朋友送他很多礼物。

这种差别会使学生造出类似下边的偏误：

＊生日那天，他被（朋友）送很多礼物。（……朋友送了他很多礼物）

越南语的 bị（被）字还可以用在不及物动词和形容词前边，并不表示被动，而只表示说话者认为 VP 的发生对主体是不如意的，汉语的“被”不能这样用。如：

越南语：Tôi bị ốm rồi.（我病了。）

词译：　我 被 病 了

受到母语影响，加上越南语 bị跟汉语“被”在表示不如意的被动时有相同的地方，个别学生以为二者一样，到了高级阶段还会出现下列偏误：

＊我被病了。// ＊他被失去记忆力。

五、四级：超差异（over differentiation）

第二语言中的某个语言项目，在第一语言中没有相应的项目。

1. 结构

汉语中“把”字句、重动句、“是……的”、结构助词、时态助词、四字格等语法结构在很多外语中不存在。例如越南语没有跟“着”相应的词，所以学生很难掌握，当要表示动作正在进行时，他们可能会倾向于用副词“正/正在/在”，而回避用“着”。又如英语中没有补语标记“得”，学生在表达时常将其遗漏。

2. 语义

汉语动词重叠可表示时间短、轻松随意、尝试的意思，例如“你看看”相当于“你看一会儿”、“你随便看看”、“你试着看一下”。

量词在很多外语中不存在，且其与名词搭配时的语义关系更难掌握。不同的事物要选用不同的量词：细的东西用“支”，例如“一支笔”、“一支烟”；表面平的东西用“张”，例如“一张纸”、“一张桌子”。用不同的量词修饰同一个事物又要取决于表义的侧重点，例如“一亩地”、“一块地”分别表示事物的面积和形状，“骂了一阵、骂了一次”分别表示动作的时间和频率。

语气助词“吧”在外语中没有，且其语义十分丰富。例如：

那是大卫吧？（用于揣测）Is that David?

我们走吧。（用于建议）Let’s go.

你快告诉我吧。（用于请求）Please tell me.

好吧。（用于同意）Ok.

表领属的定语也是很多外语所没有的，汉语的这类定语只是采取领属定语的形式，却无领属定语的内涵，例如：

他的汉语教得好。（他教汉语教得好。）He teaches Chinese well.

他的篮球很好。（他打篮球打得很好。）He plays basketball well.

别生他的气。（别跟他生气）Don't be angry with him.

你不要开我的玩笑。（你不要拿我开玩笑。）Don't play a joke on me.

六、五级：分化（split）

第一语言的一个语言点对应于第二语言的两个或多个语言点。这一级正好跟第一级相反，需要学生加以区别。

1. 结构

语序

Greenberg（1963）指出，世界上的语言中，名词与动词的次序主要有三种形式：SVO，SOV ，VSO。英语的语序多为 SVO，而汉语的语序在很大程度上取决于句子的意义，因而其主语与动词的位置较为灵活。英语中的句子：I bought the book. 可用三种不同语序的汉语句子表达：

我买书了。SVO

我书买了。SOV

书我买了。OSV（Li，1981）

如寮菲（1998）的实验表明，当汉语按 SVO 排列时，美国学生在理解上无困难；当汉语按 SOV、OSV 排列时，美国学生仍倾向于按英语的语序来理解汉语句子，产生 L1 向 L2 迁移的偏误。

位置

来看"多"类词在语言中的位置，例如：

英语：more than three kilograms

越南语：hơn（多）ba（三）cân（公斤）

汉语：三公斤多

英语：more than thirty kilograms

越南语：hơn（多）ba（三）mươi（十）cân（公斤）

汉语：三十多公斤

英语、越南语此类结构中跟“多”相应的词位置较简单，仅出现在数词前；而汉语较复杂，尾数为1~9，“多”在数量结构后，尾数为0，“多”在数词和量词中间。第一语言中的某语言项在汉语中分裂为两种，差异难度高。

句式

与法语中的平比句“aussi…que…”相应，在表示两种相比的人或事物的性状度量值可能相等或大体相等，汉语中要用“……有……那么（这么）……”；表示两种相比的人或事物的性状度量值完全相等时，汉语中要用“跟……一样……”。例如：

法语：Cette sale-ci est aussi grande que celle-là.

词译：这个 教室 是 一样的 大 那个

汉语：这个教室有那个教室那么大。

法语：Le vin rouge est aussi bon que le vin blanc.

词译：酒 红 是 一样的 好 酒 白

汉语：红酒跟白酒一样好喝。

2. 语义

日语中も在汉语中分裂为“也”和“都”。表示兼提时，も相当于“也”；表示多项具有某种共性或周遍性意义时，も相当于“都”。例如：

日语：あそこも 教室です。

汉语：那里也是教室。

日语：あにも あねも まだ どくしんです。

汉语：哥哥和姐姐现在都还是独身。

日语：街はどこも 清潔です。

汉语：街上哪儿都很干净。

英语中know在汉语中分化为“知道、认识、懂”等意思。例如：

He knows a lot of languages. 他懂许多语言。

Do you know her? 你认识她吗?

I know Shanghai but I haven't been there. 我知道上海，但没有去过。

日语中的终助词ね可表示请求确认、叮嘱、感叹等语气，但在汉语中这些不同的意思要由不同的语气词来承担。例如:

日语: 明日は すいようびですね。(请求确认)

汉语: 明天是星期三吧?

日语: よく聞いてくださいね。(叮嘱)

汉语: 好好听着啊!

日语: 王さんは 日本語が お上手ですね。(感叹)

汉语: 小王日语真好呀!

总的来说，困难层次模式的建立有助于预测的形式化，减少预测中的主观色彩。但由于该模式具有极强的逻辑推理性，几乎完全通过推理来设计层次，教学的难点是否与该模式一致还有待于实验研究和心理学理论的进一步佐证。此外，将差异（difference）等同于困难（difficulty）的做法也颇有争议，因为差异主要表现在语言形式上，而困难是心理学上的一个概念，有时并非差异越大学习者的困难和出现偏误的可能性越大。

第三节　语际偏误的类型

语际偏误（Interlingual Error）是由母语负迁移引起的偏误，具体而言是学习者在学习某一种语言时按照母语的思维定势将其表达习惯套入目的语而造成的表达错误。依据语言对比，我们可将语际偏误分为五类：合并造成的偏误、差异不足造成的偏误、再解释造成的偏误、超差异造成的偏误、分化造成的偏误、其他类型的语际偏误。

一、合并造成的偏误

因母语中的两个或多个语言项在汉语中合并为一项而造成的偏误，学生只要忽略原有差别就可避免偏误，因此合并造成的偏误并不多。例如：

*这的人是谁？（正：这（个）人是谁?）

日语中的指示代词これ和连体词この在汉语中合并为“这”，受母语影响，日本学生会在“这”后加上与の部分对应的“的”。

二、差异不足造成的偏误

因母语中的某个语言项在汉语中不存在而造成的偏误，在形式上表现为遗漏、误加和混用。

1. 遗漏

*我的本书谁借了？

*双鞋好漂亮！在哪里买的？

这是越南学生初级阶段常出现的偏误，因为越南语的“量词+名词”在没有数词或指示代词的结合下可直接做主语和宾语，而汉语中却无此语言项。

*喧闹声醒了我们。(The noise awaked us.)

*他断了我的铅笔。(He broke my pencil.)

英语中不少动词、形容词都具有使动用法，这在现代汉语中不存在，要表达相同的语义，必须用“动词+结果补语”。学生往往把英语用法移植到相近语义的汉语动词或形容词上，把汉语中不具使动用法的词误用成使动词。

2. 误加

*我和我的妈妈去超市。(I go to the supermarket with my mother.)

*他正在做他的作业。(He is doing his homework.)

这是受英语影响而产生的偏误，学习者常在名词前误加限定性成分而产生的。

3. 误代

此类偏误是用母语的某一语法形式表达的意思无法用第二语言相应形式表达而产生的，主要表现为语法形式的误代。例如：

＊蛋糕比面包我更喜欢吃。（正：与面包相比，我更喜欢吃蛋糕。）

韩语：나는 케익(먹는 것)을 빵 보다 더 좋아한다.

词译： 我 蛋糕（吃） 面包 比 更 喜欢

＊我在来。（正：我在来的路上。）

韩语：나는 오고 있는 중이다.

词译： 我 来 在

＊我住在比较南边的地方。（"比较南边"的意思很难用汉语表达）

韩语：나는 비교적 남쪽 지방 에 산다.

词译： 我 比较 南边 地方 在 住

韩国学生表达上述意思，不会选用汉语其他语法形式，或感觉难以用汉语相应形式表达，于是他们就照搬了母语中的表达形式。

三、再解释造成的偏误

因母语中的某个语言项在汉语中有不同的分布而造成偏误，在形式上表现为遗漏、误加、误代、错序四类。

1. 遗漏

＊多时间 ＊多商店 ＊多学生

这是美国学生的偏误。英语中 many、a lot of、a plenty of 等词均可自由修饰或限定名词；汉语的"多"修饰名词通常要在前面加"很"，直接修饰名词则有一些限制条件。

＊我每天晚上宿舍学习。

＊我站很多人的前边。

介词"在"的缺失，在韩国学生的偏误中所占比例较大，这是韩语的负迁移所致。此类句子在韩语中的语序是：我每天晚上<u>宿舍在</u>学习。介词放在处所词之后，学生在学习汉语时易把介词丢掉。

2. 误加

＊今天他是病了。

＊我是很好，谢谢。

这是欧美学生的偏误，他们受母语影响在不该用“是”的地方用了“是”。以英语为例，is、am、are 和汉语的“是”有不同的分布：有时 is 等词相当于“是”，如“我是老师”、“I am a teacher”；有时因为英语中形容词不能做谓语、做表语时前面必须要有系动词，is 等词就成了只起关联作用的系动词，不再等同于“是”。

3. 误代

＊这首诗是被李白写的。（This poem is written by Libai.）

＊晚会被中山大学举办。（The evening party is held by Zhongshan University.）

英、汉语被动句分布不同，这使得学生常忽略汉语不同被动句式的种种区别，在表达被动意义时常选错句式。

＊他买了三本牙刷。（彼は はブラシを 3 本 買いました。）

＊我每天早上吃一枚面包。（每朝 パンを 1 枚 食べます。）

表示事物数量时，日语和汉语一样要在数词后加量词，但日语量词与事物的搭配关系不同于汉语量词，细长的东西一般用“本”，薄而扁的东西用“枚”，成块的东西用“个”，日本学生须重新认识汉语中量词与事物的搭配关系，避免母语干扰。

4. 错序

先看日本学习者的偏误：

＊我好久考虑，终于自己克服了困难。（正：我考虑好久，终于自己克服了困难。）

日语：私はしばらく考えて、ついに困難を克服した。

词译：我　好久　考虑　终于　困难　克服

＊我也当然拼命地跑了。（正：我当然也拼命地跑了。）

日语：私も当然命をかけて走った。

词译：我也当然命　拼　跑

日本学生在语序上出现问题最多的是状语和补语。显然，这是受到母语的干扰。第一个错句是因为日语中动词都在句末，所以日本学生学习汉语时常把补语置于动词前，把“考虑好久”说成“好久考虑”。第二个错句是因为日语中修饰动词的词语在句中的位置较灵活，特别是副词“也”，而汉语中修饰动词的词语在句中的位置相对比较固定，所以日本学生常常用不好“也”等副词。

再看韩国学习者偏误：

*他在饭馆四年工作了。(正：他在饭馆工作四年了。)

韩语：그는음식점에서4년일했다.(그는4년을음식점에서 일했다.)

词译：他　饭馆　在　四年 工作了

*从起到睡，一般人平均多长时间看电视？（正：从起床到睡觉，一般人平均看多长时间电视?)

韩语：일어나서　잘때까지, 보통사람들은 테레비젼을 평균

词译：　起从　　　睡到，一般人　　　电视　平均

몇시간봅니까?

多长时间看

*半年学习汉语以后一点点看懂。（正：学习汉语半年以后能看懂一点点。)

韩语：중국어를 반년 배우고 나니까　약간　이해가 된다.

词译：汉语　半年　学习　以后　一点点　看懂

韩国学生常把数量补语放在动词前，因为韩语的动词是在最后的。按照韩语的思维定式，他们会下意识地把数量补语置于动词前，初学者的这种偏误尤为多见。

四、超差异造成的偏误

因汉语中的某个语言项在学习者的母语中没有对应项而造成偏误，在形式上表现为遗漏和误代两类。

1. 遗漏

*他打球了三个小时。(He played for three hours.)

他打球打了三个小时。

*他们打很好。(They played wonderfully.)

他们打得很好。

*上海的变化可大!

上海的变化可大呢!

造成以上偏误的原因主要是重动句、补语的结构标志“得”以及语气词都是学生母语中所没有的，在他们还没有掌握的时候，往往采取简单化的策略，将母语的句子逐词翻译成汉语。

2. 误代

*你可以扔石头到海里。(You can throw the stones into the sea.)

你可以把石头扔到海里。

*他放一封信在桌子上。(He put a letter on the desk.)

他把一封信放在桌子上。

“把”字句是学生母语中所没有的，他们倾向于用母语中的其他句式来替代“把”字句，于是造出上述外语式句子。

五、分化造成的偏误

因母语中一个语言项在汉语中有两个或多个语言项与之对应而造成偏误，在形式上通常表现为误代。例如，英语或俄语为母语的学生常犯以下错误:

*他帮我找到这本书，然后问我:“你要在阅览室看或者在家里看?”

*这位同学每天写很多信，不知道这是不是她的爱好或者她很想家。

对“还是”和“或者”的误用，往往是受到学生母语的影响，因为在他们的母语——英语和俄语里，表疑问和表陈述的选择连词是同一个。

* 给我送 email。(Send me an email.)

* 中国送医生来我们国家。(China sent some doctors to our country.)

* 你高兴不高兴每天做很多东西?(Do you like to do a lot of things a day?)

* 我还没做重要的东西。(I haven't done important things.)

英语 send 对应于汉语“送、寄、派、发”等;英语 thing 对应于汉语“东西、事情”等。英语国家学生受母语干扰常错用某个最常用的词,以期表达母语中的多种意思。

参考文献

陈前瑞　赵葵欣　汉语第二语言习得研究述评　汉语学习　1996（5）
崔立斌　日本学生汉语学习的语法错误分析与汉日语言对比　语言文字应用　2001（4）
邓守信　对比分析与语法教学　首届汉语教学与习得国际学术研讨会（广州2004. 12.）
邓小宁　韩国学习者汉语偏误成因初探　对韩（朝）汉语教学研究（一）　延边大学出版社　2005
丁安琪　沈　兰　韩国留学生口语中使用介词“在”的调查分析　语言教学与研究　2001（6）
顾顺莲　对外汉语学科建设中的汉日语法对比研究　上海交通大学学报　2000（2）
何黎金英　汉语作为二语的中介语简述　中山大学中文系研究生论坛（2004）
李春红　外国留学生初级汉语习得中的虚词偏误分析　和田师范专科学校学报　2004（4）
李大忠　外国人学汉语语法偏误分析　北京语言大学出版社　1996
李晓琪　母语为英语者习得“再”、“又”的考察　世界汉语教学　2002（2）
寮　菲　第二语言习得中母语迁移现象分析　外语教学与研究　1998（2）
铃木裕文　汉日时间词连用对比　吉林师范大学学报　2004（2）
刘辰洁　对韩国留学生“一点儿”和“有点儿”的偏误分析　齐齐哈尔大学学报　2002（6）
刘苏乔　法汉平比句式对比　法语学习　2001（2）
柳英绿　韩汉语被动句对比——韩国留学生“被”动句偏误分析　汉语学习　2000（6）
鲁健骥　外国人学汉语的语法偏误分析　语言教学与研究　1994（1）
陆镜光　延伸句的跨语言对比　语言教学与研究　2004（6）
齐沪扬　陈昌来主编　应用语言学纲要　复旦大学出版社　2004
全裕慧　“使动”义的“动词＋结果补语”结构的教与学　汉语学习　1999（5）
任长慧　汉语教学中的偏误分析　武汉大学出版社　2001
盛　炎　语言教学原理　重庆出版社　1990
苏留华　母语迁移对第二语言学习的影响　北京第二外国语学院学报　2000（4）
王　还　有关汉外语对比的三个问题　门外偶得　北京语言学院出版社　1987
王建勤主编　汉语作为第二语言的习得研究　北京语言大学出版社　1997
王文宇　语言迁移现象研究的回顾与思考　外语教学　1999（1）
邢福义　汉语语法学　东北师范大学出版社　1998
徐富平　黄兆龙　汉语印尼语复杂定语的对比分析　暨南大学华文学院学报　2004（3）

徐丽华　外国学生连词使用偏误分析　浙江师大学报（社会科学版）　2001（3）
怡　冰　维族学生和欧美学生汉语典型语法偏误的对比分析　语言与翻译　2000（2）
赵永新　中国语言对比研究的发展　世界汉语教学　1995（2）
周小兵　第二语言教学论　河北教育出版社　1996
周小兵　学习难度的测定和考察　世界汉语教学　2004（1）
周小兵　李海鸥主编　对外汉语教学入门　中山大学出版社　2004
周小兵　赵　新等著　对外汉语教学中的副词研究　中国社会科学出版社　2002
朱其智　“由”字句的语法项目选取依据研究　对外汉语教学习得研究　北京大学出版社　2006
朱永平　第二语言习得难度的预测及教学策略　语言教学与研究　2004（4）
Ellis R　The *Study of Second Language Acquisition*　上海外语教育出版社　1999

第四章
英语母语者的偏误

第一节　助动词语际偏误及认知解释

汉语能愿动词和英语情态动词是两种语言中相对应而又具有相对封闭性的语法和语义范畴，因此具有跨语言的可比性，这种可比性在语言习得过程中对学习者会产生一定的干扰。对英语母语的汉语学习者来说，来自英语情态动词的干扰导致了汉语能愿动词习得过程中的迁移性语际偏误。

语言教学和语言研究的主要目标是通过寻找偏误产生的原因来探索习得的过程，确定语言习得的难点以促进教学的办法。根据 Sridhar，对比分析、偏误分析和中介语是一个目标的三个方面（鲁健骥，1999）。因此本节将结合语言对比和偏误分析对以英语为母语的汉语学习者在能愿动词方面形成的中介语进行认知分析，从形式—功能对应关系和语境关系两方面寻找偏误产生的内在原因，并根据语法正确性，语义/语境恰当性区分显性偏误和隐性偏误，以引起教师对纠错策略的思考。

一、相关理论

与英语情态动词对应，汉语能愿动词同样具有两大功能，一是施为功能，使事件/动作的发生具有可能性；二是推测功能，表达说话者对有关该事件/动作的命题所作的可能性判断。请看以下例句：

A类：他会说英语/她能一分钟打200字/他可以说三种外语

B类：我会牢牢记住的/今天晚上我要看场电影/我想跟你聊聊/他不肯帮忙/我愿意和你一起去

C类：你得去和她谈谈/你应该坚持下去/你要好好考虑一下/你不能在开车前喝得太多/你可以走了

D类：不耕种的话田地会荒掉的/不顾实际一味蛮干要失败的/满天星星，哪能下雨？/你还可以用20年代的音乐作背景/这是尼龙的，应该比较结实/这么晚才回来，妈又得说你了。

A类例句表示因施事的能力使动作具有发生的可能性，B类例句表示因施事的主观意愿使动作的发生具有可能性。由于能力和意愿都出自施事本身的内在能动性，笔者把该种施为功能称为内在施为功能。这或许是能愿动词的主要功能，也是这类助动词在汉语中被命名为能愿动词的原因。与此相对照的是，C类例句中的动作实施与否不是由句子施事本身决定的，而是说话者从义务或情理的角度使动作的发生具有可能性或必然性（包括命令、建议、请求等）。该动作的施行是出于情理约束或言者意志（而非施事意志），是一种来自外在的压力，因此可称之为外在施为功能。D类例句是说话者对动作发生与否的主观推测或估计，体现能愿动词的推测功能。

由以上例句可以看出，表示内在施为功能“能力”义的有“会/能/可以”三种形式，表示内在施为功能“意愿”义的有“会/要/想/肯/愿意”等几种不同形式，表示外在施为功能的有“得/应该/要/能/可以”等，而表示推测功能的有“会/要/能/可以/应该/得”等多种形式。这表明在能愿动词的使用上同一功能/意义可由不同的形式实现，而同一形式又可表不同的功能/意义。如“会”既可表内在施为功能（能力/意愿），又可表推测功能，“要”既可表内在施为功能（意愿），外在施为功能（义务），又可表推测功能，等等。汉语这种形式和功能的多重交叉对应造成了学习者习得能愿动词的极大困难。对英语母语的学习者来说，英语情态动词和汉语能愿动词之间形式和功能的交叉对应就更加加深了能愿动词的习得难度。下一节将从形式—意义—功能的对应方面对英汉两种语言中的该类助动词进行对比，以确定语际迁移产生的原因。

根据 Klein（Ellis, 1994），学习者在习得过程中面临的四大任务是“分析”（Analysis），“合成”（Synthesis），“内置”（Embedding）和“对应”（Matching）。分析是指学习者须将（听到或读到的）连续的音像信号分解成细小的组成单位并使之与描述当前社交情境中事件的语句信息相联系。合成是指学习者须将所学的音/词等拼合在一起以输出或理解二语语句。这是语言理解和语言表达时学习者必经的两种普遍的认知过程。与该认知过程紧密相关并同时相互作用的另外两个认知过程是“内置”和“对应”。内置指学习者须使语句符合其所发生的语境，即将语句内置于社交语境和语言语境并使之尽量协调。这就需要学习者获得大致平衡的语言信息和社交情境信息。对应是指学习者必须不断地对比其母语形式与目的语形式并将之进行匹配。学习者主要依靠世界常识、情境知识和上文的语境信息来完成这四大任务并理解输入和产生输出，与此同时发展起其中介语。

从这个角度出发，语言学习是掌握语言中的一系列基本功能的过程。学习者必须习得这些功能本身及表达这些功能的手段，即形式。就二语习得来说，学习者已通过其母语掌握了这些功能，他们所要做的是找出目的语中与这些功能相匹配的形式，在这些功能的驱动下学习者分析输入中的形式或合成形式供输出并使这种包含偏误形式的中介语系统逐渐趋近目的语。因此，解决这四大任务的方法在于学习者对语言条目的功能性意义的了解。结合 Klein 所提出的学习者的四大任务及其功能驱动的习得论，可以认为二语习得过程是学习者使形式与功能/意义相对应的过程，同时是将形式与语境匹配的过程（即内置）。

从这个意义上来说，由于能愿动词本身形式与意义对应关系的复杂及英语和汉语助动词之间形式与意义的交叉对应和不完全对应，学习者在将目的语形式与功能/意义进行对应时面临着极大的认知难度，对目的语形式的语境限制需要有高度了解，否则极易受相应的母语情态动词的影响而产生错误的对应，从而形成迁移性的语际偏误。下文将通过英汉对比显示两种语言的助动词在形式与功能/意义方面的交叉对应关系并由此预测习得的难点以及偏误产生的根源。

二、英语情态动词与汉语能愿动词对比

为了便于对比，结合《现代汉语八百词》、《实用现代汉语语法》、《句法·语义·篇章》、《似同实异》和《语法讲义》等前人著作中对各能愿动词的义项划分，我们归纳出汉语中主要能愿动词的义项明细表如下：

表 4-1　“会”的义项

“会”的核心意义为“可能性”		
会	会 v①	能力：有完成某事的可能性（“他很会下棋，但我不会”）
	会$_1$②	意愿/许诺：某事有确定发生的可能性（“你放心，我会好好地看着他的”）
	会$_2$	推测：经推断某事有发生的可能性或按惯常某事有发生的可能性（“看样子会有大雨”；“一到阴天他的膝盖就会痛”）

① 根据周小兵（1996）、郑天刚（2002）等，表“能力”的“会”属于实义动词，故标为“会 v”。

② 表“意愿/许诺”的：“会$_1$”是笔者析出的义项。

表 4-2 “要”的义项

“要”的核心意义为“情势趋向”		
要	要$_1$	意愿：在意志上趋近（“教员要罢课”）
	要$_2$	须要/应该：在情理上趋近（“凡事要留有余地”）
	要$_3$	推测/可能性：在经验上趋近（包括惯常意义）（“骄傲自大要落后的”；“像这些快板，李有才差不多每天都要编”）
	要$_4$	将要：在预知上趋近（“花要谢了”）
	要$_5$	估计：在数据上趋近（用于比较句）（“她今天在比赛中的表现要比昨天好”）

表 4-3 “能”的义项

“能”的核心意义为“具备成事条件”		
能	能$_1$	能力：具备内在成事条件（“他能扛起 200 斤”）
	能$_2$	条件/用途：具备外在成事条件（“这祭祀，说是三十年才能轮到一回，所以很郑重”）
	能$_3$	许可/允许：具备情理成事条件（“你不能脱离群众”）
	能$_4$	推测/可能性：具备事理/逻辑成事条件（“满天星星，哪能下雨？”）
	能$_5$	意愿：具备意愿成事条件（“总管，您要能赏我几个烟泡儿，我可就更有出息了！”）

表 4-4 “应该”的义项

应该	应该$_1$	义务：（“你应该好好学习”）
	应该$_2$	推测：（“他这会儿应该到家了”）

表 4-5 “得”的义项

得（dei）	得$_1$	必须：（“你得好好劝劝她”）
	得$_2$	推测（一定/肯定）：（这件衣服得好几百块吧？）

表 4-6 “可以”的义项

可以	可以$_1$	能力：（“他可以说三种外语”）
	可以$_2$	条件/用途：（“天气热了，可以游泳了”）
	可以$_3$	许可/允许：（“休息室里可以吸烟”）
	可以$_4$	推测/可能性：（“你还可以用 20 年代的音乐作背景呢”）
	可以$_5$	值得：（“这本书写得不错，你可以看看”）

对比以上各表可以看出，同一能愿动词可表不同意义，而不同能愿动词又有相同的义项。可以初步推断对学习者来说汉语各能愿动词的语义较难把握，而具有相同义项的能愿动词又难以区分。表达同一意义或功能的几种不同形式有时可替换使用有时又不可替换使用，这主要取决于上下文语境或前后语法限制，这就使能愿动词的习得更加复杂，也造成形式—功能对应失败而容易产生偏误。为明确哪些是易混淆的能愿动词形式，笔者根据以上各表的义项分类及其相应功能归纳成以下形式—功能对照表：

表 4-7 汉语能愿动词形式与功能对应表

	内在施为功能		外在施为功能			推测功能	
	能力	意愿	条件用途	许可	义务	推断	估计
会	会 v	会$_1$				会$_2$	
要		要$_1$			要$_2$	要$_3$	要$_5$
能	能$_1$	能$_5$	能$_2$	能$_3$		能$_4$	
可以	可以$_1$		可以$_2$	可以$_3$		可以$_4$	
应该					应该$_1$	应该$_2$	
得					得$_1$	得$_2$	

由表 4 – 7 可以进一步判断，表能力时“会 v/能$_1$/可以$_1$”是易混淆形式，表条件/用途时“能$_2$/可以$_2$”是难区分的形式，表许可时“能$_3$/可以$_3$”易引起偏误，表推断时“会$_2$/要$_3$/能$_4$”等更是让学习者区分不清的形式。这可以通过下一节的偏误示例得到证实。

为了对英语情态动词和汉语能愿动词进行意义范围和功能上的对比，笔者从有汉语对照的英语影视剧本和口语对话著作（《走出非洲》节选、《爱情故事》节选、《伦敦口语百日腾飞》上下册）中搜集了英语原文含情态动词同时译成汉语后仍含有能愿动词的所有例句进行分门别类的整理。选择对话体文本进行语料收集是因为口语中情态动词和能愿动词的使用频率较高，它们的施为功能和推测功能体现着人际意义，是“让人做事”（get things done）和表达主观态度的一种重要的交际手段或言语行为。通过对该类语料的分析，发现英语情态动词和汉语能愿动词在意义涵盖范围上具有明显差别，形式与功能的交叉对应尤其错综复杂。这可以通过表 4-8 略示一二。

表 4-8　英语情态动词和汉语能愿动词形式与功能对照表

	内在施为功能			外在施为功能				推测功能
	能力	意愿		条件/用途	许可	义务		推断
May					可以$_3$			（可能）会$_2$ 可以$_4$
Might								（可能）会$_2$ 可以$_4$
Can/Could	会 v 能$_1$ 可以$_1$	能$_5$		能$_2$ 可以$_2$	能$_3$ 可以$_3$			（可能）会$_2$ 能$_4$ 可以$_4$
Shall						要$_2$		
Should						要$_2$ 应该$_1$		应该$_2$
Would		会$_1$ 要$_1$ 能$_5$		能$_2$				会$_2$ 可以$_4$
Will		会$_1$ 要$_1$		能$_2$				会$_2$

	内在施为功能		外在施为功能			推测功能
	能力	意愿	条件/用途	许可	义务	推断
Must					要$_2$ 得$_1$	一定/肯定/准＊
Have to					要$_2$ 得$_1$	
Be going to						会$_2$ 要$_4$

通过上表可看出英语情态动词的涵盖范围大大超过汉语能愿动词，汉语能愿动词的意义区分极细而意义分布较散（见表4－7），说明其使用限制多于相应的英语情态动词。英语情态动词的意义范围大于汉语助动词，这从Can/Could一词的涵盖范围即可看出，Can/Could的意义对应汉语中如下能愿动词："会v"，"（可能）会$_2$"，"能"的所有五个义项，"可以"的前四个义项以及情态副词"也许/可能/说不定"等。其他各英语情态动词也同样对应两至三个汉语能愿动词及其不同义项。根据语言差异的等级排序，这种现象叫做"分化"，即母语中的一个语言项在第二语言中分化成两个至多个。这种"一对多"式的交叉对应在学习难度的等级排序上最高，即学习难度最大。因此英语母语的学习者在学能愿动词时面临的问题是，母语中用同一个形式能表达的意义，在汉语中却需要根据语法和语境详细区分成多个不同的形式，这造成了极大的认知难度。

对比表4－7和表4－8可以得出如下结论：

第一，汉语能愿动词意义和功能分布比英语情态动词散，同一形式可表截然不同的意义（各能愿动词都如此，如"会"可表能力、意愿、推测；"能"可表能力、意愿、条件/用途、许可、推测，等），而不同形式可表相同意义（如"会$_1$/能$_1$/可以$_1$"均表能力，"会$_1$/要$_1$/能$_5$"均可表意愿，"要$_2$/应该$_1$/得$_2$"都表义务，等等）。英语各情态动词的意义相对固定，如：

May 表许可，Would/Will 主要表意愿，Should/Must 表义务。

这也是一个英语情态动词之所以对应多个汉语能愿动词的原因，即表意愿时对应“会$_1$/要$_1$/能$_5$”，表义务则对应“要$_2$/应该$_1$”等。只有 Can/Could 例外，因为它的语义不像其他几个情态动词只固定于一种，而是涵盖了“能力、意愿、条件/用途、许可、推测”等，对应诸多个汉语能愿动词的诸多义项。因此可以预测由 Can/Could “一对多”式的形式—意义交叉对应引起的语际迁移性偏误在英语母语的学习者当中会是最普遍的。

第二，基本上各英语情态动词和汉语能愿动词都既可表施为功能又可表推测功能，只是英语情态动词在表施为功能时各词意义相对固定，区分明显（如上所述）；在表推测功能时各情态动词以可能性程度呈阶梯性分布，即：

Might < May < Could < Can < Should < Would < Will < Must

左侧表示可能性程度最低，右侧表示可能性程度最高。

汉语能愿动词在表施为功能时各词意义有重叠和交错，区分不明显；在表推测功能时各词的差异不在可能性程度上而在认知取向上，属于互补分布，无可能性程度排序，因此表示可能性程度时需要借助于“可能/也许/说不定”、“多半”、“一定/肯定/准”等可能副词。由此可以预测，在可能性程度的表达上英语母语的学习者由于需要将合适的可能副词与合适的能愿动词搭配，表达上的难度较高。

三、偏误示例及认知解释

以下所分析的能愿动词病句部分来自中山大学对外汉语系留学生作文语料中的自发偏误，部分来自《汉语病句辨析九百例》，但所选病句都出自母语为英语的留学生。《汉语病句辨析九百例》只是对病句本身进行本体性的简要分析，未涉及偏误产生原因。本文将从习得的角度出发探讨偏误形成的认知原因。

通过上述两种语言的对比，已知英语情态动词的形式和功能对应关系相对单一，而汉语能愿动词的形式和功能对应关系较复杂。这就造成了两种语言助动词上的“一对多”式交叉对应。基于这种语际差异，结合下文对几组病句的分析，可以看出较易混用的形式是“会”和“能”，“能”和“可以”，“要”的否定形式及“要”的其他形式等。另外一类明显受语际迁移影响的是能愿动词词序上的偏误。以下仅就少数有代表性的例句进行形式—功能对应及语境对应方面的偏误解释。

A类：Can导致“会”和“能”混用

A_1. 只有有才能的人，才会当大使。（应为“能”）

A_2. 甲：阿里在家吗？　乙：他现在不能在家。（应为“不会”）

这两句话在英语中都使用can，从表4－8可以看出，can在功能上经常对应汉语中的“会”和“能”，而“会”和“能”在汉语中的功能有部分相同，有部分不相同，即使在表同一功能时也有不同的语法和语境限制，因此在不了解这种限制的情况下极易引起两者的混用。

A_1句中含“只有……才……”，是表条件的，而“会”不能表条件，所以应该换成“能”。但并非含“只有……才……”的都是条件句，如：“只有傻瓜才会做出这种事”，在此“只有”是起加重语气的限定作用，不表条件，因此只能用“会”，表示可能性。在英语中“只有有才能的人，才能当大使”和“只有傻瓜才会做出这种事”都用can表示，因为它既可表条件也可表可能性。而在汉语中虽然“会”和“能”都有表可能性这一功能，但同样结构的两句话（即语言语境相同）却因语义取向的不同而使用不同的能愿动词，因此英美国家留学生在将形式与功能对应时面临着极高的认知要求，不但要区分语境，使形式与语境相符（即内置），在语境相同或相近的情况下还要进行语义的区分。

A_2句是表示可能性的否定形式，英语中用can't，汉语中“会”和“能”虽然都表可能性，但其相应的否定形式却不尽相同，“不能”多表示没有能力，没有条件，或情理上不许可等，“不会”才表示不具备客观的可能性。

可见英语中的can使用较自由，表义范围广且不受疑问或否定等语言环境限制，汉语能愿动词在语境和语义上的详细区分及诸多限制使学习者在

"对应"和"内置"这两个环节上面临着较大的认知难度，从而导致偏误的产生。

B类：Can导致"能"和"可以"混用

B_1. 如果你没有钱，[不可以]结婚。(应为"不能")

B_2. 已经十点了，他[可以]来吗？(应为"能")

B_3. 在十天内，你们[可不可以]造好箭？(应为"能不能")

B_4. 请把你的词典借我用用，[能]吗？(应为"可以")

B_5. 甲：请问，这儿能不能吸烟？　乙：[能]。(应为"可以")

这五句话在英语中都使用can及其相应的疑问或否定形式。而汉语中的各能愿动词在不同的语境中其否定和疑问形式却有可能和它们的肯定形式不相对称。通过表4－8已知can对应三个汉语能愿动词："会"、"能"和"可以"。在表示内在施为功能（能力）和推测功能（可能性）时主要需要区分"会"和"能/可以"，这在A类偏误中已经涉及到了；在表示外在施为功能（条件/用途，许可）和推测功能（可能性）时则主要需区分"能"和"可以"。这二者在肯定、否定和疑问形式的使用上是交错的。如表主客观条件或情理上许可时，在肯定句中可用"可以"，但在否定句中须用"不能"，所以B_1句出现偏误。表示猜测估计这种可能性时在肯定句中能用"可以"，但在疑问句中却要用"能"（或"会"），因此B_2句应改为"能"。"能"和"可以"在肯定句中都可表能力，但"可以"的疑问形式"可不可以"却是表请求许可而不是表示对能力的询问，因此表能力的"可以"在疑问句中应换成"能不能"，不了解这种规则即会导致B_3句的偏误。有关"许可"或"请求许可"这一外在施为功能，在疑问句中用"能"或"可以"皆可，如"能/可以把你的词典借我用用吗"、"这儿能不能/可不可以吸烟"，但是在附加问句（如B_4）和单独回答问题时（如B_5）却不能用"能"而必须用"可以"。

由此可见，在汉语中由于各能愿动词的否定和疑问形式与其肯定形式不一定对应，使形式与功能的匹配更加复杂，要正确使用汉语能愿动词则需要了解生成否定和疑问句时的诸多语境限制。在A、B两类病句中，错误的根源在于英语中的can分化为汉语中的“会/能/可以”三种形式，而其中每一种形式在否定和疑问句中又分化为其他形式，三种形式的肯定/否定和疑问形式交错对应，导致留学生在“形式—意义”和语境匹配上的失误。A、B两类病句证实由Can/Could“一对多”式交叉对应引起的语际迁移偏误在英语母语的学习者当中是很普遍的。

C类：Shall/Should导致“应该”和“要”混用

C. 以后我们一定[应该]生产更多的机器。（应为“要”）

因为Shall/Should表外在施为功能（义务），对应汉语中的“应该”和“要”，在表义务时“应该”是无标记形式，“要”是有标记形式，因此学习者选用无标形式的可能性更大，但在这句话中选用“应该”和表强调的“一定”搭配却造成了偏误。要么去除“一定”，保留原句的义务义，要么将“应该”改为有标记形式“要”，但“一定要”却是表意愿的“$要_1$”而不再是表义务的“$要_2$”。可见在汉语中同一形式（“要”）在极微小的语境变化下（有“一定”和无“一定”的情况下）功能和意义都会发生改变。因此留学生在将能愿动词内置于特定语境时（如该句保留副词“一定”的情况）极易产生偏误或导致歧义。

D类：“要”的否定形式与Don't want to

D_1. 我身体不舒服，今天的晚会我[不要]参加了。（应为“不想”）

D_2. 他太困了只好给我开（车）。我[不要]炫耀自己，但我开车非常好。（应为“不想”）

D_3. 我们真的[不要]再打扰他。（作者意为“不想”）

在表意愿时英语母语的留学生通常用“不要”表示对“要”的否定，显然是受英语“want to”和“don't want to”的影响。在汉语中表意愿的“要”的否定形式应用“不想”，“想”是另外一个能愿动词。可见英语中肯定与否定形式的对应和汉语中肯定与否定形式的不对应这一重大区别往往导致目的语否定形式上的偏误。

E 类："要"的其他形式与 Be going to

E_1. 十岁的时候我给她打个电话说我快要去看她。（应为"马上要/很快要"）

该句在英语中用"be going to"表示事件即将发生，看似完全对应汉语中的"快要"，但实际上是不完全对应。根据郑天刚（2002a），"要"表情势趋向，表示事件的发生在时间上接近。加上副词"快"表示很快就要出现某种情况，是对客观情势的判断。我们认为"快要"作为一个固定词组只表示对客观事件的判断，不表示主观打算。但在英语中"be going to"既表客观判断也表主观打算，因此在该句中形成迁移，仍然属于形式与意义对应上的偏误。该句表主观打算，应改为"马上要/很快要"。

值得注意的是，类似该句中"快要"这一类偏误不导致意义的改变，因此不会造成交际失败，甚至乍看之下不易被识别。我们把这种偏误称为隐性偏误。我们说，导致这种偏误的原因在于母语形式与目的语形式之间存在着决定性相似度。当两种语言之间存在决定性相似度时，干扰最容易产生，从而导致语际负迁移。

F 类：英语词序导致能愿动词词序偏误

F_1. 可以你的词典借用一下吗？（应为"你的词典可以借用一下吗？"）

F_2. 我们俩觉得很幸运能遇到了这个很热情很友好的中国农民。（应为"能遇到这个很热情很友好的中国农民我们俩觉得很幸运。"）

F_1 句中"可以"放在句首是受英语含助动词的疑问句的词序影响（May I use your dictionary?），在汉语里"可以"只能用于谓语动词之前（程美珍，1998：53），极少出现在名词词组之前。F_2 句则受英语句重心在句首的影响（It's lucky that…），在汉语中重心放在句尾，因此该句中应把"能"引导的从句调换到句首，将主句后置。词序问题属于"内置"环节上受母语影响而出现的偏误，即学习者没能将含能愿动词的部分内置于目的语句中正确的位置。

综上所述，汉语能愿动词内对应关系的复杂和英汉两种语言语际性的形式与功能/意义的交叉对应是导致母语为英语的学习者在“对应”和“内置”两个认知环节上产生偏误的主要原因。第二语言习得是学习者将目的语形式与特定语言功能相对应的过程，同时是将形式内置于特定语境的过程。语法形式上的正确对应并不一定意味着语境上的恰当。因此“对应”和“内置”是两个相互作用的认知过程，在完全了解目的语规则及其语境匹配关系之前，这两个过程很大程度上受到母语的影响，从而产生语际负迁移。

虽然，汉语能愿动词的偏误主要是受母语干扰而致的“对应”偏误和语境“内置”的偏误，但还有很多偏误是不能单用母语干扰来解释的。“同一个中介语现象有可能是不同原因造成的，有时是单一的原因，也可能是综合的原因。”（鲁健骥，1999）由于汉语能愿动词语内的复杂性，也有一些偏误是对能愿动词规则过度概括或规则应用不完全而导致的。但由于英汉两种语言助动词形式和功能上相似和相异的错杂性，母语的影响始终不可忽视。教师只有找出其认知上的原因，才能充分地对助动词偏误进行解释和评估，并在“对应”和“内置”两个环节上进行相应的教学指导。

第二节　语篇语法偏误的语际因素

中介语是第二语言学习者在其有限的目的语知识基础上，在第二语言习得过程中构建的，既不同于母语又不同于目的语的一种语言知识系统，它是逐步接近目的语的一种发展阶段，具有相对稳定性（Gass & Selinker，2001：13）。对中介语系统影响的因素较多，既有目的语因素，也有母语因素，还有中介语自身的因素，其中母语因素在第二语言教学界一直被认为是影响中介语的最重要因素之一。母语因素也经常被称为语际因素，干扰性因素，或负迁移。到目前为止，已有不少探讨语际因素对中介语影响的研究。下面是20世纪70～80年代不同研究显示的英语作为第二语言语法中语际因素引起的偏误比率（Ellis，1985：29；1994：302）：

表4－9　英语作为第二语言语法中语际因素引起的偏误比率

研究	母语影响的偏误比率	学习者类型
Grauberg	36%	第一语言德语，成人，高级班
George	约33%	第一语言混合，成人，毕业班
Dulay & Burt	3%	第一语言西班牙语，儿童，不同层次
Tran－Chi－Chau	51%	第一语言汉语，成人，不同层次
Mukattash	23%	第一语言阿拉伯语，成人，
Flick	31%	第一语言西班牙语，成人，不同层次
Lott	55%（大约）	第一语言意大利语，成人，大学

若将以上7位研究者的研究结果进行平均，那么英语作为第二语言语法中语际因素引起的偏误比率的平均值是37.71%。由此可以断定语际影响是英语作为第二语言语法偏误的主要原因之一。国内也有不少学者探讨了语际因素对汉语中介语的影响，如王建勤（1997）、程美珍（1997）、任长慧（2001）等，他们大多数都是从语音、词汇、语法角度进行探讨的。

那么语际因素对汉语中介语语篇语法的影响又是怎样的呢？本文拟以母语为英语的学习者的汉语中介语语篇为语料，从语篇语法偏误入手，考察语际因素在何种程度上、以何种方式影响着中介语语篇语法的构建。

一、语篇语法的含义

在传统语法与结构主义语法中，语言的研究对象不超过句子的范围。然而，人们在实际运用语言的过程中，总是把句子组成话语，话语组成句群，句群组成段落，段落组成语篇。于是，从20世纪50~60年代起，一些语言学家开始把对语言的研究从词的层面和句子层面转移到语篇层面，从句法转移到语义，从语言内部的静态分析研究转向语言与语言外部因素之间互动关系的动态研究。语篇语言学正是在这种情况下出现的。“语篇语言学”这一术语是由德国语言学家H. Weinnich于1967年提出的。他认为任何语言的研究都应以语篇为描写框架（陶文好，2001）。

语篇语法，也称为篇章语法，是语篇语言学的重要组成部分。因为构成语篇、话语的因素并不是句子语法所能单独完成的，所以就需要有更高层级的语法——语篇语法。R. Hughes和M. McCarthy（1998）认为：“语篇语法是相对于以句子为中心的语法（sentence-based grammar）而言的。”Downing和Locke认为语篇语法注重过程和个体的交互作用因素，这个因素可以影响上下文中语法选项的瞬间性（Cook，1994）。综合各家之言，我们认为语篇语法是用于描写语篇结构的语法，其任务是解释语篇的结构和那些表达句子间底层语义连贯的语法现象，研究人们是如何把所建构的信息以上下连贯、重点突显、恰如其分的方式传递给听者或读者的。语篇语法不等于语篇和语法的简单相加，它更注重语言信息的凸显和传递，衔接和连贯是语篇语法的重要内容。

对中介语语篇语法影响的因素较多，既有语内因素，也有语际因素，还有中介语自身的因素。探讨中介语语篇语法的影响因素，挖掘影响中介语语篇语法形成的深层次原因，总结中介语语篇构建的规律，可以直接促进第二语言教学实践，同时也能为第二语言习得的理论研究提供依据。下面就以母语为英语的学习者的汉语中介语语篇语法偏误为例，探讨语际因素对中介语语篇语法的影响。

二、语际偏误的比例

Carl James（1998：4）给“偏误”下的定义是“语言中不成功的部分”。根据 Carl James 的偏误定义，本文将语篇语法偏误定义为：中介语语篇中不成功的部分，尤其指语篇中不成功的衔接、连贯方式。借鉴 Carl James（1998：179～203）和周小兵（2004）的研究成果，本研究将语篇语法偏误按偏误产生原因分为以下5种类型：A. 语际偏误（指由母语负迁移而引起的语篇偏误，又称干扰性偏误或对比性偏误）；B. 语内偏误（指受已经习得的目的语知识影响而出现的语篇偏误，又称发展性偏误，如过度概括、错误推理、忽略规则限制等）；C. 回避偏误（指通过近似的或间接的表达方式而绕过应该用的语言项的交际策略所产生的语篇偏误）；D. 诱导偏误（指由于教材编写或教师施教不当而造成的语篇偏误）；E. 多种原因或不明原因偏误（指不是由单一的原因引起的或者判断不出明显原因的偏误）。

我们搜集了近几年在中山大学国际交流学院学习过的一些英语为母语的留学生的汉语书面作文60篇，对这些汉语作文进行了分析，共发现语篇衔接偏误201个。我们统计了201个偏误在5种偏误原因类型中的分布情况，见图4－1和图4－2。

偏误原因类型	数量	比率
语际偏误	73	36.3%
语内偏误	66	32.8%
回避偏误	10	5.0%
诱导偏误	2	1.0%
多种原因或不明原因偏误	50	24.9%

图4-1：偏误原因统计图

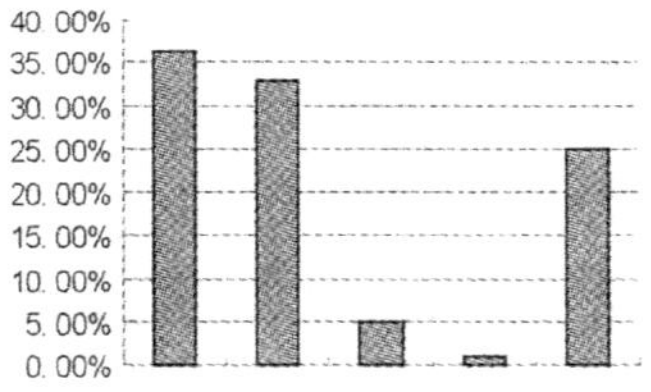

图4-2：偏误原因柱状图

从偏误原因来看，语际偏误的数量最多（73个），比率最高(36.3%)。这个结果与前面所述的 Rod Ellis 的研究结果（英语作为第二语言语法中母语因素引起的偏误比率的平均值是37.71%）比较接近，这反映了母语对二语习得影响的普遍性。由此可见，语际因素造成了三分之一以上的中介语语篇语法偏误，是母语为英语的留学生汉语语篇语法偏误的主要原因。因此，语际因素对中介语语篇语法的影响是对外汉语教学和研究工作者必须重视的一个问题。

三、语际偏误的类型

语际因素以何种方式影响中介语语篇语法呢？下面以英语母语者一些典型的汉语语篇语法偏误为例，按空项影响、对称影响、非对称影响、准对称影响四个偏误类型，对比留学生中介语语篇语法形式和其母语语篇语法形式之间的异同，探讨语际因素影响语篇语法的途径和方式。

1. 空项影响

英语和汉语中的语言项目并非一一对应，有些语言项目英语中有，而汉语中没有；有些项目英语中无，汉语中有。这种情况可称做空项，这种影响可称做空项影响。

1）英语有，汉语没有

英语中有些语言项目在汉语中不存在，其语义功能在汉语中由其他形式来承担。在这种情况下，留学生在学习汉语的过程中常常会出现一些偏误。这里仅举三例：关系代词、不定代词 one、表目的的动词不定式。

关系代词

英语中有关系代词，关系代词有明确的指称对象，而汉语中没有关系代词这种语言形式。关系代词的语义功能在汉语中一般是通过指示代词、人称代词或词汇复现等手段表达的。例如：

（1）This umbrella was left by John, <u>who</u> was here a moment ago.

这把雨伞是约翰丢这儿的，<u>他</u>刚才到这儿来过。

母语为英语的留学生在遇到这种情况时，常常不能很好地处理这个问题。他们不能正确使用指称方式，如例（2）和（3）：

（2）*我们先去法兰克福，然后坐火车去科隆。因为要游览的地方很多，我们要在<u>那个城市</u>停留五天。（科隆）

We will first go to Frankfort, and then take a train to Cologne, where we will stay for only five days, for we will have many places to visit. ①

(3) *他在东欧长大，在美国工作，到了澳大利亚后继续教书。因此他说话时还有一种有较重的美国口音。这儿常使我们学生互相闹笑话。(这一点)

So he had a heavy American accent, which was often made fun of by us students.

例 (2) 中的“那个城市”既可以指称“法兰克福”，又可以指称“科隆”，出现了指称不明的偏误。这个问题需要通过词汇复现的方式解决，即用“科隆”或“法兰克福”代替“这个城市”。例 (3) 中，“这儿”应该改为“这一点”，回指“他说话时还有一种比较重的美国口音”这种情况。

不定代词 one

英语不定代词 one 出现频率高，用法灵活。它还可以通过 ones，the one 等形式表示复数、特指等。汉语没有类似语言形式，其语义功能是通过词汇复现、“的”字结构等形式实现的。如：

(4) The two students over there are of Class Two. The one in red is my friend.

那边的两个学生是二班的，那个穿红衣服的是我朋友。

遇到这种情况时，留学生常常不知如何处理，很容易出现偏误。例如：

(5) *这个星期是我第三个住在广州的。因为好忙，这三个星期过得很快。(住在广州的第三个星期)

This week is the third one of my stay in Guangzhou.

(6) *那个商店卖很多漂亮的衣服，我最后选择了红色。(一件红色的)

There are many beautiful dresses in that shop. Finally I chose a red one.

---

① 所举例子的偏误部分下面画了线，例子后面的括号内是其相应的改正部分。便于比较英语和汉语的差异，这里作者都将汉语例句的相关部分翻译成了英语。

例（5）的偏误可以通过词汇复现的方式解决，例（6）的偏误可以使用“的”字结构解决。

动词不定式

英语中的动词不定式是一个极具表现力的语言项目，它不仅形式灵活（可有自己的主语、宾语，并有被动形式及各种时态），而且功能多样（可以做主语、宾语、定语、状语、补语）。汉语中没有不定式这样的语言形式，其功能是由其他形式来承担的，如连动结构、状语从句等。遇到这种情况时，留学生往往不知如何表达自己的意思，很容易出现偏误。请看以下的偏误例子：

（7）＊主人公发现：一个公司，用了他的脱氧核糖核酸为了创造一个克隆，从而有两个完全相同的人。（为了创造一个克隆，一个公司用了他的脱氧核糖核酸）

A company used his DNA to create a clone, and two same persons came into being.

（8）＊第二天大哥终于找到了蜡烛和火柴有了这一点的亮光为了寻找食品。（第二天大哥终于找到了蜡烛和火柴，他们利用这点亮光寻找食品。）

On the next day, the elder brother found some candles and matches. So they use the light to look for food.

（9）＊还有一天，我和我的同学跟我们的老师一起吃饭。老师是一个中国人，他从澳大利亚来到广州为了访问我们俩。（为了看望我们俩，他从澳大利亚来到广州。）

Our teacher is Chinese. He came to Guangzhou from Australia to pay us two a visit.

我们从以上衔接偏误的例子中可以看出：在英语中通过不定式表达的目的状语的语义功能在汉语中需要用其他形式表示。留学生不知道如何应用这些形式，只是根据语义在英语中 to 的地方使用了“为了”这个词语，以至于出现了这些偏误。

2）汉语有，英语没有

有些语言项目在汉语中存在，在英语中却不存在，或者其相应的语义功能在英语中以其他方式表示。以英语为母语的汉语学习者必须把它们作为全新的项目进行学习，这种情况也容易出现偏误。例如，出现于主语后的单音节连接词在汉语中使用频率较高，而英语中却没有这类用法。在汉语的复合句中，单音节连接词无论是出现在第一分句中，还是出现在第二分句中，都只能出现在分句的主语后。例如：

（10）你要不愿意去的话，我就一个人去。（出现在第一分句和第二分句的主语后）

（11）这里气候挺好，冬天也不冷。（出现在第二分句后）

经常出现在第一分句里的单音节连接词有“既、就、虽、要”四个，出现在第二分句里的连接词有“就、才、也、还、又、都、却”七个。违反了上述原则，就是错句（李晓琪，2002：92）。母语为英语的学生在这方面很容易出现偏误。请看下边的偏误例子：

（12）＊全家人都吃完了，才妈妈开始吃。（妈妈才开始吃）

Mother began to eat only when all the family finished eating.

（13）＊如果你不同意的话，就你别去。（你就别去）

Do not go if you do not agree.

（14）＊这件外套，式样挺好，也价钱不贵。（价钱也不贵）

This coat is not only of good style, but also of low price.

留学生之所以出现这样的偏误，是因为英语中的连接词根本就没有单双音节之分，而且它们的位置总是固定的，无论是在从句中还是主句中，连接词一般都出现在句首。

2. 对称影响

对称影响是指母语中的某个语言项目在语法、语义和语用上与目的语某个语言项目完全相同，如英语的“I've”和法语的“j'ai”。英汉两种语言中衔接方面的对称项目较少，常见的有表示列举的方式，如：“First…Second…Third…”与“第一……第二……第三……”等。英语和汉语中对称的语言项目习得难度不大，偏误情况较少。但也不是说绝对没有偏误。请看下面的例子：

（15） *首先蒸糯米，半熟，然后拿出来放在一个锅里。其次把椰浆、姜黄水煮开。（接着）

First, braise sticky rice to half ripe. Then take it out and put it into a pot. After that, heat the coco juice and ginger water to boil.

“其次”用于列举事项，指示次序较后的、次要的人或事物，这里被错误地用来表示程序。

3. 非对称影响

非对称影响是指虽然英汉两种语言中都有某个语言项目，但二者并非一一对应，而是呈现出一对多或者多对一的情况。

1）英语一个语言项，对应于汉语多个语言项

英语中的一个语言项对应于汉语的多个语言项，即母语中的一种形式分化成目的语的两种或多种形式的语言项目。这种情况比较常见，且习得难度很大，留学生在应用时极易出现偏误。

or 与“还是、或者、否则”

英语中的 or 大致与汉语中的“还是、或者、否则”对应。汉语中三个词的使用是有分工的，或者说其分布是互补的。“还是”表示选择，用于疑问句或表示不确定意义的陈述句；“或者”表示选择，只用于陈述句中；“否则”表示转折，用于第二分句的开始，前面必须有预设句。留学生在学习这三个连接词时，不容易分清它们的区别，容易出现偏误。请看以下例句：

（16） *我也不知道该告诉他或者不告诉他。（正：我也不知道该告诉他还是不该告诉他。）

I don't know whether I should tell him or not.

（17） *Q：你喜欢喝什么汤？　A：我喜欢牛肉汤，还是鸡汤。（或者鸡汤）

Q：What soup do you like?　A：I like beef soup or chicken soup.

(18) ＊他们认为快乐是个可以买到的东西：如果他们的车比人家好看一点，还是他们的电视机比他朋友的大得多的话，那就是快乐。（或者）

If their cars are better or their TV sets bigger than others', they think they are happy.

(19) ＊我们必须努力学习，或者我们找不到工作。（否则我们将找不到工作）

We must study hard, or we shall have difficulties getting employed.

例（16）是一个含有不确定意义的陈述句，应该用“还是”；例（17）、（18）中是选择关系，应该用“或者”；例（19）是个转折句，应该用“否则”。

we 与“我们、咱们”

“咱们”口语色彩较强；还有，它一般表示己方和对方的合称。“我们”可以是己方和对方的合称，也可以专指己方。在这两个词的运用上，留学生有时也出现偏误。如：

(20) ＊“……你别着急，咱们等着你。”（我们）

Don't hurry. We'll wait for you.

later 与“后来、以后、然后”

与 later 对应的汉语词不少：“后来，以后，然后”，外国学生运用这些词语时容易出现偏误。

(21) ＊一次，我的电脑软件出了问题，我打通了服务热线。接电话的是个小伙子，他说能听懂英语，我就用英语告诉他我的电脑的问题。但他不明白我说的问题。以后我用汉语告诉他我的软件的问题，他听懂了，告诉了我解决办法。（然后）

Later, I told him in Chinese about the problem of my software. He understood and told me the solution.

此句表示的是一个事件之后接着发生了另一个事件，应将“以后”改为“然后”。因为“以后”单独使用时表示“比现在或者某一时间晚的时间”，不表示两个事件的先后性。

（22） ＊两个小时以后，手术完了，但是我还不能动我的腿。然后医生跟我说我差一点丢了这条腿，他说一共缝了五十一针。（后来）

Later, the doctor told me that I had almost lost the leg and that the cut was sutured with 51 stitches.

“然后”应改为“后来”。因为后一件事是手术结束较长时间以后发生的。

but 与“但是、而是、可是、却”

英语中的 but 是一个表示转折关系的连接词，汉语里有“但（是）”、“而（是）”、“可是”、“然而”、“却”与其对应。真正用好汉语的这几个词也不容易，请看以下的偏误：

（23） ＊对我来说，我觉得这个不是一个问题，但是一个很好的事情。（而）

To me, it is not a problem, but a good matter.

（24） ＊你怎么去北京旅行但不去长城？（而/却）

Why did you go to Beijing but not to the Great Wall?

“而”和“但”都能引出与上文相对立的意思，但二者用法有区别：“但”前面的部分总是含有“虽然、尽管”这种让步的意思，“而”不受这一限制（吕叔湘，1999：194）。

though 与“虽然、尽管”

英语中的 though 既可表示让步义，又可表示转折义，对应于汉语的“虽然”、“尽管”。请看《英汉大词典》（上海译文出版社，1993 版）中的两个例子：

（25） Though they know the war is lost, they continue to fight.

虽然他们知道这场战争必败无疑，但仍继续战斗。

（26） Poor though she is, her life is happy.

她尽管穷，但生活很幸福。

though 表达的语义功能，在汉语中需要分清是转折义还是让步义。留学生也容易出现偏误：

（27）＊说了这几句话，风便用力对着老人吹，希望把老人的大衣吹下来。虽然它吹来了很大风，但是它越吹，老人把大衣裹得越紧。（尽管）

Though it blew heavily, the old man wrapped himself more tightly as it blew harder.

（28）＊A：去意大利南部可能夏天不是最好的季节，天气很热，也很潮湿，人特别多。

B：无论人很多，天气不太好，我也要去。从来没有去过意大利南部，我对南部的习惯和传统很感兴趣。（尽管）

Though it is crowded and the weather is not fine there, I shall go there.

例（27）中的“虽然”和例（28）中的“无论”都应改为“尽管”，这两句表达的都是让步关系。

4. 准对称影响

准对称可被视为介于对称与非对称之间的一种情况，指的是英语中的某个语言项目与汉语中的某个语言项目大体上是对称的，但在具体的应用细节上却存在一些差异。准对称影响有两类情况。

1）汉语英语都有，语义功能相当，用法不同

汉语和英语中都有、语义功能相当但用法不同的语言项目，是造成语际偏误的主要原因。这里以英语的 and 与汉语的“和”为例说明这个问题。and 应用范围广，既可连接词语，又可连接句子，使用时不受限制。“和”应用范围较小，一般用于连接名词；连接做谓语的动词、形容词时有一定的限制，即必须是双音节的，谓语前或谓语后要有共同的附加成分或连带成分（吕叔湘，1999：266）；不能连接两个句子。在这一点上，留学生极易出现偏误：

（29）＊办公室的环境比较有意思和年轻人在他们的工作上比较出色。（办公室的环境比较有意思，年轻人在他们的工作上比较出色。）

The environment in the office is interesting and the young people there work excellently.

（30） *回到家以后，他的克隆决定了去看一下世界和顺便想一想一个问题：克隆到底是不是真正的人。（他的克隆决定了去看一下世界并顺便想一想这个问题）

Being back home, his clone decided to wander around the world and at the same time think about a question: whether a clone is a real human being.

（31） *他们想让爸爸妈妈原谅他们的错误和给他们钱。（他们想让爸爸妈妈原谅他们的错误并给他们钱。）

They wish their parents to pardon them and give them money.

（32） *我们的教室很大和很干净。（我们的教室很大、很干净。）

Our classroom is very big and clean.

例（29）是两个小句；例（30）中谓语动词“看”和“想”具有不同的连带成分（宾语）；例（31）中谓语动词“原谅”和“给”具有不同的连带成分（宾语）；例（32）连接的两个形容词不全是双音节的。因此，以上四例都不能用“和”。

2）语义功能、语言形式和句法分布基本相同，但应用频率存在差异

在语义功能上，this 与“这”对应，that 与“那”对应。但在具体运用时，英语和汉语的这对指示代词却存在一定的差异，这主要表现在使用频率上。根据《英国和美国英语词汇使用频率》（Longman，1982）和《汉语词汇的统计与分析》（外语教学与研究出版社，1985）的统计，that 与 this 在英语中的使用频率和“这”与“那”在汉语中的使用频率如下（引自朱永生等，2001：31）

	频率位次	绝对使用频率
That	7	11188
This	22	5287
这	12	2845
那	27	1398

不难看出：英语 that 的出现频率比 this 高出一倍多；而汉语“这”的使用频率比“那”高出一倍还多。这种差别具体表现在：在汉语语篇中，多用“这”指称上文中别人说过的话或提到的事、上文中提到的刚发生不久的事、上文的陈述；而在相同情况下，英语多用 that。试比较：

（33）To be, or not to be. That's a question. （Shakespeare: Hamlet）

活下去，还是不活，这是问题。(《哈姆雷特》，卞之琳译)

再者，在汉语语篇中，“这”和“那”在表达时空距离时往往受心理或视觉的影响，这就易于造成模棱两可的情况；而英语的距离概念比较接近实际的时空远近距离。

因此，尽管 this 与“这”，that 与“那”在语义功能和语言形式上基本一样，但什么时候用“这”，什么时候用“那”，留学生经常搞错。这又进一步影响“这里”、“那里”、“这么”、“那么”等指称词语的使用。请看下列语篇衔接偏误的例子：

（34）*丈夫带上眼镜，他觉得高兴极了，一切都看得清楚。但是他一看他的妻子就愣了半天没说话。他差不多二十年没看清楚他的妻子。<u>那时候他觉得她很丑</u>，就说：“我的眼病太严重了，戴眼镜也不行。”他把眼镜还给了售货员。（这时候他觉得她很丑）

He had not seen his wife clearly for almost 20 years. At that moment he felt she was very ugly.

（35）*<u>去年的水果产量没有今年的水果产量那么多</u>。（去年的水果产量没有今年的水果产量这么多）

The fruit yield of this year was more than that of last year.

（36）＊那天晚上较冷，儿子想生炉子。那时他摸了摸袖子里的纸条，<u>他忘记了这张纸条有什么用途</u>。（他忘记了那张纸条有什么用途）

He touched the slip of paper in his sleeve and forgot its use.

例（34）中，与“二十年”前相比，文中叙述的是比较近的事情，所以应用“这时候”。例（35）中“多”的语义指向是“今年”，是近指，应用“这么”。（试比较：“今年的水果产量没有去年的水果产量那么多。”）例（36）中也是叙述一件过去的事情，因为前面已经用了“那天”、“那时”等表示远指的词语，所以后面的“这张纸条”改为“那张纸条”比较好。

参考文献

程美珍　李　珠　汉语病句辨析九百例　华语教学出版社　1998

李晓琪　以英语为母语者学习汉语关联词难点及对策　对以英语为母语者的汉语教学研究——牛津研讨会论文集　人民教育出版社　2002

刘月华　潘文娱等　实用现代汉语语法　商务印书馆　2001

鲁健骥　对外汉语教学思考集　北京语言大学出版社　1999

吕叔湘　现代汉语八百词　商务印书馆　1996

任长慧　汉语教学中的偏误分析　武汉大学出版社　2001

陶文好　语篇语法对高年级英语教学的启示　西安外国语学院学报　2001（1）

王建勤主编　汉语作为第二语言的习得研究　北京语言大学出版社　1997

王　伟　情态动词“能”在交际过程中的义项呈现　中国语文　2000（3）

张　斌　现代汉语虚词词典　商务印书馆　2001

郑天刚　用于推测时“会”与“要”的差异　似同实异——汉语近义表达方式的认知语用分析　中国社会科学出版社　2002

郑天刚　“会”和“能”的差异　似同实异——汉语近义表达方式的认知语用分析　中国社会科学出版社　2002

周小兵　句法·语义·篇章　中山大学出版社　1996

周小兵　学习难度的测定和考察　世界汉语教学　2004（1）

周小兵　李海鸥主编　对外汉语教学入门　中山大学出版社　2004

朱永生等　英汉语篇衔接手段对比研究　上海外语教育出版社　2001

Cook Guy　1994. *Discourse and Literature*　上海外语教育出版社　1999

Ellis R　1985. *Understanding Second Language Acquisition*　上海外语教育出版社　1999

Ellis R　1994. *The Study of Second Language Acquisition*　上海外语教育出版社　1999

Gass　Susan M　& Selinker, Larry. *Second Language Acquisition: an introductory course* (*2nd ed*). Lawrence Erlbaum Associates　2001

Graham Lock　*Functional English Grammar*　Cambridge University Press　1996

Hughes　Rebecca & McCarthy, Michael. *From Sentence to Discourse: Discourse Grammar and English Language Teaching* [*J*]. TESOLQUARTERLY, Vol. 32, No. 2　1998

James C　1998 *Errors in Language Learning and Use: Exploring Error Analysis*　外语教学与研究出版社　2001

Sylvia Chalker　*Current English Grammar*　Macmillan Publishers Ltd　1984

第五章
日语母语者的偏误

第一节　常见偏误

众所周知，日语受汉语的影响深远。这两种语言之间，有一些共通之处，尤其是汉字，这就使得日本学生在学习汉语时比其他国家的学生有更大的优势。但是，日语和汉语毕竟分属不同的语系及不同的语言类型，在学习汉字方面的优势并不能减少语法出错的几率，相反还会导致日本学习者以为日汉语法也是相同的，因此更容易出现母语迁移偏误。

下面，我们从日本学生常见汉语语法偏误入手，通过语际对比，分析日汉两种语言的差异和由此引发的难度等级，并对决定性相似度进行初步的探讨，试图找出学生偏误的原因。例句选自中山大学日本学生的习作。

一、日语助词“に、で”与汉语介词“在”

日语的助词“に”的语法意义有很多，主要可以表示：

1. 事物存在的状态或场所。如：

(1) 駅　の　近く　に　新しい建物が　できた。①

词译：车站（助）附近（助）新　大楼（助）建（助动）

意译：车站附近盖起了一幢新大楼。

(2) 兄は　家に　おる。

词译：哥（助）家（助）在

意译：哥哥在家。

2. 表示时间。如：

(3) 朝　七時に　出かける。

词译：早上七点（助）出门

意译：早上七点出门。

3. 表示动作的到达点。如：

(4) 故郷　に　帰る。

词译：故乡（助）回

意译：回故乡。

4. 表示行为动作的目的。如：

(5) 病気　見舞いに　行く。

词译：病　探望（助）去

意译：探望病人去。

5. 表示行为动作的对象。如：

(6) 村上さんに　電話をかける。

词译：村上先生（助）电话（助）挂

意译：给村上先生打电话。

“で”的主要语法意义有：

1. 表示动作进行的场所。如：

(7) 大勢の　前で　彼女は　歌った。

---

① 为清楚地表示日汉词词对译，文中对日语的词距作了调整。

词译：众人（助）前（助）她（助）唱（助动）

意译：她在众人面前唱了一首歌。

(8) 道で　出会った　人。

词译：路（助）遇到（助动）人

意译：路上遇到的人

2. 表示方法、手段、工具或原料。如：

(9) ラジオで　聞いた　話。

词译：收音机（助）听（助动）故事

意译：从广播里听到的故事

3. 表示动作的共同参与者或状态。如：

(10) お前も　人の　立場で　考えて見なさい。

词译：你 也 别人的立场（助）考虑（助动）

意译：你也要站在别人的立场上考虑一下。

4. 表示原因或理由。如：

(11) 暑さで ものが　腐る。

词译：热（助）东西（助）腐烂

意译：天气热东西易坏。

5. 表示期限、价格或数量。如：

(12) 申し込みは明日で　締め切りだそうだ。

词译：申请（助）明天（助）截止（助动）

意译：据说申请到明天截止。

第二语言学习者一般会把目的语的某个语言项与母语意义相当的语言项联系起来记忆。汉语的"在"和日语"に"的义项1和义项2、"で"的义项1意义相当，日本学生常会把它们等同看待，产生以下偏误：

(13) ＊在一个城市可能有最低一个温泉。

(14) ＊我在中学二年级的时候，她有孩子了。

(15) ＊在秋天很多水果、蔬菜被收获，饭桌上的菜丰盛多了。

(16) ＊我是在日本和歌山县有高野山大学的硕士研究生。

汉语的“在”虽然常用于表示时间、处所、范围等，但在下列情况下，“在”通常不出现：①当表示时间、地点、方位的词语在句首作主语时，例如存现句。因此，例（13）是错的。②时点词作状语，“在”通常不出现。除非时点词前有副词、能愿动词或修辞上的需要（例如“就在昨天我还看见过她呢”、“小丽一定要在这个月完成任务”、“我们在春天播撒希望的种子，在秋天收获幸福的果实”）。例（14）、（15）不符合上述条件，因而是错的。③处所、范围词语做领属定语时，一般不用“在”。因此例（16）是错的。日本学生不知道“在”何时该隐匿，何时该出现，只是把“在”与日语的“に”、“で”简单对应起来，于是在中国人不能用“在”或不用“在”更为自然的句子里却误加了“在”。

而另一方面，学习者在学习的过程中了解到“在”与日语的“に”或“で”并不完全对应，同时也知道“在”经常可隐匿，于是会注意把多余的“在”去掉。可是因为“在”的隐现规律性不强，何时可隐匿，何时必须出现，教师和教材都无法明确告诉学习者，因此学习者经常会出现遗漏“在”的现象。例如：

（17）＊^俱乐部的时间比除了上课以外的自己学习的时间多得多。所以我们一起在的时间也很长，我们都是好朋友。

（18）＊我们老师也很紧张不过我们老师不会表现^脸上的。

（19）＊她原来^咖啡里放盐了。

（20）＊滑雪了以后，我们^雪上一起玩儿。

例（17）－（20）中的“^”处都应加上“在”。

对比日语的“に、で”和汉语的“在”的语义可知，日语“に、で”表示“时间、处所”的义项都集中到汉语的介词“在”上了。单从意义上来说，是母语两个语言项等于目的语的一个语言项，语言差异难度并不大。但是因为日语的每个名词后几乎都要出现一个格助词，而汉语“在”的隐现规律性又不强，学习者对“在”的隐性很难把握，因而提升了习得的难度。可见，介词“在”的偏误，对于日本学习者来说，既有语际因素，也有语内因素。

二、“の”与“的”

很多人都以为，日语的“の”相当于汉语的“的”。诚然，在许多语境里，日语的“の”可对应于汉语的“的”，特别是体词修饰体词时。如“妹妹的老师、爸爸的朋友”中的“的”都与日语的“の”对应。汉语的“的”也是体词修饰体词的用法最常见。正是由于“的”与“の”有很多分布是相同的，因此它们之间的区别就往往被人忽略。如：汉语动词修饰名词时须用“的”，而日语动词修饰名词时不用“の”。又如：主谓结构做定语（日语叫连体修饰语）时，主谓结构和定语之间不用“の”，而主语后通常会用“の”。也就是说，日语的“の”兼有主格助词与所有格助词两种功能。因此，汉语在主谓结构和被修饰的名词之间用的“的”与日语的“の”不对应。这些差异构成决定性相似度，也可以说是第一语言的某一语言项在第二语言里的等值项分布不同，难度属中等。请对比：

（21）私は　彼の　言った　話が　全然分からなかった。

词译：我（助）　他（助）　说（助动）　话（助）　完全　懂　没

意译：我完全没听懂他说的话。

（22）恋人なら、やっぱり　背の　高い人がいい。

词译：对象的话，还是　个子（助）　高　人（助）好

意译：找对象的话，还是找个子高一点儿的好。

例（21）中的“彼”（他）和“言った”（说）之间，例（22）中的“背（个子）”和“高”之间有“の”，但“言った”和“話”（话）之间、“高”和“人”之间就没有“の”。

另外“の”还可表示同格关系，即用于同位语和本位语之间，而汉语的同位语与本位语之间是不用“的”的。请看例句：

（23）こちらは主人の太郎です。

词译：这（助）丈夫　的　太郎（助动）

意译：这是我丈夫太郎。

例（23）中的“主人”（丈夫）和“太郎”之间有“の”。

如果日本学生不清楚汉语“的”的用法，把它跟日语的“の”等同起来，就会在该用“的”时漏用，在不该用“的”时多用，把（21）-（23）分别译为：

（24）＊我完全没懂他的说话。

（25）＊对象的话，还是个子的高人好。

（26）＊这是我丈夫的太郎。

上面的例（24）在动词“说”和其修饰的名词“话”之间漏用了“的”，而在主谓结构的主语“他”和谓语“说”之间多用了“的”。例（25）在做定语的形容词“高”和名词“人”之间漏用了“的”，而在“个子”和“高”之间多用了“的”。这是因为日本学习者错把日语的所有格助词和主格助词混为一谈了，因为它们是同形的，因此以为他们都与汉语的“的”对应。例（26）的偏误则在于同位语“丈夫”和本位语“太郎”之间多用了“的”。这也同样是母语负迁移，把“の”的功能强加于“的”上了。这样虽然不会对交际有太大的影响，却让人觉得别扭。

三、“は”与“是”

日语的“は”是副助词，主要作用是提示主语或主题。常用句式是“AはBだ/です”，“だ”和“です”都是判断助动词。当A和B是体词时，这个句式常相当于汉语“A是B”。但汉语的名词谓语句不用“是”。当陈述对象是数量、天气、籍贯、日期等时，如果不是为了强调，汉语常常不用“是”。如“今天星期三”、“这件衣服一百八十块”就比“今天是星期三”和“这件衣服是一百八十块”更常用、更自然。日语在上述语境里一般都用“AはBだ/です”句式。受母语影响，日本学生一般用“A是B”的句式来代替名词谓语句。

汉语还有一种主谓谓语句，其特点是：全句的主语和小句的主语所指的人或事物有一定的关系，后者常属于前者的一部分。汉语的主谓谓语句译成日语时一般要在大主语后用“は”，这时的“は”也不与“是”对应。如：

（27）私は　体が　いい。

词译：我（助）身体（助）好。

意译：我身体很好。

(28) 象は　鼻が　長い。

词译：大象（助）鼻子（助）长

意译：大象鼻子很长。

另外，日语“AはB だ/です”中的 B 也可以是形容词、形容动词、动词，而汉语的动词、形容词可以直接做谓语，不需要用“是”。有的日本学生把“是”与日语的副助词“は”等值看待，其结果是造成“是”的滥用。例如：

(29) ＊御岳山山顶是海拔三千多米，所以越高越空气少了。

(30) ＊通过这个学期，我要学习的内容是如下：……

(31) ＊五台山的经验是跟青龙寺不一样，太辛苦的，可是我们在这个朝拜能感觉佛有慈祥和严格的两面。

(32) ＊因为我们是学生，没有钱。所以旅游是只有一晚。

(33) ＊一般的烹调方法是很简单。

(34) ＊虽然学校的建筑是简陋但小学生们却活泼。我们忍不住访问小学校而交流小朋友们。

而一旦得到纠正，有的学生又会矫枉过正，把该用的“是”漏掉，造成动词的欠缺。这种情况即使到了中级班也不鲜见。例如：

(35) ＊那时候的达成感也^我小时候的许多回忆之中忘不了的一件事情。

(36) ＊港丽酒店位于香港岛中环区，^世界各国的政府、产业界的要人也经常利用的一流酒店。

(37) ＊在日本的温泉一般有一种温泉叫“露天风吕”。“风吕”^温泉的意思。

(38) ＊对管理员来说，^在香港最便宜的招待所。

(39) ＊看起来你们^很和睦的夫妻。哪一位要眼镜呢？

(40) ＊所以我觉得在大阪学校之中，^最厉害的俱乐部。

上面的例句都应在“^”处加上“是”。

除了矫枉过正造成以上偏误外，我们还发现，上述遗漏“是”的句子大都是宾语前有定语的结构。换言之，宾语前有定语是“是”字遗漏的另一诱因。这大概是因为表达的内容复杂了，学习者的注意力只集中在那些具有实在意义的词语上了。认知语法认为语义是语言的基础，而语义存在于人的概念化过程中，语义结构即概念结构。句子结构决定于概念结构。“是”的语义较抽象，学习者在表达一些复杂结构时，无暇顾及这些意义抽象的成分而造成偏误是很正常的。

四、人称代词的隐现

日语有尊敬语、谦让语和叮咛语三种不同的语言表达形式。尊敬语和叮咛语分别表示对话题人和听话人的尊敬，谦让语表示说话人谦虚、礼让。除了词汇的形式以外，还有很多语法手段。因此，通过不同的形式可以反映出说话人、听话人、话题人之间的各种关系以及社会地位等。比如上下辈、上下级之间的尊卑关系，平辈、亲属之间的亲疏关系等。例如：

（41）今日参ります。

（42）今日いらっしゃいます。

直译成汉语都是“今天去”，但前者是谦让语，是说话人去。而后者是尊敬语，是话题人去。即使省略了人称代词或表示人的名词，根据其语体仍可以分清谁是施事。因此日语口语中即使施事、受事不出现，句子的语义结构关系仍然很清晰。

另外，日语还有各种助词、助动词可以清楚地表示各种成分之间的语义结构关系，如：

（43）a. これを　あげて。

这个（助）　给（助）

b. これを　あげます。

这个（助）　给（助动）

例（43）a 和 b 直译的话都是“给这个”，但实际上，a 是说话人叫听话人把东西交给第三个人。而b则是说话人要把东西给听话人。翻译成汉语就是：

a′. 把这个给他/她。b′. 这个给你。

a句的“あげて”是动词“あげる”的活用形式后接接续助词“て”，一般用于祈使句，它跟汉语没有对应的语言项。而b句的“あげます”则是由动词“あげる”后接敬体助动词“ます”构成，表示说话人对听话人的尊重，可以看出句中没有出现任何表示施事或受事的词语，而完全依靠语法手段来区分。译成汉语就必须添上相应的表示施事或受事的代词或名词。日本学生在把类似的语言项翻译成汉语时，常会漏掉该用的代词。如说：“＊你这个给”或“＊她给这个”等。

省略人称代词的现象在日语的口语中尤为常见。请看下面一段对话①：

（44）A：駅前のスーパー、何時まで開いてるの?

词译：车站前 的 超市 几点 到 开 着（助）

B：確か、八時まで だ と 思うけど。

词译：大概 8点 到（助）（助）想（助）

A：じゃ、今 から行く?

词译：那么 现在 从 去

B：うん、先に 行ってて、 あと から 追いかけてくから。

词译：唔，先（助）去（助） 后边 从 追 去 因为

从上面的词译可以看出，这整段对话里都没有出现一个人称代词，译成汉语时必须根据语法结构、语义关系、情景等加进人称代词，否则就会造成主语残缺。以下是这段话的译文：

（44′）A：车站前的超市开到几点?

B：我想应该是开到八点。

A：那（咱们）现在就去吧?

B：好，你先去，我马上就会赶上（你）的。

---

① 此对话选自富阪容子2000年编写的《流畅日语会话》。

汉语在上下文非常清楚的情况下有时也可以省略人称代词，如上面加了括号的“咱们”和最后一个受事“你”，但画线部分的人称代词都是不可省略的，如果省略的话，就会让人觉得不知所云。日本学生不清楚汉语的人称代词何时可省，何时不可省。所以有时会出现主语残缺的偏误，例如：

（45）*我们还没吃完之内，^已经开始准备上班。

（46）*一看那夫妻进来，^对他们宛然一笑而说“欢迎光临！……”

（47）*他很明朗，所以^马上当朋友了。

（48）*我下公共汽车就停步了。前面有个极美壮丽的桥，^马上知道这是风雨桥。

（49）*下一天，牛郎把织女的衣服偷走了。他要求^跟自己结婚。

（50）*今天她们一定瞒着^让我吃猫、狗、……等等。我真恐怖！

例（45）-（50）的“^”处应补上人称代词。例（45）-（48）中的前后分句主语不同，后一分句不出现主语的话，会造成句义表达不清或者语义关系混乱。例（49）和（50）的“要求、瞒着”后应该出现受事宾语，属于句法偏误。

五、“まで”与“到”

日语的副助词“まで”的语义与汉语“到”有相似之处，都可以表示动作、事物达到的空间、时间、数量等的界限或表示事物达到的程度。本节仅讨论二者与表示时间的词语共用时的异同。因为日语基本语序是 SOV，日语的“まで”用在名词后、动词前，动词在句末。而汉语的“到”则相反，用在名词前或动词后。由于二者的分布存在差异，学习者容易出现下列偏误：

（51）*虽然她有很多应该学习的问题，但是，既然发现婴儿，就到最后负起责任。

（52）*傍晚，在家里有两个儿子很饿着等母亲回来。她知道那个事情，到五点工作。然后去买晚饭的材料。

汉语的“到＋时点词语”（以下简称“‘到’短语”）既可用在动词前，

又可用在动词后。位置不同语义也不同。用在动词前的可以分为两种情况：一种是“到”短语表示谓语动词所指的动作行为发生的时间，而非持续的终点时间，通常用肯定式。这时的“到”与日语的“までに”对应。如：“到八点才吃饭”。这个句子的“到”后可加入“了”，“八点”为“吃饭”这一动作行为发生的时间。“‘到’短语”后、动词前常有“才、再”，这一格式表示的是动作行为本来应该在“到”后出现的时点词所表示的时间前就该发生，却延迟到时点词所表示的时间才发生，也就是动作行为推迟发生。“到八点才吃饭”是说八点前就该吃饭了，却一直没吃，延迟到八点才吃。

另一种情况是“‘到’短语”表示状态持续中的某一时间点，“到”后的时间为后面动词或谓词性短语所表示的行为状态持续的某个参照时间。如：“到八点还没来”是表示“还没来”这种状态是从八点以前就出现的，一直延续到八点，也即“到”后面的时点词可能是状态持续的终点，但也可能只是某个时间参照点，状态可能仍会持续下去。再如“到八点还在干活”是表示“干活”这个动作行为在“八点”前就开始，“八点”是行为持续过程中的某个时间点，并非终结时间。“‘到’短语”强调延续的时间长，因此前面常有“一直、直”，后面常有与之相关的副词呼应，如：“还、仍、仍然、也、都”等。另外，“‘到’短语”后面出现的一般不能是光杆动词或简单的动宾结构，而是复杂的主谓结构、状中结构等。如一般不说：“＊到八点等”，但可以说：“到八点还在等”“到八点他们仍不愿意离开”。学习者不了解汉语“‘到’短语”的这些句法限制，于是产生一些偏误。请看：

(53) ＊她脸上总露出了微笑，常常开玩笑所以我到中学生的时候真不知道我家有很多问题。

(54) ＊那天到很晚一直非常热闹。

(55) ＊我在日本到中学生是个独生女。

(56) ＊到这天，每天练习节目。

(57) ＊到现在我多次作了咖喱饭。

（58）＊到现在，虽然我看什么，也都不清楚。但是配副眼镜的话，就好了。

例（53）“我到中学生的时候真不知道”应改为“我到中学时仍不知道”，少了副词“仍”。例（54）应改为“那天一直到很晚都非常热闹”，“一直”应在“到”前，而且谓语前要有“都”句子才通顺。例（55）应改为“我在日本到中学还是个独生女”；例（56）应改为“一直到那天，每天都排练节目”；例（57）既不表示动作行为发生的时间，也不表示状态持续的参照时间，应该用“以前”代替“到现在”。例（58）如果改为“虽然我一直看什么都不清楚，……”就基本通顺了。

如果表示的是动作行为持续的终点时间，就应把“到”短语放在动词后作补语，表示动作行为持续到某个时间。如果既有起始时间，也有终结时间，应该用“从……到……”，放在谓语动词前做状语。如“吃饭吃到八点”或“从七点到八点吃饭”。当然这两种句式表达的意思不同，前者的焦点是动作行为持续的终点时间，后者的焦点是动作行为起始时间和终结时间。从例（51）的语境可知，“最后”是“负责任”的终结时间；例（52）的“五点”是工作结束的时间。因此这些时间词都应该用一个“‘到’短语”，放在动词后。应该分别改为：

（51′）……既然发现了婴儿，就要负责到最后/到底。

（52′）……她知道那样的情况，工作到五点，然后就去买菜。

汉语的“到”虽然在语义上与日语的“まで”等值，但是分布不同，两种语言间存在决定性相似度。“‘到’短语”有两个位置，日本留学生分不清它们形式与意义之间的对应关系，容易出现“‘到’短语”的错位偏误。如例（51）和（52）。另外一点，同一个位置的“‘到’短语”也有较多句法上的限制，需要与相关的副词照应，而且副词的位置也并非随意的，像“一直”有时在“‘到’短语”前边，有时又在后边，语义也稍有区别，例如“一直到今天我还以为自己是对的/到今天我还一直以为自己是对的”，“一直”的管辖范围不同，句义就有微妙的差别。“还、仍、仍然、也、都、才”要在“‘到’短语”的后边。日语的“まで”没有那么多的条件限制，因此学习者容易出现副词的遗漏或错序的偏误。

六、时间词

汉语的时间词一直是日本学习者的难点，他们常常会把该放在动词后做补语的时量词放在动词前。尽管老师反复强调这一问题，仍有一些中级班的学生出现这样的偏误。这里除了语际干扰因素之外，还有语内干扰的因素。请看例句：

（59）＊我们很长时间互相争论了。然后，我怒气爆发，拉她的右手呀（应为“咬”之误）了一口。

（60）＊女同学一个星期热情地喂养婴儿，男同学不断念继续给母亲联系。

（61）＊妻子一会儿盯着看丈夫的样子，才回答“好看是好看，不过你从来的风格没有了……”

（62）＊在高知一两个星期集训。每天六点起床，吃早饭后开始练习。

（63）＊我们整天走才到山顶。

上面这些例句中画线部分的时间词有时候是可以放在动词前的，例如：

（64）我们很长时间没争论了。

（65）女同学一个星期来了三次。

（66）妻子一会儿盯着丈夫看看，一会儿又闭上了眼睛。

（67）在高知一两个星期集训一次，倒也不辛苦。

（68）整天走来走去，都不知她在忙些什么。

但这种用法是有条件限制的。例（64）的“很长时间”表示“没争论”这种状态持续了很长时间，后面的动词应该用否定式。例（65）的“一个星期”表示“一个星期内”动作行为发生的数量。例（66）的“一会儿……，一会儿……”表示两个动作行为交替进行。例（67）的“一两个星期”表示“集训”的间隔周期。我们再回过头来看例（59）-（63）的语境，会发现跟（64）-（68）中的很不同，表示的都是动作行为持续的时间，所以应把时间词挪到动词后。例（68）的“整天”表示“总是”，已经带有副词的功能了，因此它不能直接放在动词后边做补语，做时量补语时要用“一整天”。

日语无论是时点词还是时量词都是位于动词前的，日语的动词永远后置。受母语正迁移的影响，日本学习者汉语时点词的使用一般较少出现偏误。而从时量词前置的现象看来，其中的一个原因是语际干扰造成的。另一个原因是因为汉语时量词既可位于动词前，也可位于动词后，虽然其语义不同，可是学习者只注意到形式，没注意到语义的区别，于是构成了语内干扰。位于动词前的时量词，构成关键相似度大，更容易导致学习者产生偏误。

学习任何第二语言都会因母语的负迁移而产生偏误。本节着重考察日本学习者的语际偏误，主要是在运用一些汉语与日语语义接近的语言项时，因为决定性相似度大而诱发的偏误。这些对于日本学生来说都是属于困难等级中等偏高的语言项，即日语的一个语言项在汉语中的等值项有不同的分布。

第二节　被动句

日语和汉语的被动句都受到了欧洲语法体系的深刻影响，但影响程度却是不同的。从被动句的结构类别、语义范畴、使用频率等各方面来看，日语被动句的范围都远远大于汉语被动句。加上日语和汉语各自不同的语言类型特点和历史走向，被动句在日语和汉语中呈现复杂而有趣的异同。

经调查，对日本学习者来说，汉语被动句的习得是一大难点，尤其在初级阶段。对中国日语专业的本科生而言，日语被动句的习得也非常困难，有些学生甚至到高年级仍不能准确使用日语被动句。本节集中关注日本学习者汉语被动句的习得情况。

日本学习者在用汉语表述时明显过度地使用“被”字句，这是他们母语中丰富的被动表述方式迁移到汉语学习中的结果。我们通过用翻译问卷的形式对中山大学国际交流学院汉语水平为初级的日本留学生做了初步考察，发现日本留学生在初级阶段生成的汉语“被”字句中充满了母语的干扰。下面针对部分偏误进行解释，以探明汉语与日语在被动表述方面的异同。

一、谓语动词的母语干扰

1. 双价不及物动词谓语句

在日本学习者生成的“被”字句偏误中，有一类双价不及物动词句。如：

(69) *在电梯里，我被那个人对我笑了。

(70) *如果我被那个人打招呼，我不想回话。

(71) *他被服务生耳语，就回头看她。

这些例句完全不符合汉语的表达习惯和对事件的认知。正确的说法应该是：

(69′) 在电梯里，有个人对我笑。

(70′) 即便那个人对我打招呼，我也不打算回话。

(71′) 服务生对他耳语了几句，他就回头去看她。

例句中的谓语动词“笑”、“打招呼”、“耳语”具有不及物性，又是双价动词，以上几句只能使用主动表达。日本学习者生成的偏误例句（69）-（71），主要是日语中动词用法的负迁移。

根据日语的认知方式，例（69′）-（71′）表达的事件属于被动范畴。动作是对方发出的，但在事件关涉者“我”、“他”的心理上产生了影响，“我”“他”是被动承受者，所以一般表达为被动句：

(69″) Erebeita no naka de, anohito kara waraikake - rareta.

词译：电梯　的　里面，那个人　从　对我笑 - 被（注：句中主语“我”省略了）

意译：在电梯里，有个人对我笑（，我有点尴尬）。

(70″) Anohito kara aisatus - aretemo henjisinai tumori da.

词译：那个人　从　打招呼－被　回话　不　打算　是

意译：即便那个人对我打招呼，我也不打算回话。

(71″) Booi ni sasayak－arete，kare ha sugu kanojyo no houwo hurimuita.

词译：服务生　耳语－被　他　立即　她　的　方向　回头看

意译：服务生对他耳语了几句，他就回头去看她。

在例（69″）-（71″）中，谓语部分均为动词的被动语态。原动词“waraikakeru”（词译：对人笑）、“aisatusuru”（词译：打招呼）、“sasayaku”（词译：耳语）在日语中一般认为均是不及物动词，并且表达时强制性要求动作者和动作对象共现。从配价的角度来看，是需要两个主元同现的双价动词。同时由于它们的不及物性，在主动语态中，表达动作对象的主元不以宾格的形式，而是以补语“ni”格的身份出现。如：

Anohito ga watasi ni waraikaketa.

词译：那个人　我　对人笑

意译：那个人对我笑。

以例句（69″）为例，分析一下这类不及物动词做谓语的被动句在日语中的生成心理，那便是：说话者心理上感受到“anohito－ga watasi－ni waraikaketa（那个人对我笑）”这一事件对“我”造成的影响，只有从“我”的角度表述才能表达出这一影响。因此以“我”为主语，由主动句中的补格升为主格，而原来的主格“那个人”由原来的主格降格为补格；自动词使用被动态，从而构成被动句。在句子内涵上，被动句不仅蕴含了主动句的描述，而且表明了事件产生了受影响者“我”，还表示出“我”的心理感受色彩是负面的。这么多丰富的语义信息，都通过日语的这一自动词被动句做了显性表达。其他句类似。

偏误例句（69）-（71）正是日语母语学习者基于日语例句（69″）-（71″）而生成的。它们直译成汉语句就不能成立。

2. 单价不及物动词谓语句

在问卷中还有单价不及物动词“被”字句的偏误。如：

(72) *直孝五岁的时候，被父母死了。

（73） *我正忙的时候，被客人来了。

（74） *田中被妻子花子跑了。

（75） *我被花子哭了一个小时。

这些偏误在汉语中均不能使用被动句式，而应该表述为：

（72′） 直孝五岁的时候，死了父母。

（73′） 我正忙的时候，来了个客人。

（74′） 田中跑了老婆（方言中有此说法）。//田中的妻子花子出走了。

（75′） 花子哭了一个小时，哭得我（心烦意乱）。

例（72）-（75）均体现了日语被动句的负迁移，因为这些句子所表现的事件在日语中均表述为被动语态。如：

（72″） Tyokou ha gosai no toki hubo ni sin – areta.

词译：直孝　五岁　时　父母　死－被

意译：直孝五岁的时候，死了父母。

（73″） Isogasii tokoro kyaku ni ko – rareta.

词译：忙　时候　客人　来－被

意译：我正忙的时候来了个客人。

（74″） Tanakasan ha tuma no hanako ni nige – rarete simatta.

词译：田中　妻子的　花子　逃跑－被　遗憾（语气助动词）

意译：田中的妻子跑了。

（75″） Boku ha hanako ni itijikan mo nak – areta .

词译：我　花子　一个小时　哭－被。

意译：花子（在我面前）哭了一个小时（，让我很被动……）。

例（72″）-（75″）句，谓语动词"sinu"（死）、"kuru"（来）、"nigeru"（逃跑）、"naku"（哭）等都是单价不及物动词，强制性要求一个主元与它同现（如"S主死"等），不需要其他的角色参与者。所以，它在句法特点上有别于例（69″）-（71″）。例（69″）-（71″）中的被动句主语是事件中的关涉者，是参与者之一。而例（72″）-（75″）句中的被动句主语不是动词事件的参与者，仅是间接受影响者。日语中把前一种称作直接被动句，把后一种称作间接被动句。例（72）-（75）句正是日本留学生由于受母语的这种干扰而生成的偏误。汉语中单价不及物动词作谓语的被动句与日语不同，需要特别的限定条件。

3. 汉日不及物动词作谓语的被动句的系统性异同

由上可知，日语母语者对不及物动词作谓语的汉语“被”字句的偏误是成系统的，这说明汉语和日语在不及物动词作谓语的被动句方面存在系统性差异。

首先，汉语和日语一样，不及物性的动词也可以构成被动句，虽然汉语传统的语法并不这样认为。

汉语中不及物动词作谓语构成的被动句，比起日语来，需要有诸多的制约条件。如要求有后续补语，尤其是结果补语，追加表述动词带来的影响或结果。如“我被他笑得丈二和尚摸不着头脑”、“我被花子哭得心烦意乱”。这也说明并非如传统语法所说，汉语被动句动词需要具有处置性①，“笑”、“哭”等动词未必具有处置性，但它们必须具有后续结果补语的能力，光杆形式一定不适用于被动句。这一特点在与日语的对照中显得更加鲜明。日语一般不把谓语动词限定补充成分置于被动句内，而以不及物动词的被动态单独作谓语，对限定补充成分另作表述。这与汉语正好相反。换句话说，在不及物动词作谓语构成的被动句中，汉语的“被”和日语对应词“（r）areru”在两种语言中辖域是相同的，均指向该不及物动词，然而动词的补充成分在汉语中是被动句成句的必要条件，而在日语中却是排斥条件。

其次，不及物动词作谓语的被动句反映了汉语和日语不同的被动概念。日语被动句表达了主体由外界事件感受到的精神或物质的影响；而汉语被动句表达了主体在事件的影响下发生了可视性的变化。日语中关注的不是事件中的涉他性，而是事件的关联性。拿例（69″）来说，表达的关键在于动作之于动作对象“我”的关联性，而不关注动作“笑”是否具有涉他性。而

---

① 黄伯荣、廖序东《现代汉语》第123页认为汉语被动句的首要条件是动词必须具有处置性。

汉语正好相反，被动句关注的是动作的涉他性，而不是被动句内包容事件的关联性。

因此，日语母语者只有掌握了不及物动词作谓语的被动句在日语和汉语之间的如上差异，才可能避免母语的干扰，杜绝出现如上偏误。

可见，从对比等级看，日语中不及物动词作谓语的被动句在汉语中呈现不同的分布。从难度等级看，属于第四级，引发偏误的概率较大。

二、表达视角的母语干扰

(76) ＊我被太郎写了一篇好论文。

这句话正确的汉语表达应该是：

(76′) 太郎写了一篇好论文（，害得我〈没能获奖〉……）。

“太郎写了一篇好论文”是一个完整的句子。它本身和“我”并不存在任何直接的关系。在汉语母语者看来，如果要表达“太郎写了一篇好论文”和“我”有什么关系的话，只能再另起一句追加信息。但日本留学生所造的句子结构是在语义句法完全自足的句子前面，添加一个该句子动核搭配能力之外的新的论元做句子的主语，再通过“被”的介引构成了一个“被”字句。这样的构句方式在汉语中是不存在的，是汉语母语者无法接受的。

日本留学生的这种生成方式显然是母语表达方式产生负迁移的结果。如例（76′）所表达的事件在日语中可以表述为一个使用被动语态的单句。如：

(76″) Boku ha tarou ni iironbun wo kak－areta.

词译：我　太郎　好论文　写－被。

意译：太郎写了一篇好论文（，害得我〈没能获奖〉……）。

这种句式结构是日语的一个特色，它通过在完全自足的句子的句首添加随意性论元构成间接被动句。这种构句方式是由日语表达视角的独特性决定的，它与汉语形成对照。对于同一个事件，日语惯于从第一人称的角度表达，而汉语往往从第三人称的角度展开客观的陈述。所谓表达视角，就是选择事件中的哪个名词作为主语展开表述。而这一名词就决定了表述的态（voice）。日语是语态丰富的语言，而汉语的语态至今仍未有定论。可以说，表述视角是一个很关键的因素，它反映了日语和汉语对人称代词认知显著度（perceptual salience）的差异。日语中第一人称最易于感知，其次是第二人称，最后是第三人称。这与人在某一阶段生长的自然序列具有很大的相似性，人类在某一生长阶段，总是首先以自我为中心，其次关注到对方，再次关注到第三者。这样，日语中的人称代词认知显著度等级为：第一人称 > 第二人称 > 第三人称。如此，对于任何事件，日语母语者总是习惯于首先从第一人称的角度展开表述，并且倾向于按照这一名词序列选择认知显著度高的名词充当表述的主位。与此相对，汉语第一人称并不具有最高的认知显著度，人们倒是常常从第三者的角度来对事件进行客观的叙述。例（76′）与例（76″），以及前面的例（69′）（在电梯里，有个人对我笑）与例（69″）Erebeita no naka de，anohito kara waraikake – rareta.（＊在电梯里，我被那个人对我笑了），都反映了这个区别。

可见，日本留学生在汉语学习的初级阶段，受母语特有的认知显著度序列的严重干扰，从与汉语的认知定势相悖的角度来表述汉语，造出不合汉语表达习惯的被动句。

综上所述，从对比等级看，日语对表达视角的认知显著序列有别于汉语。从难度等级看，属于第五级，容易引发偏误。

三、语义色彩的母语干扰

（77）＊百合子被她妹妹把口红递过来了。

（78）＊我被朋友送了一份生日礼物。

这几句话在汉语中的正确表述为：

（77′）百合子接过她妹妹递过来的口红。//妹妹把口红递给了百合子。

（78′）朋友送给我一份生日礼物。

例（77）、（78）反映了日本留学生所受到的母语干扰。因为日语中可以使用表达施受意义的被动表达方式。如：

（77″）Yuriko ha imouto kara kutibeni wo watas – areta.

词译：百合子　妹妹　从　口红　递过来 – 被。

意译：百合子接过妹妹递过来的口红。

(78″) Tanjyoubi ni tomodati kara tanjyoubi no purezento wo okur - aremasita.

词译：生日那天　朋友　由　生日　礼物　送 - 被 - 了。

意译：朋友送给我一份生日礼物。

这类例句表达施受意义，谓语动词为表示给予、赠与、授予等意义的三价动词。句式强制性要求三个参与成分共现，从施受关系的角度来看，这三个参与成分就是施方（N_1）、受方（N_2）、施与物（T）。在这类句式中，日语不同于汉语，必须使用被动语态来表述。这反映了汉日被动句在语义色彩方面的差异。

正如例（77″）、（78″）所示日语的被动句除了可以表述前文列举的消极受害的意义之外，也可以表述积极受益的意义。留学生生成的偏误例句（77）、（78）句，正是由于受到了母语语义色彩的干扰，它使具有积极色彩的事件本身在被动句的框架下蒙上了消极受害的色彩。虽然汉语的被动句也可以表达积极的、正面的色彩意义，但这并不适用于汉语被动句的整体范畴，只是在某种条件下适用。当施方（N_1）、受方（N_2）均为表示人的名词时，在三价动词构成的施受类型下，汉语被动句多数不能表达积极色彩，因此在表达积极、正面的色彩意义时，一般没有被动表述。

我们可以通过下面的句式变换比较该类被动表述在汉语和日语中的差别。

（汉）a N_1 V N_2 T ⇄ b. N_2 得到 N_1 V 的 T ⇸ c. N_2 被 N_1 V T

（日）a′. N_1 ha N_2 ni T wo V ⇄ b′. N_2 ha N_1 ni T wo V - temorau.

⇄ c′. N_2 ha N_1 ni T wo V rareru.

在这个施受句变换式中，汉语的句式 a 和日语的句式 a′是对应句式，为施动主动句；句式 b 和句式 b′是对应句式，为受惠主动句。但句式 c 与日语的句式 c′没有语言间的对应性，因为 c 与 c′虽然都是被动句，但日语的 c′式和 a′、b′式表达同一事件结构，存在互相变换的关系，但汉语中 c 式与 a、b 式不可以变换，这样得出 c 不对应于 c′。这个不对应性就是语义色彩的差异，即 c′有积极受益的语义色彩，而 c 没有。

从对比等级看，日语被动句有符合施受表达形式的积极语义色彩，而汉语“被”字句则没有。从难度等级看，被动句属于第三级。只要日本留学生注意汉语被动句的色彩意义，就可以克服母语语义色彩所造成的干扰。

第三节　比较句

本节对比汉语和日语的比较句，分析日语母语者在学习汉语比较句时的偏误。

一、度量差比较句

1. 模糊度量

在表示两者差异较大时，汉语用程度补语“得多”、“多了”、“很多”，放在谓语后。日语用副词“ずっと”，放在谓语前。如：

(79) 汉语：我比你高得多。

日语：わたし　は　あなた　より　ずっと　高い。

词译：我（提示助词）　你　　比　　　很　　　高

“ずっと”表示程度时一般多用于比较句，表示被比较项和比较项之间差异很大。但是也可用于非比较句，如“ずっと昔から（很久以前）”。另一个绝对程度副词“とても”更常用于非比较句里，常可译成汉语的“很”，如“とてもきれい（非常漂亮）、とてもやさしい（非常温柔）”。但是“とても”也同样可以出现在比较句中，如例（79）的“ずっと”也可用“とても”代替。因此日本学生会把例（79）说成：

(79′) ＊我比你很高。

在表示两者差异较小时，汉语用补语“一点儿”、“一些”，放在谓语后，或用副词“稍”、“稍微”。副词放在谓语前，通常和补语共现。日语用

副词“すこし”、“ちょっと”，放在谓语前。如：

（80）汉语：我比你（稍微）高一点儿。

日语：わたし　は　あなた　より　すこし　高い。

词译：我（提示助词）　你　比　一点儿　高

但是由于“すこし”、“ちょっと”又可以相当于汉语的“有点儿”，如すこし熱い（有点儿热）、ちょっと難しい（有点儿难）。而汉语的“有点儿”是不能用于比较句中的。因此日本学生受母语的影响，会把例（80）说成：

（80′）＊我比你有点儿高。

2. 明确度量

在用具体数字说明两者差异时，汉语、日语都用数量词。但是，汉语把数量词放在谓语后，日语把它放在谓语前。如：

（81）汉语：我比你高10公分。

日语：わたし　は　あなた　より　10センチ　高い。

词译：我（提示助词）　你　比　10公分　高

因为日语和汉语表度量的词语的位置不同，日本学生会生成下列病句；

（82）＊韩国的面积比日本的一点儿小。（中级）

（83）＊1995年的工资比2005年的工资1000元少。（初级）

上面例句应改为：

（82′）韩国的面积比日本小一点儿。

（83′）1995年的工资比2005年少1000元。

二、比较项与被比较项

汉语“比”字句的基本句型是：被比较项＋比＋比较项＋结论项。

日语的比较句有两种：

①有题：被比较项＋は＋比较项＋より＋结论项

有题句被比较项后面的“は”是“提示助词”，有提示主题的功能。因为“被比较项＋は”表示主题，一般都放在句子开头。“より”是格助词，意思相当于汉语的“比”，与汉语不同的是：它在比较项后边。

（84）汉语：你比我漂亮。

日语：あなた　は	わたし　より　きれい。
词译：你（助词）	我　比　漂亮
（主题）	（说明）

“あなた は（你）”是主题，一般都在句头，“わたし より きれい（比我漂亮）”是关于主题的说明。

②无题：1）被比较项＋（の）ほう＋が＋比较项＋より＋结论项

2）比较项＋より＋被比较项＋（の）ほう＋が＋结论项

无题句被比较项后面的“が”是“主格助词”，表示做出动作、产生作用的人或其他事物，也可表示具有某种属性的事物。“名词（结构）＋主格助词”构成“主格补语”。日语比较句的标志“より”表示比较的基准。“名词＋比较格助词”构成“比较格补语”。它们是和带有其他“格助词”的几种“补语”有并列关系的一种成分，在句子结构上只有补充谓语的功能。

（85）汉语：“你比我漂亮。”

1）日语：あなた　のほう　が　わたし　より　きれい。

你　的一方　我　比　漂亮

（主格补语）（比较格补语）（谓语）

由于两个补语是并列关系，它们的位置可以替换。

2）日语：わたし　より　あなた　のほう　が　きれい。

我　比　你　的一方　漂亮

（比较格补语）（主格补语）（谓语）

无题句2）的语序看起来跟汉语的句型一样，只是被比较项和比较项的顺序相反而已。试比较：

汉语：你　比　我　漂亮。

被比较项＋比＋比较项＋结论项

日语：わたし　より　あなた　のほう　が　きれい。

比较项＋より＋被比较项＋のほう＋が＋结论项

因此，还没完全掌握“比”字句的初学者可能会受日语无题句2）的影响，产生下列病句：

（86）＊刚刚来中国的时候比现在听得懂得多。（初级）

（87）＊以前的工资比现在增加了一倍。（初三）

他们要表达的意思应该是：

（86′）现在比刚刚来中国的时候听力进步多了。

（87′）现在的工资比以前增加了一倍。

三、结论项为动词

汉语“比”字句的谓语可以使用表心理活动的动词，放在比较项后面。有的动词后面还可以带宾语：

被比较项＋比＋比较项＋表心理活动的动词（＋宾语）

日语中表心理活动的动词或形容动词同样可以成为谓语，如果带宾语，也放在动词前面。

有题：被比较项＋は＋比较项＋より（＋宾语＋助词）＋动词/形容动词

无题：被比较项＋（の）ほう＋が＋比较项＋より（＋宾语＋助词）＋动词/形容动词

例如：

（88）汉语：哥哥比我喜欢小狗儿。

日语：兄　は　私　より　犬　が　好きです＊。

词译：哥（助词）我　比　小狗（助词）喜欢

＊“好き”为形容动词，用“が”来引出喜欢的对象。

日语表能力、愿望的动词/动词词组（动词＋助动词）、表心理活动的动词/形容动词做谓语时，可以拿两个宾语来比较。汉语则不行，要用介词短语把宾语提到主语前。如：

（89）汉语：跟猫比起来，哥哥更喜欢狗。

日语：兄 は 猫 より 犬（のほう）が 好き。

词译：哥（助词） |猫 比 狗 的一方（助词）喜欢

（比较项） （被比较项） （结论项）

（主格补语） （比较格补语） （谓语）

（主题）| （说明）

对比例（88）（89）可知，在日语中比较主语和比较意念上的宾语是可以用同一种句式的。因为日语的“兄（哥哥）”是作为话题引出的，后边接的是提示助词。“好き（喜欢）”是形容动词，不可以带宾语，因此两个句子连体词“犬（狗）”后边所接的助词都一样是主格助词“が”。日本学生通常不会意识到例（88）和（89）比较的成分有何不同，两个句子虽然深层结构不同，但是表层结构完全相同，因此日本学生会把例（89）说成：

（89′）a. ＊哥哥喜欢狗比猫。（初级）

b. ＊哥哥犬比猫喜欢得多。（初级）

c. ＊哥哥比猫更喜欢狗。（中四）

如果换一个动词短语，结构可能有所改变，如果主语和宾语都是人时，还会有歧义。如：

（90）汉语：和美国比起来，我更想去加拿大。

日语：わたし は アメリカ より カナダ（のほう）へ 行き たい。

词译：我（助词） 美国 比 加拿大 的一方（助词）去（助动词・表愿望）

（91）汉语：A. 爸爸比妈妈更相信我。B. 跟妈妈相比，爸爸更相信我。

日语：父は 母 より 私を 信じている。

词译：爸爸（助）妈妈比 我（助）相信（助动）

例（90）的“行きたい”是自动词“行く（去）”的连用形后接表愿望的

助动词“たい”，前边的“カナダ（加拿大）”是补语。此句没有歧义，因为美国和加拿大是同类，都是国家，要比较的是这两项。而例（91）汉语比较主语和比较宾语或意念上的宾语在日语里都可以用同一个句式。这里的“信じている”是他动词“信じる（相信）”后接助词“て”再接补助动词“いる（表示动作的持续）”。前边的“私（我）”是宾语，主题是“父（父亲）”，比较项是“母（母亲）”，被比较项有可能是“父”，也有可能是“私”，因此有歧义。如果是A句的意思，即比较主语，日本学生一般不会出现偏误。但如果他们要表达例（90）或例（91）B句的汉语意思时，通常就会说：

（92）＊我比美国想去加拿大。

（93）＊爸爸相信我比妈妈。

或者要表达例（91）B句的意思却错用了（91）A句的形式。

汉语在比较动词的宾语时，应该用介词结构把宾语提到主语前边，可用以下句式：

（a）比起＋A，S＋更＋VP＋B

（b）跟A比起来/相比，S＋更＋VP＋B

当结论项为动词时，日语的一种句式等于汉语的两种甚至多种句式，按照难度等级分类，应为最高的六级，因此是最有可能出现偏误的。

四、状语与补语

带情态补语的一般动词可以做“比”字句的谓语，汉语的述补结构在日语里通常可以用主谓结构来表达。日语动词后面的“の”叫“形式名词”，使动词变为名词，再加主格助词“が”构成主语。

（94）汉语：我比你唱得好。

日语：わたしは　あなた　より　歌う　の　が　じょうずです。

词译：我（助词）　你　比　唱（形式名词）（主格助词）　好

主　　　谓

（95）汉语：我比你起得早。

日语：わたし　は　あなた　より　起きる　の　が　早い。
词译：我（助词）　你　比　起（形式名词）（主格助词）早
主　　　　　谓

因为汉日的结论项有很大的区别，所以没掌握好述补结构的初学者很难把日语的主谓结构和汉语的述补结构对应起来，于是，他们可能会把日语的结构（名词性动词+形容词）类推到汉语“比”字句上，造出下面的病句：

（96）＊我比你唱好。

（97）＊我比你起早。

日语比较句的结论项可以出现度量词，模糊度量、明确度量都可以，而且都在谓词前。汉语则比较复杂，有模糊度量的话，要放在情态补语后边。但是有明确度量时，不能再用情态补语。请对比：

（98）汉语：我比你起得早一点。
日语：わたしは　あなた　より　起きるの　が　すこし早い。
词译：我（助词）　你　比　起（形式名词）（助词）一点　早

（99）汉语：我比你早起两个小时。
日语：わたしは　あなた　より　起きる　のが　二時間 早い。
词译：我（助词）　你　比　起（形式名词）（助词）两个小时早

例（99）的日语还有另一种表达形式，即不用主谓结构，而像汉语一样用状中结构，不同的是日语的度量词要位于状中结构前。

（100）汉语：我比你早起两个小时。
日语：わたし　は　あなた　より　二時間　早く　起きる。
词译：　我（助词）　你　　比　两个小时 早　起

在比较句中，汉语形容词“早”“晚”“多”“少”等既可以作状语，也可以作补语。作状语时，它所修饰的动词后通常有数量补语；作补语时，动词和这类形容词之间一般需要有“得”，形容词后边就不能有明确度量，但可以有模糊度量。由于这类比较句语法限制太多，留学生内化的过程自然要延长，于是很容易形成偏误，而且偏误会延续到中高级班。如：

（101）＊张波比陈民起来起得早两个小时。（一班）

（102） *张波比陈民两个小时起得早。（中级）

（103） *陈民比张波起床起得晚两个小时。（高级）

汉语的比较句对于日本学习者来说属于认知难度不大的语言项，但是因为两种语言之间存在一些句法结构和句法限制的细微差别，构成了决定性相似度，语际偏误自然也就不可避免。

参考文献

北京对外经济贸易大学　北京商务印书馆　小学馆编　日中词典　小学馆　2002
大连外国语学院　新日汉词典编写组编　新日汉词典　辽宁人民出版社　1986
房玉清　实用汉语语法　北京语言学院出版社　1994
富阪容子　流畅日语会话　大连理工大学出版社　2000
侯学超　现代汉语虚词词典　北京大学出版社　1999
黄伯荣　廖序东　现代汉语（第三版）　高等教育出版社　2002
李临定　中国語文法概論　（日）光生館　1993
刘慧英　小议“比”字句内比较项的不对称结构　汉语学习　1992（5）
刘月华等　实用现代汉语语法　商务印书馆　2001
吕叔湘　现代汉语八百词（增订本）　商务印书馆　1999
马　真　“比”字句内比较项Y的替换规律试探　中国语文　1986（2）
杉村博文　从日语的角度看汉语的被动句　语言文字与应用　2003
杉村博文　遭遇と達成——中国語被動文の感情的色彩　日本語と中国語の対照研究
邵敬敏　“比”字句替换规律刍议　中国语文　1990（6）
寺村秀夫　日本語のシンタクスと意味　くろしお出版　1982
寺村秀夫　日本語のシンタクスと意味（Ⅲ）　くろしお出版　1991
水野義道　「更」と「もっと」をめぐって　日本語と中国語の対照研究　1984（9）
王顺洪　二十年来中国的汉日语言对比研究　语言教学与研究　2003（1）
吴福祥　试说“X不比Y·Z”的语用功能　中国语文　2004（3）
又　宁　现代汉语中两种主要的比较句的分析　语文研究　1995（3）
相原茂　汉语比较句的两种否定形式——“不比”型和“没有”型　语言教学与研究　1992（3）
奥田寛　日・中両国語の比較文——おもにその比較成分のあらわれかたをめぐって　日本語と中国語の対照研究論文集　くろしお出版　1992
小野秀樹　中国語の比較文——“比字句”の意味と構造をめぐって　中国語学　1998（245）
益岡隆志　田窪行則　基礎日本語文法（改訂版）　くろしお出版　1992
佐野由紀子　比較に関わる程度副詞について　国語学　1998（195）

原由紀子　“总”——修飾成分とは異なるものとして　日本語と中国語の対照研究　1986（11）
张　斌主编　现代汉语虚词　华东师范大学出版社　2000
张　斌主编　现代汉语虚词词典　商务印书馆　2001
张宏胜　从汉维语的对比中看句首介词“在”的省略　语言与翻译　1996（3）
周小兵　留学生汉语病句分析　中山大学留学生选修课教材　1990
周小兵　李海鸥主编　对外汉语教学入门　中山大学出版社　2004
朱万清　新日本语语法　外语教学与研究出版社　1992

第六章
韩语母语者的偏误

第一节　常见偏误

韩国学习者在学习汉语时，由于母语的负迁移，会生成一些与欧美学习者不同的偏误，尤其是在初级阶段。

一、实词偏误

1. 实词的混用

有些词在汉语里不算是近义词，可是翻译成韩语就成了近义词，甚至是同一个词，即韩语的一个词对应汉语的两个词。如：있다—有/在、시간—时间/小时。有的词在汉语和韩语中的意义有交叉，但语法功能不一样，韩国学习者会把这些词与韩语汉字词等同看待。如：원인/이유—原因/理由、흥취/관심—兴趣/关心。有的词在韩语和汉语中同形异义，如 ：气氛기분—心情，氛围气분위기—气氛，教育교육—教学。韩国学生搞不清这些词的韩汉区别，受韩语影响，使用汉语时常出现下列偏误：

注：本章的例句都选自韩国檀国大学中文系三、四年级的学生作业或课堂发言，还有中山大学的语言进修生的作业等。

（1）＊伟立回房，房间里有建国。（伟立回房时，建国在房间里。）

（2）＊张老师不在，办公室里在助教。（张老师不在，助教在办公室。）

这些句子的正确表达翻译成韩语分别是：

（1′）伟立가 방으로 돌아갔을 때，방에 建国는 있었다.

词译：伟立（尾）房间（尾） 回 时 房（尾）建国（尾） 在（尾）①

（2′）张선생님은 안계시고，사무실에 조교가 있었다.

词译：张老师（尾）不在（尾）办公室（尾） 助教（尾） 在（尾）

从例（1′）、（2′）可以知道，韩语的语序是："……房间里建国有/在"、"……办公室里助教在/有"。韩国学习者一开始接触汉语时便知道汉语是SVO式，因此，他们会注意把动词放在宾语的前面。但是汉语的"有"和"在"（表示存在）在韩语里都用同一个动词"있다"（"있었다"为"있다"的过去式），虽然前边的名词词尾不同，分别为主格词尾가/이、位格词尾에，如"사무실이 있다"、"사무실에 있다"应分别译为"有办公室、在办公室"，但这些词尾在汉语没有对应的语言项，意义非常虚，学生常常会忽略它们之间的差别。它们什么时候与"有"对应，什么时候与"在"对应，对于初学者来说并不是那么容易掌握的。另外，汉语"在"后边一般出现的是场所，"有"后边出现的是人或者事物，而且一般是不确指的。而韩语的"있다"前出现的人或事物既可以是确指的，也可以是不确指的。这些差异都是造成韩国学习者出现例（1）、（2）偏误的原因。

韩语的汉字词"时间（시）"涵盖了汉语"小时"和"时间"两个意思，因此韩国学生有时候在该用"时间"时误用了"小时"，或者该用"小时"时却误用了"时间"。如：

（3）＊十二时间，他一直学了法国语。（正：十二个小时，他一直在学法语。）

（4）＊所以我决定看电视的时候，用一个小时以下，而且比长的小时学

① 本文的"（尾）"指韩语词尾。

习中文。(正：所以我决定看电视的时候，用一个小时以下，而且比学习中文的时间长。)

这两个句子里，韩语的正确表达是这样的：

(3′) 12 시간 동안 그는 줄곧 불어를 공부하고 있다.

词译:12 时间 期间 他(尾) 一直 法语(尾)学习(尾) 在

(4′) 따라서 내가 TV 를 보겠다고 결정했을 때, 한시간 이내로

词译:所以 我(尾)电视(尾)看(尾)决定(尾) 时 一时间 以内(尾)

그리고 중국어를 학습하는 시간보다 길다.

词译：而且 汉语（尾）学习（尾）时间 比 长

汉语的“理由”是事情为什么这样做或那样做的道理，而韩语的汉字词“理由（이유)”则包括汉语“原因、理由”两个义项。韩语的“原因(원인)”一般只用于书面语或郑重的场合。韩国学习者常会在该用“原因”的时候却错用了“理由”。以下的“理由”都应改为“原因”。

(5) *助教说脸色不好的理由是天天开夜车。(正：助教说脸色不好的原因是天天开车。)

(6) *因为伟立错的理由是由于自己不小心。(正：因为伟立出错的原因是自己不小心。)

(7) *建国生气的理由是今天的考试考得不好。(正：建国生气的原因是今天的考试考得不好。)

上面几个句子韩语都既可以用“이유（理由)”，也可以用“원인（原因)”，因此他们会误以为汉语的“理由”、“原因”也是同义词。不过另一方面，来自母语的正迁移使他们可正确使用汉语的“理由”，例如：“他没有理由不生气”，韩语也用“이유（理由)”。

汉语“关心”是动词，且有“重视和爱护”的意思，而韩语的汉字词“关心”有跟汉语同样的意思，例如如果要说“校长不关心他”，韩语应该是“교장은 그에게 관심이 없다（词译为“校长他关心没有”)。但是韩语“관심이 있다”（直译为“有关心”）还有“有兴趣”的意思。所以韩国人

常会把“没兴趣”说成“没关心”。如:

(8) *校长对这样的事情没有关心，你别浪费时间了。(校长对这样的事情没有兴趣，你别浪费时间了。)

因为韩语中正确的句子是这样表达的:

(8′) 교장은 이런일에 대해 관심이 없으니 너는

词译: 校长(尾) 这事 对 关心(尾) 没有(尾)你(尾)

시간낭비하지 말거라

时间浪费 不要

韩语的汉字词“气氛 (기분)”是汉语的“心情”，而汉语的“气氛”译成韩语应该是“氛围气 (분위기)”。韩语的“教育 (교육)”则包括了汉语“教学”的意思。韩国学习者由于望文生义，错把韩语的汉字词的语义套用到汉语上。初级阶段的韩国学习者特别容易出错。例如:

(9) *伟立以为他的气氛不太好。(正: 伟立以为他的心情不太好。)

(10) *我喜欢这个学校的氛围气。(正: 我喜欢这个学校的气氛。)

(11) *老师的化妆肯定是在教育方面能帮个忙。(正: 老师化妆肯定能对教学有帮助。)

2. 汉语借词的负迁移

韩语里有一些从汉语借用的词，其语义与汉语有交叉，或者语义几乎相同，可是使用的场合、范围不同，或者句法功能不同。如“친절하다 (亲切)”可以用来形容人的性格或态度，“발표하다 (发表)”可用于课堂上或大会上宣读文章;“제출하다 (提出)”的宾语可以是“作业”;“창고 (仓库)”可以是家里的储藏室;“인상 (印象)”虽然有跟汉语同样的义项，但是句法要求不同;“필요하다 (必要)”是动词。学生如果不了解这些差异，只是从词典里看到汉语跟韩语的解释差不多的话，就很可能用韩语语义句法规则代替汉语的语义句法规则。如:

(12) *他性格亲切。(正: 他性情温和。/他对人很和气。)

(13) *明天我要发表，我很紧张。(正: 明天我要发言，所以很紧张。)

(14) *张老师不在，所以给助教提出作业。(正: 张老师不在，所以把作业交给助教了。)

(15) *我们家有一个仓库，我小孩子的时候常常进去玩儿了。(正：我们家有个储藏室，我小时候常进去玩儿。)

(16) *昨天你见面我的朋友，他的印象很好吧？(正：昨天你见到我朋友了，他给你的印象很好吧？)

(17) *除了女老师外，每个人都必要有点的打扮。(正：除了女老师外，其他人也需要打扮一下。)

(18) *除了留学以外，还必要我的努力。(正：除了留学，还需要自己的努力。)

汉语的“亲切”可以做谓语、状语或定语，表示“亲近、亲密”，如“家乡的一草一木都让我觉得非常亲切”；还可以形容热情而关心，如“老师亲切的教导”、“领导亲切地会见了当地的留学生”。与韩语不同的是，“亲切”一般不用来形容人的性格，韩汉语用的这种差异是造成学习者造出例（12）偏误的原因。汉语的“发表”一般指的是在报刊上登载文章，韩国学习者则经常会把“发表”用于课堂上的发言或大会上宣读论文，如例（13）。汉语的“提出”一般与“问题、建议、意见、看法”等搭配，不与“作业”搭配，韩国学习者常会说“*提出作业”，如例（14）。汉语的“仓库”是储存大批粮食或物资的建筑物。例（15）让人以为他们家是大财主，拥有一个仓库，殊不知只是小小的储藏室。“印象”在韩语里虽然也是“客观事物在人的头脑里留下的迹象”的意思，但汉语一般要说“对……的印象”或“……给……的印象”，例（16）用韩语可以说：

(16′) 어제 너는 내 친구를 만났는데, 그의 인상이 매우 좋았니?

词译：昨天 你(尾)我 朋友(尾)见(尾)他(尾)印象(尾)很 好 吧

从例（16′）的词译可知，韩语“그（他）”后面的词尾“의”是属格词尾，大致可与汉语表示所属的“的”对应，因此韩国学生就造出例（16）这样的句子来了，应改为“你对他的印象很好吧”，或者“他给你的印象很好吧”。韩语的汉字词“必要”（필요）加上“하다”可以是动词，而汉语的“必要”只能是形容词或名词，不是动词。韩国学生受母语负迁移的影

响，会造出例（17）、（18）这样的错句，原因在于韩语是这样说的：

（17′）여선생님외에，모두 분장이 필요하다.

词译：女老师 外（尾）每人化妆（尾）必要

（18′）유학외에 또한 내 노력이 필요하다.

词译：留学外（尾）还 我 努力（尾）必要

例（12）-（18）中的“亲切、发表、提出、仓库、印象、必要”不符合汉语的分布规则，或者把它们的语义范围扩大了，或者句法功能改变了。

3. 动词“是”的遗漏

汉语的“是”常跟韩语“~는~이다”对应，但是汉语的名词谓语句不用“是”，译成韩语也是“~는~이다”。而用于强调的“是”，却又不与韩语的“~는~이다”对应。于是韩国学习者就会无所适从，不知何时该用“是”，何时不该用“是”，因此常常采用回避策略，把“是”漏掉。例如：

（19）*电视有的时候老师，有的时候朋友。（正：电视有的时候是老师，有的时候是朋友。）

（20）*他们俩长得很像，说不定真的兄弟俩。（正：他们俩长得很像，说不定真的是兄弟俩。）

（21）*简直我的好汉语老师。（正：简直是我学汉语的好老师。）

（22）*我才知道看电视学汉语一种好的方法。（正：我才知道看电视是学汉语的一种好方法。）

还有一种情况是当形容词或形容词短语做定语时，韩国学生往往会漏掉系动词“是”。

例如：

（23）*她很幽默乐观的人。

（24）*她很漂亮也很可爱的朋友，所以大家都喜欢她。

（25）*我想我幸福人，因为在恩和明玉真好朋友。

这大概是因为老师在上课时曾经反复强调形容词做谓语时不需用“是”，学生记住了。可是他们却忘了这是做定语了。用认知语言学的观点

解释的话，当语言活动认知难度大，第二语言学习者的注意力大多放在非语言点上。另一个原因也许是因为韩语的“~는~이다”有时与汉语的“是”相对应，有时则不对应。学生们不知道何时对应，何时不对应，因此常常采用回避策略，把“是”省略掉。例（23）-（25）应加上“是”或者改成形容词谓语句：

（23′）她是很幽默乐观的人。/她很幽默乐观。

（24′）她是又漂亮又可爱的朋友，所以大家都喜欢她。/她又漂亮又可爱。所以大家都喜欢她。

（25′）我想我是一个很幸福的人，因为在恩和明玉是我真正的好朋友。/我想我很幸福，因为在恩和明玉是我真正的好朋友。

二、虚词偏误

1. 助词的误加

汉语的语气助词“了”用在形容词或表示心理状态的动词后时表示状态发生改变。表示过去经常发生的情况或形容词、心理动词不表示状态发生改变时一般就不需要用“了”。可是有的韩国学生往往把韩语的过去时态与汉语的“了”等同起来，凡是韩语有过去时制词尾“았、었、였”的地方，翻译成汉语时都用上“了”，于是常会造成助词“了”的误加。例如：

（26）＊从小时候，我爸爸的公司很忙，我妈妈真的辛苦了。（正：小时候，我爸爸的公司很忙，我妈妈真的很辛苦。）

（27）＊我刚来的时候，中国语说得不好了。（正：我刚来的时候，中国语说得不好。）

（28）＊我小时候我的爸爸和妈妈一起的时间没有了，所以无聊了。（正：我小时候我爸爸和妈妈没有在一起的时间，所以很无聊。）

（29）＊我在韩国时经常看电视了。（正：我在韩国时经常看电视。）

（30）＊去年去了中国的时候，我妈妈很担心我了。（正：去年去中国的时候，我妈妈很担心我。）

例（26）-（28）中的“辛苦、好、无聊”都是形容词，这几例都不表示状态发生变化。例（29）是过去经常性的动作行为，不用“了”。例（30）的“担心”是心理动词，在此例也不表示变化，不能用“了”。但这些词语译成韩语都要用过去时态，所以韩国学习者受母语的干扰，不该用“了”时也加上了“了”。例（26）－（30）韩语的正确表达是这样的：

（26′）어렸을 때, 우리 아빠의 회사는 매우 바빠서 우리 엄마는 매우 고생하셨다.

词译：年幼(尾)时我们　爸爸(尾)公司(尾)很忙(尾)我们妈妈(尾)很辛苦(尾)

（27′）내가 막 왔을　때, 중국어를 잘 못<u>했</u>다.

词译：我（尾）刚来（尾）时　汉语（尾）好没做

（28′）내가　어렸을　때 우리 아빠 엄마와　같이 있는 시간이　없어.

词译：我（尾）幼年（尾）时　我们　爸爸妈妈（尾）一起　在（尾）时间（尾）没（尾）

매우 심심<u>했</u>다.

很　无聊（尾）

（29′）내가　한국에　있을　때 자주 TV를　보<u>았</u>다.

词译：我（尾）韩国（尾）在（尾）时　常　电视（尾）看（尾）

（30′）작년　중국에　갔을　때 우리 엄마는　매우 나를 걱정하<u>셨</u>다.

词译：去年　中国(尾)去(尾) 时　我们　妈妈(尾)很　我(尾)担心(尾)

上面的这些例句画线的词语都是用了过去时制词尾的，有的是过去时制词尾再加上尊敬词尾，有的因为音变或合音而词形稍有不同。因此我们可以知道韩国学生是受母语这些过去时制词尾的负迁移影响而造出例（26）－（30）这些句子的。

2. 介词的滥用

韩语是黏着语，几乎每一个体词后都带一个词尾。而汉语介词的语法意义有时跟韩语的词尾相当。根据心理学理论，第二语言学习者在熟练掌握目的语之前，一般会在大脑中进行从母语到目的语语码的转换，而在转换的过程中，一般有一个把词语从母语到目的语逐个转换的过程。韩国学习者会把某些有时与韩语语法意义相当的汉语介词硬加进本不需使用介词的汉语语句中，或生造一些介词结构来代替汉语的宾语，造成介词的误加。例如：

（31）＊伟立去了系办公室为了（～위하여）提出作业。（正：伟立去系办公室交作业。）

（32）＊他们谈了对（～에대해서）学习方法。（正：他们讨论了学习方法。）

（33）＊伟立对（～에게）他忠告平常要多看书。（正：伟立忠告他平常要多看书。）

（34）＊他对（～에게）张老师问为什么要扣两分。（正：他问张老师为什么要扣两分。）

（35）＊因为我们不知道好吃的中国菜，所以我们给（～에게）老师问了好吃的中国菜。（正：因为我们不知道什么是好吃的中国菜，所以去问老师。）

例（31）-（32）分别误加了介词“为了、对”，应删去。例（33）-（35）则是错用介词结构来代替“忠告、问”的宾语，应把介词删去，把宾语移至动词后。

三、语序颠倒

韩语的基本语序是SOV，已经有一定汉语基础的韩国学生一般不会把谓语和宾语的位置搞错，语序的颠倒一般出现在其他成分之间。

1. 连动句

韩国学生常把连动句的动词顺序搞错，尤其是当一个动作为另一动作的目的时，按照韩语的语序是应该把表示目的的动词放在前面，于是韩国学生会造出以下病句：

（36）＊他找老师去办公室。（正：他去办公室找老师。）

(37) *伟力找去教授。(正：伟立去找教授。)

因为韩语是这样表达的：

(36′) 그는 선생님을 찾으러 사무실에 갔다.

词译：他（词尾）老师（词尾）找（词尾）办公室（词尾）去

(37′) 위력은 교수를 찾으러 갔다.

词译：伟力（词尾）教授（词尾）找（词尾）去

根据戴浩一（1988）的时间顺序原则，汉语的语序是按照事件发生的先后次序来排列的。用认知语言学的观点解释，我们可以说汉语遵循了顺序象似性原则。而韩语同样也遵循顺序象似性原则，只不过它不以动作实现的显性时间为顺序，而是以动作行为（包括心理活动）的出现先后为顺序，即先有目的才有行动，因此句法上就反映出这种顺序。

2. 数量补语

韩国学生常错把数量补语放在动词前，因为韩语的动词是在最后的。按照韩国学生的思维定式，他们会习惯性地把数量补语置于动词前。尤其是初学者，这样的惯性思维会持续一段时间。如：

(38) *他在饭馆四年工作了。(正：他在饭馆工作了四年。)

(39) *中国菜比较油腻，但几次吃了以后习惯了。(正：中国菜比较油腻，但吃过几次以后就习惯了。)

(40) *从起到睡，一般人平均多长时间看电视？(正：从起床到上床睡觉，一般人平均看多长时间的电视？)

(41) *半年学习汉语以后一点点看懂。(正：学习汉语半年以后能看懂一点了。)

3. 主谓结构

有时候汉语需要用主谓结构表达，而韩语里则是用偏正结构，因此，韩国学生会按照韩语的结构方式排列汉语，造成汉语语序的颠倒。如：

(42) *这件事对我很大的压力。(这件事对我压力很大/这件事给我很大的压力。)

因为韩语是这样表达的：

(42′) 이 일은　내게　매우 큰 스트레스를　주는 것이다.

词译：这 事（尾）我（尾）很　大　压力（尾）给（尾）（助词）

上例韩语中的“내（我）”后边的词尾“게”是与格词尾，与汉语的介词“对”的语法意义相当，因此，韩国学习者会生成例（42）的偏误。其实如果注意到后边的“주는것이다”，就不应该出错，因为韩语也用“주다（给予）”这个动词加一个词尾“는”，“것”是不完全名词，即具有使动词名词化的功能，最后的“이다”是助动词，如果把韩语直译为汉语“给我很大的压力”就是正确的汉语句子，但是学习者却只注意到那些给他们印象深刻的语言项。也许因为交际的需要，“게”对学习者来说是需要最先学会转换成汉语语码的语素，它的语法意义已经在他们的大脑中打下了深深的烙印，当他们在遇到此类语言项时，那些语法意义就会凸显出来，与之相应的第二语言词语随之立刻被他们从大脑中提取出来。由此我们可以得知，母语迁移的路径非常复杂，跟人类的认知有莫大的关系。有时候某些语言项的迁移会在“竞争中”打败对手，成为凸显项，继而优先被迁移。然而，除了早习得的语言项外，究竟还有何种因素使语言项成为母语迁移的“胜利者”的呢？这是值得重视和探索的问题。

第二节　韩汉量范畴表达差异引发的偏误

“很多”、“很少”和“一点（有点）”在初级阶段就学了，而且很常用，但是韩国学生在使用时却经常出错。如：“＊很多有跟自然亲近的机会。”、“＊他比我很高。”、“＊他有很少机会出去旅游。”、“＊我一点矮。”等。有些中高级阶段的韩国学生在不注意的时候，依然会犯这些错误。本节将对汉语中的“（很）多”、“（很）少”、“一点”和韩语的对应词作语义和功能上的对比分析，希望从中找出造成这些偏误的原因。

一、韩语“많다、많이”和汉语“多①”

（43）＊我父母年纪比你父母多。

正：我父母年纪比你父母大。

韩语中的“많다”（形容词）可以表示“数量多”，也可表示“年岁大”。例：

（43′）부무님은 연세가　많은데　모두 건강하십나(니)다.

词译：父母　年岁（主格）　多（转折词尾）都　健康

意译：父母岁数虽大，身体都还健康。

韩语的“많다”和汉语的“多”基本的认知意义都是“数量大”，但它们在认知隐喻中的范围和轨迹并不相同，所以并非所有义项和所能搭配的对象都一一对应。韩语说“年岁多”，汉语说“岁数大”。这种偏误在初级阶段有时出现，但延续时间不长，多出现在随意语体中。

（44）＊很多有跟自然亲近的机会。

正：有很多跟自然亲近的机会。

（45）＊现在我住的番禺市祈福新村哪（那）边很多住韩国人。

正：现在我住的番禺市祈福新村哪（那）边住了很多韩国人。

（46）＊我觉得在韩国开这种早餐厅好像很多挣钱。

正：我觉得在韩国开这种早餐厅应该可以挣很多钱。

韩语“많다（多）”的副词形式“많이”可做状语，修饰动词，表示

---

① 汉语的“多”有多种词性：a. 数词，表不确定的零数。如“十多个人”、“一个多月”；b. 动词，表超出原有或就有的数量或限度。如：“多的钱怎么处置?”、“多了一倍”；c. 形容词，表数量大。如“钱很多”。前两种不在本节讨论之列。本节只讨论“多”为形容词表数量大的情况，这时“多”与韩语“많다/많이”相对应。朱德熙等（1982）曾指出“很多”有时相当于数量短语，具代词性，但具代词性的“很多”的“多”依然应视为形容词，而非数词。

动作所引起的宾语对象的数量很多。这种形式对应到汉语的情况很复杂，可译为“多、很、很多”，表示多种意思。

汉语的“多”也可做状语，修饰动词或动词重叠形式，但多用于未然，含祈使意味。如“多想、多想想、多学习、多学习学习”。韩语中“많이”没有这一限制，既可表示未然，也可以表示已然；既可表示祈使意味，也可表示非祈使意味。例：

(47) 많이 도와 주세요.

词译：多 帮助 给

意译：请多帮助。

(48) 많이 도와 주셔 서, 감사합니다.

词译：多 帮助 给 表原因 感谢

意译：你帮了我很多，谢谢。

例（47）可直接对译为“请多帮助”。例（48）就不能直译为“＊你多帮了我，谢谢”。

表示已然或非祈使意义的“많이＋V”，汉语中多用“V＋很多＋宾语”或“V＋得＋很多”的形式，如：

(49) 그는 돈을 많이 쓴다

词译：他（强调格） 钱（宾格） 多 花

意译：他花钱花得很多。（他花了很多钱。）

因为汉语中“多”很少单独做定语，所以许多韩国人将“많이”直接对应于“很多”。但“很多”不能做状语修饰动词，只能做定语修饰宾语，或做动词的补语。如：在表示未然的情况时：

(50) 말을 많이 할 필요가 많다

词译：话（宾格） 多 说 需要（主格） 没有

意译：不需要多说话。（不需要说很多话。）

可用“多”做状语，译为“不需要多说话”；如果要用“很多”，就不能译为“＊不需要很多说话”，只能将“很多”作为“话”的定语，译为

“不需要说很多话”。

在表示已然情况时，如例（49）可将“很多”作为宾语“钱”的定语，也可将其作为动词“花”的补语，但做补语的译法更接近韩语的原义，“很多”直接和动词“花”发生语法关系（述补），但意义上指向宾语“钱”，表示数量多。

汉语的“很多”还带有一定的体词性，可指代名词，与数量词的功能相当（朱德熙 1982）。如“韩国人很多（人）住在那里”、“买了很多（书）”等。韩语的“많다”和“많이”都没有这一功能。当“많이”修饰动词而宾语不出现时，汉语可译为“动词 + 宾语”（吃了很多），也可译为“动词 + 补语”（吃得很多），如：

（51）많이　　먹었어요.

词译：多　　吃（过去时）

意译：吃得很多。（吃了很多了。）

正因为汉语“多”与“很多”的用法较为复杂，与韩语“많이”不能一一对应，韩国学生往往直接套用韩语的规则，将“很多”直接放在状语的位置修饰动词，从而产生了例（44）-（46）的偏误。

（52）＊朋友们都对我很多好。

正：朋友们都对我很好。

（53）＊他比我很高。

正：他比我高得多（多了/很多）。/ 他比我更高。

（54）＊他（比去年）很高了。

正：他（比去年）高多了。/他（比去年）高了很多。

（55）＊他比我很多高。

正：他比我高得多（多了/很多）。/ 他比我更高。

韩语中的“많이”可修饰形容词，既可表绝对程度高也可表相对程度高。表示绝对程度高，如：

（56）많이 아프다.

词译：多　疼

意译：很疼。

“많이”表示绝对程度高，相当于“너무/아주”（韩语的“很”）。汉语中的“多”不能用于陈述句中表绝对程度高，这种情况必须转换为相应的绝对程度副词“很”、“挺”、“好”、“非常”等。（如用在形容词前是表示感叹或提问，如：“今天的天气多好啊！”“你多大？”）由于韩语中“많이”可表示绝对程度高，韩国学生又常将其对应于汉语的“很多”，因此会出现例（52）这样的偏误。

“많이”亦可表示相对程度高，如：

(57) 그는　（나보다）　키가　많이　크다.

词译：他　（我比）　个子　多　高

意译：他（比我）高得多（多了）。

(58) 그는　（전년보다）많이　컸어요.

词译：他　（去年比）　多　高了

意译：他（比去年）高多了。

韩语中的“많이”和汉语的“多”都可以表示相差程度高，区别有：

1）前者做状语，位于谓语的前面；后者是做补语，位于谓语的后面。

2）汉语有“VP＋得多/多了”两种形式：“VP＋得多”多表示他比（与其他对象比较）客观性强，如例（57）翻译：他（比我）高得多。“VP多了”既可表他比，也可表自比（同一对象不同时间、不同地点），主观意味浓，如例（57）翻译：“他（比我）高多了”和（58）。韩语的“많이”没有这一限制，其区别体现在时态上，现在时态可以翻译成“得多”、“多了”，如例（57），过去时态译成“多了”如例（58）。

3）“많이”更接近“아주”（很），在无时态变化且非比较句中时表示绝对程度义。韩语훨씬（“远”、“显著”的意思）更接近汉语中的“X＋得多/多了”中的“多”。

这反映出一方面韩语中程度和数量的界限模糊。除了专表程度的副词，

原义表示数量词的副词也常可用来表示程度，如“많다（多）、조금（一点）、약간（一些）”，也可用来表示“很”、“有点”、“有些”的意思。而汉语中分得比较清楚：“一点、一些”表示数量，“有点、有些”表示程度；“多”只在做补语时表示相对程度。

另一方面，韩语中绝对程度和相对程度的界限也很模糊。在单独使用时，有只表绝对程度的副词（如“너무/아주/매주”），有只表相对程度的副词（如“더/훨씬”），也有两者都可表达的副词（如“많이/조금/약간”）。两者皆可表达的多为数量副词。但在表比较的“보다”句中，这三类表示度量的词均可进入。如：

(59) 그는　　나보다　　아주(많이)　　크다.

词译：他　　我比　　很（多）　　大

意译：跟我比，他个子很高。

(60) 그는　　나보다　　키가　　훨씬　　크다.

词译：他　　我比　　个子　　远　　大

意译：他比我高多了。

而汉语中绝对程度副词（“很”、“非常”、“极”）和相对程度副词（“更”）泾渭分明。绝对程度副词不能出现在比字句中。表数量的形容词“多”以及数量短语“一点、一些”都只能做度量补语表示相对差量，不能表示绝对程度。

韩语中之所以会出现这样的情况，原因有二：

1）韩语无补语，只能用状语修饰谓语中心。“많다”（形容词“多”）变为副词形式“많다”后，在修饰形容词时，其数量特征弱化，语法功能突出，与绝对程度副词的语法功能接近；

“많다”（多）<“아주/매우”（很）<“너무”（太）<“너무(아주/매우) + 많이”(太多)，程度逐级增强。

2）韩语中有话题焦点标志“는（은）”，还有主格标志“가（이）”，可在一句中同现。韩语“보다”句泛比性较强，表现在：比较前项是话题，

用话题焦点标志“는”；比较的视点（有时不出现）是主语，用主格标志“가/이”；比较后项及比较标志（“보다”）直接与话题（比较前项）相关，而与主语和谓语部分的关系不直接。程度副词及其所修饰的谓语与主语“比较视点”的关系紧密，因此强调程度的意味强，强调差量的意味弱。所以“보다”句中绝对程度和相对程度区分不明确。如：

는가/이　　　　　　　　보다　　　　　　　　훨씬　크다.

比较前项（话题焦点标志）比较后项（比较标记）比较视点（主格标志）

词译：他　　　　　　我　　比　　　　个子　　　远　大

意译：他比我高多了。（他跟我相比，个子很高/个子高多了。）

这在汉语发展史上也是曾经存在过的现象，汉语的“比”字在虚化过程中曾出现过一种泛比句式“A 比 B，（A） Y”，结论项“Y”前就可出现绝对程度副词。后来“比”字句进一步分化，“A 比 B + Y”专用来表差比，程度副词细分为绝对程度和相对程度，差比句只能用相对程度成分；表泛比用“A 跟 B 比起来（相比），Y”，绝对程度和相对程度成分都可进入。

正因为这些原因，韩国学生在比字句中常混淆绝对程度副词“很”和相对程度补语“多”或“很多”，都将其置于状语的位置上。因此产生了例（53）-（55）这样的偏误。

二、韩语“적다”和汉语“少①”

（61）＊他有很少机会出去旅游。

正：他很少有机会出去旅游。

“적다”对应于汉语的“少”，但是因为汉语的“少”做谓语时，常与“多”对举，有比较义。如：“他的书少，我的书多。”非对举时习惯在“少”前加“很”等程度副词。如：“我的书很少。”因此韩国学生常将

① 汉语中的“少”有动词（如“少了两块钱”）和形容词（如“学生很少”）两种词性，此处只讨论形容词词性的“少”。

“적다”其等同为汉语的“很少”。

韩语的“적다”在做定语和谓语时与汉语没有太大区别。但在做状语时需在“적”后加上表方式的副词词尾게。汉语的“少”也可做状语，但与“多”做状语一样，多用于未然、含祈使意味的情况。韩语的“적게”没有这个限制，可用在多种时态和语境下。如：

(62) 옷 적게 사라.（表祈使、未然）

词译：衣服 少 买

意译：少买衣服。

(63) 비가 조금 왔다.（非祈使、已然）

词译：雨 少 来

意译：雨下得不大。（很少下雨。）

在不表祈使的情况下，韩语的“적게”可表数量少或频率低。如例(55′)是有歧义的，可以表示“雨下得不大”（表数量），也可以表示“很少下雨”（表频率）。在表数量少时可与“조금”互换，表频率低时则不可互换。如：

(64) 비가 조금 왔다.

词译：雨 一点 来

意译：下了一点雨。

汉语中“少”加上“很”修饰后的“很少”最基本的功能是做状语修饰动词，表示事情或动作发生的频率，但不能表示数量少的意思。如：

(65) 我很少运动。（做状语表频率，意为不经常）

汉语的“少”和“很少”只有在作补语时才可以既表示数量少又表示动作频率低。如：

(66) 她在苏州有一个儿子叫马太伯，书读得很多，钱拿得[很少]，每天还要喝两杯茶，抽一包烟。（出处：享福《小巷人物志》之二十二(1)）（表数量）

(67) 我们有一些关系单位，现在不允许公款消费，他们来得[很少]

了。(表频率)

由于韩国学生多将“적다”对应于“很少”，但是这二者在做状语时，“적게”可表示数量少和频率低两种意思，而“很少”只能表示频率低这一种意思，如要表示数量少要将“很少”转化为补语形式。也就是说韩语中的一种形式（状语位表数量少和频率低）在汉语中分裂成两种形式（状语位表频率低，补语位表数量少和频率低）。汉语中的规则要复杂一些，因此韩国学生很容易出现例（61）这样的偏误。

三、韩语“조금”（좀：合音形式）和汉语“一点（有点）儿”

（68）＊饭我一点吃了。

正：我吃了一点饭。(饭我吃了一点。)

（69）＊我一点矮。

正：我有点矮。(或者我比较矮。)

（70）＊我有点不矮。

正：我一点也不矮。

韩语“조금”（合音形式좀）是副词，可表示汉语“一点儿、一会儿、稍微、稍稍、丝毫”等意思。

1. 表示数量

（71）밥을　　조금　먹었다.

词译：饭　　一点　吃

意译：吃了一点儿饭。(吃饭吃得很少。)

韩语的“조금”表数量时，相当于汉语的“一点”。但“조금”是副词，用在动词前，不能直接修饰名词。汉语“一点”表数量，可做定语，用在名词前（如：“吃了一点饭”），或做宾语，用在动词后（如：“吃了一点”）。有时学生会将“一点”放在状语的位置，出现如例（71）这样的偏误。

2. 表示动作持续时间

（72）그보다 나는 조금 더 잤어요.

词译：他　比　我　一会儿　多　睡

意译：我比他多睡了一会儿。

“조금”可表示时间短，“一点”不可以，必须转换成补语形式“（V＋）一会儿”。且韩语“조금”做状语修饰动词，汉语“一会儿”多做动词的时间补语。但这种义项上的差别极少引起母语负迁移。

3. 表示程度低

（73）학교가　조금　멀다.

词译：学校（主格）　一点儿　远（终结词尾）

意译：学校有点儿远。

“조금”可以是程度副词，修饰形容词，表示程度低。汉语中这种情况下不能用“一点”，只能用“有点”或者“比较”。韩语的“조금”对应汉语中两个语言项“一点儿”和“有点儿”。因此韩国学生容易出现例（69）这样的偏误。

“有点儿”多用于消极或无褒贬色彩的词，不能用于褒义词。如：可以说“他有点笨”、“他有点胖（瘦）”，但不能说“＊他有点聪明”“比较”没有这一限制。这一点上韩国学生有可能出现发展性偏误，如“＊他有点聪明”。

“一点”可用在倒装否定句中，表示强调，这时可表数量也可表程度。如：

我吃了一点饭。/ 我一点（饭）也没吃。

我有点矮。/ ＊我一点矮。

我一点也不矮。/ ＊我有点不矮。

在“一点”、“有点”的肯定和否定上，汉语存在不对称的情况，语法规则多，认知难度较大。因此韩国学生可能会出现发展性偏误，如例（68）。

（74）＊我比妈妈一点矮。

正：我比妈妈矮一点。

"조금"可用于比较句，表相对差量小，汉语的"一点"也可以。但是二者位置不同，前者在韩语中是状语，在谓语前；后者在汉语中是补语，位于谓语后。如：

(75) 그는　　나보다　키가　　조금　더　크다.

词译：他（强调格）我比　个子（主格）一点儿　更　高

意译：他个子比我高一点儿。

这就是出现偏误（74）的原因。

四、综合考察

量可分为名量、动作量（动量、时量）和性质量三种。汉语中名量常用数量词来表达。时量常用时量补语，在少量固定格式里可用形容词、副词做状语来表示，如"稍等"、"少坐"、"久留"、"长住"。动量常用动量补语"去了一次"、"玩了一回"或者频率副词"常常"、"经常"、"很少"等。性质量常用程度副词来表达，可分为绝对程度量（主观量，是一种量点或量幅，无法精确地数量化）和相对程度量（客观量，是一种量差，有些如"高矮胖瘦长短快慢"可用数量短语来表示精确量差）。这些思维概念在不同语言里用不同的语言方式来表现。它们在各种语言中的语法形式的区分程度，反映了该族人对这些细微区别体察的程度。

现在我们来看看韩语中的"많다"、"적다"、"조금(좀)"和汉语的"（很）多"、"（很）少"、"一点（有点）"在表达名量、动量和性质量上的不同表现。

表 3　韩汉“多”、“少”、“一点（有点）”量范畴表达对比

			많다	（很）多	적다	（很）少	조금(좀)	一点/一些
			많이				/약간	有点/有些
名量	谓语		+ 많다	+	+	+	–	–
	定语		+ 적은	+（“的”可加可不加）	弱① + 적은	弱（多需加“的”）	–	+（一点）
	状语		+ 많이	+ 多（祈使）	+ 적게	+ 少（祈使）	+	–
动量	频率		+ 많이	– 状语 + 补语	+ 적게	+很少	–	–
	时量		– 많이	–	–	–	+	–
性质量	绝对程度		+ 많이	–	–	–	+	+“有点”“一点也不”强调否定
	相对程度	他比	+ 많이	+X 得多/多了	–	–	+	+“一点”+“一些”
		自比	+ 많이	+X 多了	–	–	+	

在表达量的多样性上，韩语和汉语的“多”都表现出较强的跨类性。韩语的“많다（形容词），많이（副词）”也可用来表示程度、名量、动量、频率等多种量范畴。但韩语中也有专门用来表达这些范畴的副词，如表

① “弱 +”的意思是在少数情况下可以，但是有很多限制。如“很少的人”可以，但是“很少的 + 名词”有很多限制，大多数不成立。“적은 + 名词”也是如此。

示频率高的可用“자주”；表示绝对程度的有“너무/아주/매우”；“많이”还可以受绝对程度副词的修饰。韩语中的绝对程度量和相对程度量区分模糊，用来表示“很高”和“高多了”的相应表达方式可用同一种形式（“많이　크다”），且位置一致。而汉语中的“多”有动词、形容词、数词等多种用法，在充当形容词时多用来表示名量，也可表示频率但有限制（仅在做补语时可表频率），不能表时量和绝对程度，比韩语的“많다（形容词），많이（副词）”表达量范畴的范围要来得窄。

韩语的“조금”和汉语的“少”（形容词）功能近似，既可表名量，也可表频率，在表示名量做定语修饰名词上都有较大的限制。“很少”最基本的功能就是表频率，而“적게”表示名量和频率的功能强弱差不多。

韩语的“적다”可表名量、时量和程度量，汉语中分为三个语言项：“一点”可表名量和相对程度，“有点”可表绝对程度，“一会”表示时量。

现在我们再来看前面的偏误就不难理解其产生的原因了。如例（44）、（45）、（46），均受韩语中“많이”前置于谓语表数量及频率这一规则的影响。汉语无此用法，须转化成相应的补语形式。例（52）－（55）很明显是受韩语体系中相对度量和绝对度量的影响。例（61）是因为学习者未掌握汉语“很少”多做状语表频率、很少做定语修饰名词这一规则。例（68）和例（69）是由于韩国学习者把母语“조금(좀)”的语义语法功能迁移到汉语的“一点”上了。

第三节　“比”字句

本节讨论“A 比 B + 结论项”句式。“比”字句是汉语比较句中最复杂、使用也最普遍的一大类型。“比”字句所出现的偏误类型最多、最复杂，但也最有规律性。许多偏误的原因表面上看起来很复杂，但在庞杂的表象之后却有着统一的规律。这些偏误类型多半与形式的复杂度没有太大关系（形式复杂的，学生多半回避不用），而与语义的复杂度有直接关系。

一、偏误类型的分布和比例

先看看三种语料的偏误类型分布和比例：

表 1：三类语料中“比”字句偏误类型的相对频率表

偏误表象 \ 语料类型		书面语		口语横向		口语跟踪	
		频次	比例	频次	比例	频次	比例
1	比 B + “很” 等	10	6.90%	6	6.90%	8	5.33%
2	比 B + 比较	2	1.38%	4	4.60%	14	9.33%
3	比 B + 倍数	1	0.69%	0	0.00%	5	3.33%
4	比 B + 重叠	0	0.00%	1	1.15%	0	0.00%
5	“比” 字句的否定式错误	4	2.76%	3	3.45%	10	6.67%
6	比 B + （不）一样/差不多	1	0.69%	2	2.30%	5	2.67%
7	“比” 用做泛比、结论项多样	0	0.00%	2	2.30%	2	1.33%
8	数量短语的偏误	4	2.76%	2	2.30%	1	0.67%
9	比较项为宾语	3	2.07%	2	2.30%	1	0.67%
10	“比” 后置	0	0.00%	2	2.30%	15	10.00%
11	“比 B” 前置或后置	2	1.38%	4	4.60%	20	13.33%
12	“更”、“还” 的偏误	1	0.69%	1	1.15%	1	0.67%
13	其他原因	4	2.76%	0	0.00%	4	2.67%
总	偏误/ “比” 字句总句数	32/145	22.07%	29/87	33.33%	85/150	56.67%

从表中我们可以看到，三类语料中偏误都比较集中的类型是 1（比 B + 很）、2（比 B + 比较）和 5（“比” 字句的否定式错误）。口语中除了以上三类外，比较集中的还有第 10 类（“比” 后置）和 11（“比 B” 前置或者

后置)；书面语中较多的有第9类（心理能愿动词的宾语充当比较项）。

这些偏误类型和句式①有直接关系的只有第5类偏误（句式7“没有……比……更……”、8“不比”)、第8类（句式3“精确、模糊度量比字句”)、第9类（句式1第二小类比较项为心理能愿动词的宾语）及第12类(句式6“含‘更、还、再’的预设‘比’字句”)。大多数偏误类型与句式形式上的复杂度并无太大关系。即使是这四类与句式相关的偏误，也是由语义上的复杂性所引起的。

二、偏误实例及解释

因为“比”字句比较复杂，本节只讨论1-9类偏误产生的共同原因。

第1类偏误：“比B”后出现“很、非常、十分”等绝对程度副词

(76) ＊因为小慧和大辉比以前很容易亲密。(中级二作文)

正：因为小慧和大辉比以前容易亲密多了。

(77) ＊所以比韩国旅游时间，嗯，旅游的时候很有意思。(中级二口语)

正：所以比在韩国旅游的时候有意思多了。

这是受韩语中“보다”后可出现绝对程度副词，以及绝对程度副词和相对程度副词界限不清两方面的影响。从传统对比分析的角度很难单一定性，因为它涉及多方面的语法点。

从“比”字句结论项来看（参看本章第二节），韩语中是所有的程度副词均可进入“보다”句表达比较义，这些词在单独使用时分为表绝对义、表相对义及兼表绝对相对义三类。而汉语中绝对程度副词、相对程度副词用法上界限比较清晰，绝对程度副词不能进入“比”字句，相对程度副词可

---

① “比”字句句式归纳：①A比B＋形容词/心理动词、能愿动词＋宾语；②A比B＋（动宾）＋动词＋程度补语；③A比B＋形容词＋精确/模糊数量补语；④A比B＋提高类动词（＋数量宾语)；⑤A比B＋多、少、早、晚＋动词（＋数量补语)；⑥A比B＋更（还、再）＋形容词/动词（变式：A比B还B（B为名词))；⑦没有比……更……的；⑧不比；⑨一＋量词＋比＋一＋量词。

以；兼类词只有“比较（副）”一个，也不能进入“比”字句。从程度副词可否进入比较句来看，属于传统对比难度等级①的六级。这是学生未使用“更、还”而使用了“很”的原因。

从程度副词和程度补语的角度来看，韩语中只有“谓词前程度副词”这一种形式，汉语中有谓词前程度副词和谓词后程度词语两种形式，属于分化，难度等级为六级，学习难度最高。这是学生未使用“形＋得多”而使用“很＋形”的原因。

学生在学习中还可能出现“A 比 B＋形＋得很”或“A 比 B＋形＋极了”这样的偏误。这种偏误一方面是受前面所述两个原因的影响，另一方面还受到了学生对目的语规则掌握不全面或产生错误推导的影响。经询问，很多学生认为“比……很＋形”不成立的原因不是因为“很、非常、十分”这些绝对程度副词不能出现在“比”字句中，而是因为它们出现在谓词前面了。只要将其放在谓词后边变为补语形式，和“形＋得多”、“形＋一点”一样，就可以成立了。也就是说，这些学生只实现了谓词前后位置的转换，还不能区分绝对程度、相对程度。从这一点上也可看出，对外国学生而言，形式上的转换比较容易实现，而意义上的区分却比较困难。这是个性质十分复杂的偏误，属于母语负迁移与目的语规则掌握不全的双重性质偏误。

第 2 类偏误：“比 B＋比较”

（78） ＊我特别喜欢的料理是东北菜，比广东菜比较合适韩国人的口味。（中级二作文）

正：跟广东菜比起来，东北菜比较适合韩国人的口味。

（79） ＊很有名在日本，我听说日本的女人喜欢韩国的人，因为韩国的

---

① Ellis（1985）的难度等级分类：（一）母语和第二语言某语言点无差异——无难度。（二）母语两个语言项对应第二语言一个语言项，学习者只要将母语的两个项目合并成目的语的一个项目就可以了——难度较低。（三）母语某语言项在目的语中不存在——难度适中。（四）母语某语言项在第二语言中等值项分布不完全一样——难度较高。（五）第二语言有某个语言项，母语没有——难度很高。（六）母语一个语言项对应于第二语言的两个或多个语言项，学生不知道如何根据上下文选择合适的词语（分化）——难度最高。

男人一定去当兵，因为他比较大人，比日本的男人。（中级一口语）

正：因为跟日本的男人比起来，他（韩国人）比较成熟。

韩语“비교적”(부사) 和汉语“比较（副)”是一对比较特殊的词。在汉语中“比较”是不能出现在“比”字句中的。但是韩语的“비교적”却可以。“比”和“比较”其来源相同，汉语的意思也相通，如果出现在同一句中语义有羡余。而韩语中相当于汉语“比”的“보다”是固有词，“비교적”是汉字词，不存在这一问题，所以韩语中的“비교적”可出现在“보다”句中。另一方面，这也与两种语言的语法规则体系有关，在汉语中所有的程度副词都不能以状语形式出现在“比字句”中，而韩语中所有的程度副词（无论表绝对程度或相对程度或数量词）都可以出现在“보다”句中。

第 3 类偏误：“比 B + 倍数”

(80) *统计数表示，比女性的两倍左右的男性都答应（回答）了“是”。(高级作文)

正：有女性两倍左右的男性都回答了“是”。

(81) *中大什么都有。中大面积比我们学校的面积大概 10 倍。(初级二口语)

正：中大面积大概是我们学校面积的 10 倍。

这与韩语的倍数表达方法有很大的关系。韩语中可以说：

韩语：금년의 생산량는 전년보다 2 배가 되다.

词译：今年的　产量　去年　比　2 倍　达到了

意译：今年的产量达到了去年的两倍。

这样的句子，汉语只能说“今年的产量达到了（是）去年的两倍”或者“今年的产量比去年增加了（多）一倍”。也就是说，汉语的“比”字句只能表达“大于”或“小于”的概念，而在韩语的“보다”句中甚至可以表达“等于”的概念，这一点与汉语是十分不同的。

从对比的角度来看，这个属于对比难度的三级。

第 4 类偏误："比 B + 重叠"

（82） * 北京比广州人慢慢的。（中级一作文）

正：北京人比广州人慢多了。

从对比的角度来看，这个属于对比难度的五级。学生有意使用了这一新语言点，却用错了。按理说不应归咎于母语负迁移，因为学生并没有使用母语的相应形式。应该是由于学生对"重叠"① 这个语法点的规则掌握不全面，属于发展性偏误。但是我们应看到学生将"形容词重叠"用于"比"字句背后的深层原因。重叠是汉语中特有的语法现象，以重叠的手段表示量的变化，对形容词而言，常常是表量的增加。韩语中没有重叠这一语法手段，但是学生将其归入到量增加的范围，认为也可以用于"比"字句中等同于程度副词的作用，这实际上是由于学习者根据自己的语法系统对新的语法现象进行了错误的归类。

第 5 类偏误："（没有）比 B + 不（或正反问）"②（差比否定句的错误否定形式）

（83） * 嗯，帅。我觉得都是这样，看里面比真的人不好。一点胖。不是很矮，比较矮。（中级一口语）

正：看里面（电视里面）没有真的人好。

（84） * 在宿舍里自己煮饭比大家想象中不太麻烦。（高级作文）

正：在宿舍里自己煮饭没有大家想象中那么麻烦。

韩国学生大部分所犯的错误是在"比 B"之后、形容词之前加否定词"不"或"不太、不怎么"等系列的否定格式或正反问句形式。这种偏误有较强的延续性，到高级阶段仍有出现。"比……不（不太、不怎么、X 不 X）"这种偏误是由于母语负迁移造成的，与韩语的"보다"后可接否定式有直接关系。

---

① 汉语形容词重叠形式中的形容词是状态形容词，其表达的量相对固定，不能用于"比"字句。

② 差比否定式比较复杂，在此只简单说明一下与整个"比"字句偏误有关的部分。

而后期出现的“没有”与“比”的混合式，则属于发展性偏误，是混淆了汉语中“没有”、“不比”、“没有……比……更……”三种差比否定式的缘故。

第 6 类偏误：“比 B（不）一样/差不多”（“比”字句后出现等比的结论项）

（85）＊她的个子比我差不多。（中级一作文）

正：她的个子跟我差不多。

（86）＊昨天考了。昨天很难了，比以前的。比以前不一样的方式。这个是第一次改成的，试验的是我们。（中级一口语）

正：昨天的考试比以前难多了。跟以前不一样的方式。

韩语中允许“보다”句后出现等比的结论项，这与第 3 类偏误的成因韩语的倍数表达法也是成体系的。汉语在发展过程中也曾出现过这一阶段，但现代汉语不允许这样的语法现象。当然这样的比例并不高，因为在韩语中也存在一个更为常用的等比格式“와(과)……같다/비슷하다”（“跟……一样/差不多”），学生在作文这样的谨慎语体中很少用这样的句式。据观察其他母语背景的学生有时也在口语中说出这样的句子，这可能是因为学生在语流中先想到的是比较，而后发现结论是等比的，也就顺势说了出来。从对比的角度来看，这个属于对比难度的三级：母语（韩语）中有某个语言项，第二语言（汉语）中没有。

第 7 类偏误：将“比”字句用做泛比

（87）＊我觉得这里用地铁的人很少，就比广州城市的大小。广州城市很大，利用地铁的人还少，……（初级二口语）

正：我觉得这里用地铁的人，跟广州城市的大小比起来，很少。

在汉语中比较的双方必须是同类，不同类的事物不能用于“比”字句。而韩语中这个范围似乎比汉语要宽泛一些，像汉语中“她的体重相对她的身高来说不算胖”、“广州使用地铁的人跟广州市的大小相比，比较少”这样的句子在韩语中也都可以用“보다”句来表达。这实际上是个比较项范

围大小的问题，不属于形式上的差异，是个比较隐性的语义语法上的差异。相当于韩、汉语都只有一种形式，但是韩语可表达的意义比汉语要来得广，无法归入传统的对比难度等级。

第8类偏误：数量短语（或词）前置，或者“多”的形式错误

（88）＊我跟大哥像我妈妈，二哥三哥像我爸爸。全部不一样。哥哥比我多大，四岁大。（初级二口语）

正：哥哥比我大多了，大四岁。

（89）＊而且我的邻居都进了比我好多学校。（中级二写作）

正：而且我的邻居都进了比我好多了的学校。

韩语中的数量词做谓语的状语位于形容词之前；而汉语的数量词做补语时则位于形容词之后。从对比难度等级来看，应该属于难度六级——分化。就“比”字句而言，韩语使用度量状语，汉语可使用相对程度副词或度量补语。学生在学习之初可能会出现位置上的偏误，如“他比我一点/多高”，但实际上这种偏误的比例很低，学生很容易转化过来，因此并不符合对比难度等级的预测。

学生在数量短语上所犯的错误多出在“多”做数量补语之时，如：平比时用“＊他比我高多”；纵横比时用“＊你来中国以后胖得多”这样的偏误。这更多是由汉语中“多”表差量时形式和意义的复杂性所引起的。从“多”的形式来看，韩语中一种形式“훨씬(많이)动/形＋（时制词尾）＋（终结词尾）”对应汉语中“形＋得多”“形＋多了”“形（了）＋很多”三种形式。而且三种形式使用条件和意义还不同：“形＋得多”一般只能用于平比（即与其他对象的同时比较），不能用于纵横比（即同一对象不同时间不同地点的比较）；“形＋多了”既可用于自比，也可用于较比；“形＋很多”用于平比，“形了＋很多”用于纵横比。从对比角度来看这属于难度等级的六级。从认知角度来看，这些目的语的规则也具备相当的难度，自然度不高，对于学习者来说其规则不够透明清晰。

第9类偏误：比较项为心理能愿动词的宾语

（90）＊元彬。但是我比较喜欢歌手，比电视表演喜欢，歌手比表演喜

欢。唱歌的人，我不喜欢，比表演。（初级二口语）

正：跟电视表演相比，我更喜欢歌手。

（91） ＊不过近年来，妈妈做给我的菜比家里人更想。（中级二写作）

正：跟想家里人比起来，我更想妈妈做的菜。

韩语的“보다”比较句可以比较心理动词、能愿动词的宾语，而这是汉语“比”字句功能上的一个盲点，大多数情况下我们必须换用简单的单项递进比较句，或者泛比句等其他句式来表示。如例（91）必须改成“我想家里人，但更想妈妈做的菜”或“跟想家人比起来，我更想妈妈做的菜”。从对比难度等级的角度来看，同第7类偏误一样，不属于形式上的差别，而属于相同形式在表达意义范围上的差别，难以归入传统的对比难度等级。

三、思考

这九类偏误的成因虽然内部各自有细微的差异，但是我们可以看到有两个大的规则导致了这些偏误的产生：即韩语中“绝对度量与相对度量的模糊性”（1、2、4、8）和“‘보다’的泛比性”（1-7、9）。从以上分析我们可以观察到三个十分值得注意的现象：

1）母语对学生的影响是成体系的

母语对目的语习得的影响绝对不是在某一个语法点上产生单一的迁移，而是成系统的。相关语法点一个影响着另一个，成套地产生迁移。如“보다”句可为等比的结论项与韩语的倍数表达法；韩语中“程度”与“数量”的模糊性与“绝对度量与相对度量的模糊性”；“보다”结论项的泛比性与“绝对度量与相对度量的模糊性”的相互影响等等。

以上述的“比”字句的偏误为例，韩语中“보다”结论项的泛比性与绝对程度、相对程度的模糊性是两大相关性很强的语法性质（每个下面又可细分为很多个小的语法规则）。这两个大的语法性质相互影响，共同形成了第1、2、4类偏误。如果仅仅从一个个小的语法点来对比、分析，就会“只见片木不见林”，找不到真正的规律。如第1类偏误我们只看到“比”

后可以跟“很”，就会简单地得出结论说：韩语中“比”字句后可以接绝对程度副词，汉语中必须转化为相应的相对程度副词的形式，但实际上韩语所想要表达的意思在汉语中多用“形 + 高量数量补语”的形式来表达。

2）中介语是一个发展的系统

学习者的中介语并不是一盘散沙，而是一个有联系的有机体。虽然它在不断发展、变化，但它的变化是有体系的。学习者产生偏误的原因可能很复杂，既有母语的负迁移，又有目的语规则的影响，因此不可以简单加以归类。

在习得目的语新的语法点时，学习者固有的中介语系统自然会对其加以吸收、改变和分析，从而产生新的规则系统，如第 1 类偏误中到后来出现的“比……形 + 得很”、“比……形 + 极了”和第 4 类偏误“比……重叠”，既有母语的迁移，又有规则泛化的影响。但是我们可以看出，在韩语中是不存在“补语”和“重叠”这两种语法系统的。学习者在习得这些语法点时，只知道它是用程度补语或重叠的方式表示量的增加，再利用学习者原有程度副词和“比”字句的语法体系加以加工，就自然地将其吸纳为比较句结论项中的一员。因为在学习者的语言体系中，只要是表示程度量的形式都是可以出现在“보다”句的结论项中的。韩语中程度量的观念对第 4 类偏误“‘比’字句中出现‘形容词重叠’”是有潜在影响的。有些偏误很难说是由于母语中的某个语法点的简单迁移，不过它们与母语中的语法体系仍然有很大的关系。

简单来说，对学习者而言，学习者的母语是与其世界观、认识观紧密结合在一起的一个严密体系。目的语当然是有其体系的，但是对学习者而言，他们所接触到的目的语永远只是其中的一个部分，是片断性的，所以对于学习者而言目的语不是一个完整的体系。学习者在学习的过程中不断建构着新的语言体系——也就是中介语。这个体系的建构以学习者的母语知识为基础，以学习者所学得或习得的语言规则为指导，不断加以修改、变动，不断推倒重建。但这些规则并不是零散孤立的，一个规则是与其他相关规则紧密相连的。一个规则的推翻，一定会有一个新的规则来补充。就是在这样一个过程中，学习者的语言系统不断地向目的语的语言体系靠近。

3）意义上的差异相对于形式上的差异更容易导致偏误，尤其是形式一致而意义功能有所不同的时候。

如第 7 和第 9 类偏误，韩国学生几乎察觉不到这是错误的形式，因为在比较句的形式上老师并不会强调这样的句子是错误的，只有在和语义功能结合时才会发现问题。

四、结语

本节主要探讨了“比”字句 1-9 类的偏误产生的原因。从表面上看来，这些好像是截然不同的偏误形式，但是实际上这些不同的语法点构成了一个相互联系、相互影响的体系。如同我们对语言体系一贯的看法，语言的变化不是局部的，而是整体的。当一个词语的义项扩大的时候，必然会有另一些相关词语的义项在消减。当一个句式的功能在扩大的时候，也必然有一些旧的句式的作用在退化。中介语体系也是如此。学习者的母语与他们刚刚习得的目的语的部分规则在冲撞中整合成一个新的中介语体系。

参考文献

白　林　崔　健　汉朝语对比和偏误分析　教育科学出版社　1991

北京大学中文系 1955、1957 级语言班　现代汉语虚词例释　商务印书馆　1982

储泽祥　肖　扬　曾庆香　通比性的“很”字结构　世界汉语教学　1999（10）

崔　健　朝汉比较句对比　朝鲜语言文学论文集　1996（10）

崔　健　韩汉表达范畴研究　中国大百科全书出版社　2002

戴浩一　（黄河译）　时间顺序和汉语的语序　国外语言学　1988（1）

傅雨贤　周小兵等　现代汉语介词研究　中山大学出版社　1997

韩宝成　外语教学科研中的统计方法　外语教学与研究出版社　2001

侯学超　现代汉语虚词词典　北京大学出版社　1998

金琮镐　韩中比较副词与［+关系］述语共现对比——以“更”与“더”为中心　汉语学习　2001（1）

康寔镇　李相度　南德铉　郭树竞编　进明韩中词典　黑龙江朝鲜民族出版社　2003（根据韩国进明出版社 1998 年 6 月 30 日第 1 版改订出版）

康寔镇　李相度　南德铉　张皓得编　进明中韩词典　（改订新版）　黑龙江朝鲜民族出版社　2003（根据韩国进明出版社 1997 年 1 月 10 日第 1 版第 3 次改订出版）

刘润清　外语教学中的科研方法　外语教学与研究出版社　2000

刘　焱　现代汉语比较范畴的语义认知基础　学林出版社　2004

柳英绿　朝汉语语法对比　延边大学出版社　1999

柳英绿　韩汉比较句对比　汉语学习　2002（6）

刘月华等　实用现代汉语语法　商务印书馆　2002

卢福波　对外汉语教学实用语法　北京语言大学出版社　1996

卢福波　박정구.오문의.김우석译　新중국어HSK 실용문법（新中国语 HSK 实用语法）송산출판사　1999

吕叔湘　现代汉语八百词（增订本）　商务印书馆　2001

苗春梅［中］　裴祐成［韩］　赵南卿［韩］　韩国语入门　外语教学与研究出版社　2003

彭聃龄主编　汉语的认知研究　山东教育出版社　1997

朴民庭（韩）　比字句的语用分析及否定形式　台湾师大硕士论文　2002

任海波　现代汉语“比字句”结论项的结构类型　语言教学与研究　1987（4）

邵敬敏　“比”字句替换规律刍议　中国语文　1990（6）

沈家煊　界与无界　中国语文　1995（5）

石毓智　语法的认知语义基础　江西教育出版社　2000

王灿龙　也谈“很多”与“很少”　世界汉语教学　1995（2）

王初明　应用心理语言学　湖南教育出版社　1990

王建勤主编　汉语作为第二语言的习得研究　北京语言大学出版社　1997

王建勤主编　表差异比较的否定结构习得的分化过程　第六届国际汉语教学讨论会论文选　北京大学出版社　2000

韦旭升　许东振　韩国语实用语法　外语教学与研究出版社　1995

相原茂　石田知子　户沼市子原著　박귀진.민병석편역（翻译）　1988　중국어문법책（中国语文法书）　시사중국문화원

相原茂　汉语比较句的两种否定形式：“不比型”和“没有型”　语言教学与研究　1992（3）

肖奚强　现代汉语语法与对外汉语教学　学林出版社　2002

肖奚强　韩国学生汉语语法偏误分析　世界汉语教学　2000（2）

谢红华　法语的 beaucoup 与汉语的“很、很多、多”　世界汉语教学　2000（2）

徐燕青　“不比”型比较句的语义类型　语言教学与研究　1996（2）

徐燕青　“没有”型比较句的初步考察——兼及“不像”型比较句　世界汉语教学　1997（1）

许成道　崔　健　공저.사람과책. 중국어작문과 어법（中国语作文和语法）　1997

许维翰　现代韩国语语法　北京大学出版社　2004

张国宪　现代汉语形容词的选择性研究　上海师范大学博士论文　1993

张国宪　形容词的记量　世界汉语学习　1996（6）

张　凯　语言测验理论与实践　北京语言大学出版社　2002

张　敏　认知语言学与汉语名词短语　中国社会科学出版社　1998

张维耿　很多与很少　汉语学习　1993（6）

张亚军　程度副词与比较结构　扬州大学学报（人文社会科学版）　2003（3）

中国社会科学院语言研究所词典编辑室　现代汉语词典（第5版）　商务印书馆　2005

中山大学中文系主编　现代汉语　广西人民出版社　1982

周小兵　比字句否定式的语用分析　语法研究与语法应用　北京语言学院出版社　1994

周小兵　论现代汉语程度副词　中国语文　1995（2）

朱德熙　语法讲义　商务印书馆　1982

김하인　<국화꽃형기>（菊花香）　혜원출판사　2000

김종호　<현대중국어문범>（现代中国语文法）　신아사　1998

김태성　<최신 중국어법 노트>（最新中国语法注释）　문예림　1999

맹주억　<현대중국어문법>（现代中国语文法）　청년사　1992

이재돈　감수　모해연 편저　중국어문법　@easy. fun. com（中国语文法@easy. fun. com　1999

오해영편집　진명출판사作조우作　한상덕　译　雷雨　한국문화사　1996

第七章
越南语母语者的偏误

越南语和汉语在语法方面具有很多共同的特点，例如两者都是孤立语言，形态变化少，所以虚词和语序是重要的语法手段；两者都是 SVO 语序；都是有声调的语言等。尽管如此，这两种语言毕竟是本身独立的语言，它们之间存在着很多细微的差别。这些差异容易引发学习者的偏误。本文从三个方面探讨由母语负迁移引发的语法偏误。

第一节 词　语

一、数词

汉语和越南语的数词读法不尽相同，这会造成学生偏误的产生，比如：

（1） ＊这件衣服百二。（正：这件衣服一百二。）

（2） ＊我们班二分三同学是男的。（正：我们班三分之二是男的。）

类似“120”这样的数字，如果后边没有量词或名词，汉语普通话通常有两种读法：“一百二十”或“一百二”。而越南语除了这两种读法以外，还可以读成“百二”，尤其在说钱款数目时通常用第三种读法。如：

(1′) Cái áo này trăm hai.

词译：件 衣服 这 百 二

意译：这件衣服一百二。

“2/3”汉语读成“三分之二”，而越南语的读法是“二分三”。例如：

(2′) Lớp tôi có hai phần ba học sinh là nam.

词译：班 我 有 二 分 三 学生 是 男

意译：我们班有三分之二的同学是男的。

另外，越南学生使用汉语数词“半”时的偏误也比较普遍，请先看例句：

(3) *我的头发平时我用一半瓶，但是你的头发又长又多，可能要用一瓶才够啊。（正：我的头发平时我用半瓶，……）

(4) *我每天睡七个小时半。（正：我每天睡七个半小时。）

(5) *那个城市的历史大约有两百半年。（正：……大约有两百五十年。）

汉语只有一个“半”，而越南语有两个与之对应的成分。“一”的一半是nửa，跟汉语一样位于量词前；不过前边还可以有数词“一”，如“một（一）nửa（半）bình（瓶）”、“một（一）nửa（半）cái（个）”，意思是“半瓶、半个”。所以学生才会出现例（3）的偏误。越南语的另一个“半”是rưỡi，位于量词后边，所以学生常出现类似例（4）的偏误。越南语的rưỡi还可以用于数词“百”、“千”、“万”等词后边，表示一百、一千、一万等数量的一半，而并不是“一”的一半。如例（5）的“两百半年”，表示的意思是“两百五十年”。

位于数量词后的“多”也是越南学生常见的偏误，因为越南语的 hơn（多）一律位于数词前边。请看学生的偏误：

(6) *我来中国多一个月了。（正：……一个多月了。）

(7) *他的工资每个月多一千块钱。（正：……每个月一千多块钱。）

二、量词

虽然汉语和越南语中的名量词有不少类似之处，但是越南学生在学习和运用汉语名量词时，经常出现“该用而不用”、“不该用而用”、“误用”等语法偏误。下面介绍越南学生学习汉语过程中常见的各类名量词偏误。

1. 漏用

先看量词的漏用：

(8) *每人骑一车。(每人骑一辆车。)

意译：Mỗi người đi một xe

词译：每 人 骑 一 车

(9) *每人坐一椅子。(每人坐一把椅子。)

意译：Mỗi người ngồi một ghế.

词译：每 人 坐 一 椅子

(10) *一国家的兴旺（正：一个国家的兴旺）

意译：Sự hưng thịnh của một quốc gia.

词译：事 兴旺 的 一 国 家

(11) *一复杂的语言现象（正：一种复杂的语言现象）

意译：Một hiện tượng ngôn ngữ phức tạp.

词译：一 现 象 语 言 复 杂

越南语的数词可以直接修饰“椅子、车、国家、现象”等名词，而汉语则必须用量词。当然，也有可能是由于目的语规则泛化。如可以说“一人吃一碗”，“碗”原是名词，在这里借用为量词。越南学生就以为别的名词都能受数词修饰。

可见，汉语名量词和越南语名量词表面相似，实际上有很大区别。最大的差异是，某些汉语名词必须用量词修饰，而与之对应的越南语名词则不用量词修饰，这一点也是越南学生习得汉语名量词的难点。这类词语如：

办法 手段 树 悲剧 病人 天才 财产 才能 差距 朝代

潮流 成分 城市 乘客 处方 传统 词 单元 地方 定理

队伍	方式	房间	概念	歌手	歌星	公园	规律	国籍	国家
集体	计划	现象	家庭	教员	节目	经验	距离	看法	客
理由	力量	历史	博士	硕士	学士	民族	目标	偶像	派别
企业	任务	责任	声音	师傅	时间	势力	事	思想	题
条件	同志	位置	问题	消息	形式	学生	习惯	野心	意识
毅力	医院	义务	意见	因素	印象	战士	政府	政权	职务
志愿	制度	主张	战略	真理	字	祖国	作风	作家	作品
作者									

越南语的量词可以跟“有”结合表示类举或比较。中级阶段的学生有时还因母语干扰而产生类似下列偏误：

（12）＊不是没有人给她介绍对象，而是每次跟男朋友见面，她都出不该出的错：有次迟到，有次忘了。（正：……有一次迟到，有一次忘了。）

（13）＊他的书有本很厚，有本很薄。（正：……有一本很厚，有一本很薄。）

2. 误加

先看例句：

（14）他回越南一个月了。

意译：Anh ta về Việt Nam một tháng rồi.

词译：他 回 越南 一 月 了

（15）＊他来中国一个年了。

意译：Anh ta đến Trung Quốc một năm rồi.

词译：他 到 中国 一 年 了

汉语中，有些时间词如“月、星期、小时”等，要用量词“个”修饰；有些时间词兼作量词，不受量词“个”修饰，如“年”、“周”、“天”等。越南语时间词都兼当量词，如（14）、（15）。由此可推断，例（15）的偏误不是由母语负迁移引起的，而是学习者将目的语规则过度泛化引起的：因为已经知道汉语有些时间词，如“钟头、月”等要受“个”修饰，于是以为

“天、周、年”等时间词都能受量词“个”修饰。

3. 误代

＊一个船 // ＊一个飞机

“个”可以跟很多名词组合，也是初学者最早接触的量词之一。初学者还没学到“船”、“飞机”等名词的量词，就以“个”来代替。这种偏误不仅初学汉语的越南学生容易产生，其他母语的学生也容易出现。

＊一只蛇 // ＊一只鱼

汉语中，有些动物名词不能和量词“只”组合。越南语里，所有的动物名词都以量词 con 修饰。初学汉语的越南学生以为汉语的“只”相当于越南语的 con，就会用“只”来修饰所有动物名词，当遇到那些不能受“只”修饰的名词时，就会出现偏误。

越南语的“量词＋名词”结构在没有数词或指示代词的修饰下可以做主语或宾语，其中的“量词”具有定指功能，汉语没有类似用法。因此，初级学生常常出现使用“量词＋名词”结构时漏用数词或指示代词偏误：

（16）＊只猫在房间跑来跑去。（那只猫在房间跑来跑去）

（17）＊我的本书谁借了？（我的那本书谁借了）

三、否定副词

相对于汉语的“不”和“没”，越南语有không和chưa。不过，这两对词并不完全对应。具体来说，汉语的“没”用来否定过去或否定动作、变化的完成，而越南语的chưa不能用来否定过去。因此越南学生会出现类似下边的偏误：

（18）＊甲：昨天你跟他们一起去看电影了吗？

乙：昨天我不去，只有芳兰跟他们去了。

（19）＊甲：刚才是你打来的电话吗？

乙：不是，刚才我不打。

另外，汉语往往用“不”否定动词“是”，若表示相对否定就在前边加上“还”，比如“他还不是党员”。越南语chưa 则可以用来否定动词là

(是)，所以学生有时会出现以下偏误：

(20) ＊那时候，她没是我的妻子。(正：……她还不是我的妻子。)

四、"都"、"也"和 đều、cũng

虽然"都"和đều都表示总括，"也"和cũng都用来表示类推，但是这几个词的一些义项和用法还是有区别的。

表示周遍任指时，越南语的疑问代词只跟cũng结合；汉语的疑问代词则跟两个副词"都"或"也"都能结合。越南学生因受母语干扰，常出现类似下边的偏误：

(21) ＊我们班谁也很努力学习。(正：我们班谁都很努力学习。)

另外，汉语"无论……，……"、"或多或少……，……"句式，如果后一分句是肯定式则常跟"都"结合，如果是否定式则常跟"也"结合。而越南语的该句式只跟"也"结合，所以学生有时会出现这样的偏误：

(22) ＊我爸爸很喜欢喝啤酒，无论是夏天还是冬天，他也跟朋友去酒店喝啤酒。(……他都跟朋友去酒店喝啤酒。)

(23) ＊但我认为，凡是人，生活之中或多或少也会犯错误。(正：……或多或少都会犯错误。)

越南语的cũng还可以紧跟在形容词前边做状语，表示程度不是很高，使语气更加委婉。这种用法的cũng跟汉语"还行/还好/还可以"中的"还"比较相似。比如：

(24) 甲：Dạo này mày bận không?

词译： 最近 你 忙 不

意译：最近你忙吗?

乙：Cũng bận / cũng không bận lắm.

词译：也 忙 / 也 不 忙 很

意译：还比较忙/也不是很忙。

汉语的"也不是很忙"语气比"不是很忙"更加委婉，不过汉语的"也"不能直接修饰形容词以表示程度低。越南学生有时会造出类似下边的句子：

（25）＊她看起来也漂亮。（正：她看起来还算漂亮。）

五、"着"

越南语中没有跟"着"对应的词。动作进行用相当于汉语"正"、"正在"或"在"的副词đang表示；状态持续则只是一个单独的动词，前后没有相应的词语。所以越南学生较难掌握汉语"着"的用法。请先看一些例句：

（26）＊衣柜里放很多衣服。（正：衣柜里放着很多衣服。）

（27）＊他在床上躺听音乐。（正：他在床上躺着听音乐。）

（28）＊他正在只穿很单薄的衣服。（正：他只穿着很单薄的衣服。）

（29）小王正在坐看书。（小王坐着看书）

例（26）（27）表示静态持续，越南学生受母语影响，遗漏助词"着"。例（28）（29）也表示静态持续，但学习者分不清动态、静态，错用了表示动态的"正在"。

六、"了"

汉语"了"分成"$了_1$"和"$了_2$"。"$了_1$"位于动词后宾语前，表示动作实现、完成；"$了_2$"位于句末，表示事态出现变化或新情况发生，还可以表示肯定语气，有成句功能。对应于汉语的"$了_1$""$了_2$"，越南语有đã和rồi。đã位于动词前，rồi位于动词后。不过这四个词不完全对应，常存有交叉现象，相同少于相异。越南学生在学习和运用汉语助词"了"时经常因受母语干扰、目的语规则泛化或其他原因而出现偏误。偏误类型主要有遗漏、错序和误选。请看例句：

（30）＊我很高兴，我看妈妈笑一下，妈妈也笑。（……我看妈妈笑了一下……）

（31）＊又过三天，皇帝还没找到那两个孩子。（又过了三天，……）

（32）＊昨天我去书店买一本漫画。（昨天我去书店买了一本漫画）

（33）＊他打两小时羽毛球。（他打了两小时羽毛球）

以上4例的偏误都是遗漏“了$_1$”。这是因为动词后有动量词或表示短时间的时量词时，越南语不用đã和rồi。另外，越南语的连动句中一般都不用đã 和rồi。

第二节　修饰语的位置

一、定语

1. 中心语和定语的位置颠倒

汉语的定中结构一般是定语在前，中心语在后。越南语则恰恰相反，除了数量词以外，其他修饰语都必须置于中心语之后。越南学生因受母语干扰而常常产生以下偏误：

（34）＊摩托车的我丈夫很好。（正：我丈夫的摩托车很好。）

（35）＊时候我开门，他走了。（正：我开门的时候，他走了。）

2. “的”字的脱落

（36）＊我昨天买衣服你放在哪儿？（正：我昨天买的衣服你放在哪儿了？）

“的”字脱落同样来自母语的干扰。越南语助词 của（的）只表示领属关系，当定语和中心语之间不表示领属关系时，中间不能使用助词 của（的）。

3. 多重定语错序

（37）＊会唱音乐英文的人很少。（正：会唱英文音乐［歌曲］的人很少。）

(38) ＊他是我的老师教汉语。(正：他是我的汉语老师。)

可以看出，学生遇到多重定语时，把握不好定语的顺序。汉语的多项定语，通常是领属定语在前，接着是指示定语、数量定语、修饰定语（定质定语和定名定语），最后才是中心语。越南语的定中短语结构一般是数量定语在前，然后是中心语，接着是定名定语、定质定语、指示定语，最后是表示领属关系的定语。请看越南语对应句子：

(37′) *Người mà biết hát nhạc tiếng Anh / rất ít.*

词译：人 的 会 唱 音乐 英语 很 少

(38′) Ông ấy là / *thầy giáo dạy Hán ngữ của tôi.*

词译：他 是 老师 教 汉语 的 我

汉语的结构助词“的”基本上对应于越南语的两个助词：của（表示领属关系）和mà（表示修饰关系）。上面例句所带的定中结构可以划分为两个部分。第一个部分是中心语（mà/của前边的部分），第二个部分是定语（mà/của后边的部分）。越南学生知道了汉语是定语在前，中心语在后，但只把定语和中心语的位置前后颠倒，却掌握不好定语的顺序。这种偏误在初级和中级阶段出现较多。

二、状语

汉语的状语一律位于谓词前边，而越南语除了一些时间名词和副词以外，大部分状语都位于谓词后边。因此，越南学生经常产生状语位置颠倒的偏误，比如：

(39) ＊你们走先吧，我还没准备好。(正：你们先走吧……)

(40) ＊你们应该注意身体多多吧。(正：你们应该多多注意身体。)

(41) ＊这个汉字念怎么？(正：这个汉字怎么念？)

(42) ＊他要孩子等他在门口。(正：他要孩子在门口等他。)

第三节 句　　式

一、"被"字句

越南语被动句常用两个标志词được 和bị来表示如意和不如意；汉语常用标志词"被"，没有如意与不如意的区分。

（43）她被选为市委书记。

意译：Chị ấy ***được*** bầu làm bí thư thành uỷ.（如意）

词译：她　被　选　作　书记　市委

（44）他被老师批评了一顿。

意译：Nó ***bị*** thầy giáo phê bình một trận.（不如意）

词译：他　被　老师　批评　一　顿

越南语经常用được表示如意的被动，也使得学生造出类似下面的偏误：

（45）*生日那天，他被（朋友）送很多礼物。（正：……朋友送了他很多礼物。）

越南语的bị（被）字还可以用在不及物动词和形容词前边，并不表示被动，而只表示说话者认为VP的发生对主体是不如意的。汉语的"被"不能这样用。受到母语影响，加上越南语bị跟汉语"被"在表示不如意的被动时有相同的位置，个别学生以为二者一样，到了高级阶段还会出现这样的偏误：

（46）*我被病了。

（47）*他被失去记忆力。

二、疑问句

汉语和越南语的特指问句句式基本相同，要问句子的哪个部分就把疑问代词放在哪个部分的位置上。不过，也有一些疑问代词的用法不尽相同，这引起学生产生一些偏误。比如：

（48） *什么这？（正：这是什么？）

越南语除了“Đây là cái gì?/ Kia là ai?”（这是什么？）等句式以外，指示代词还可以位于疑问代词后边，中间不用系词。如：

（49）Cái gì đây?

词译：什么　这

意译：这是什么？

因此学生可能产生类似例（48）的偏误。

（50） *你衣服哪儿？（正：你的衣服在哪儿？）

（51） *这是在哪儿的特产？（正：这是哪儿的特产？）

越南语的疑问代词đâu（哪儿）可以单独做谓语。这会导致学习者生成例（50）的偏误。另外，汉语的“哪儿”可以单独做定语，如“他是哪儿的人”，越南语的“đâu”却不能单独做定语。通常是đâu做Ở（在）的宾语，组成“Ởđâu”动宾词组，然后这整个动宾词组再做定语来询问处所、地方。这会导致学生产生例（51）的偏误。

三、疑问代词任指用法构成的句子

1. 周遍性任指

表示周遍性任指，越南语经常用“Nào（哪）＋量词/名词”，nào直接跟量词结合，中间没有数词“一”。“Nào＋量词/名词”可以充当句子的主语、定语、宾语，可以出现在篇章的开头、中间或结尾，不受任何限制。因此越南学生经常弄错，以为汉语的“哪＋（一）量词”也能这样灵活地使用，所以造出类似下面的病句：

（52） *哪人也不懂他在说什么。（正：谁都不知道他在说什么。）

另外，越南语的ai（谁）、đâu（哪儿）可以重叠形式来表示周遍性任指，“aiai”、“đâuđâu”只能做主语，不能做宾语。这也会导致学生的偏误，例如：

（53）＊春节来了，哪儿哪儿都很热闹。（正：……哪里都很热闹。）

2. 呼应性任指

呼应性任指句式用两个同形或异形的成分前后呼应，第一个成分是任指性的，第二个成分是用来承指第一个成分。汉语用两个同样的疑问代词前后呼应，指同一个人、同一件事物、同一种方式、同一个时间、地点等。例如：

（54）得到什么，我就吃什么；得到什么，我就穿什么；走到哪里，我便睡在哪里。（《四世同堂》）

越南语疑问代词呼应性任指用法并不是同形，而是前一分句用一个疑问代词，后一分句用一个相应的指示代词呼应。如：

（55）Vẫn việc ai người ấy làm.（《Thời xa vắng》 Lê Lựu）

词译：还　事　谁　人　那　做

意译：还是谁的事情谁自己做。

这些区别使学生产生类似下边的偏误：

（56）＊谁知道答案那个人就回答。（正：谁知道答案谁就回答。）

（57）＊老师怎么念我们就跟着那样念。（正：老师怎么念我们就跟着怎么念。）

以上考察了母语为越南语的学习者几类偏误及其母语负迁移的原因，希望可以帮助教师预测偏误的产生和学生的学习难点，从而及时纠正学生的错误，促进汉语教学。

参考文献

黄敏中　傅成劼　实用越南语语法　北京大学出版社　1997

刘月华等　实用现代汉语语法（增订本）　商务印书馆　2001

陆俭明　周遍性主语及其他　中国语文　1986（3）

吕叔湘　现代汉语八百词　商务印书馆　1980

马　真　说“也”　中国语文　1982（4）

赵世开　英汉疑问代词的对比研究　语言教学与研究　1980（2）

周小兵　第二语言教学论　河北教育出版社　1996

周小兵　句法·语义·篇章——汉语语法综合研究　广东高等教育出版社　1996

周小兵　何黎金英　杨氏金枝　越南学生学习汉语难点分析　第七届国际汉语教学研讨会论文选　北京大学出版社　2004

朱德熙　语法讲义　商务印书馆　1982

Lê Biên　Từ loại tiếng Việt hiện đại（现代越语词类）　NXB Giáo dục（教育出版社）　1998

Nguyễn Đức Dân　Một số phương pháp thể hiện ý tuyệt đối（表示绝对语义的一些形式）　Ngôn ngữ　1985（3）

Nguyễn Kim Thản　Nghiên cứu ngữ pháp tiếng Việt（越南语语法研究）　NXB Giáo dục（教育出版社）　1997

第八章
泰语母语者的偏误

泰语与汉语同属汉藏语系，都是孤立语，缺少形态变化，词序排列具有重要的语法意义。一般认为两种语言的相似程度很高。基于这一特点，我们提出这样的假设：泰国汉语学习者的语际偏误高于其他语种的汉语学习者。原因有二：

第一，研究表明，母语对目的语习得的干扰更可能出现于两种语言间存在“决定性相似度（a crucial similarity measure）（Jackson，1981）的时候。当两种语言的等值项或等值结构之间存在一些相似点和一些差异时，偏误容易出现。

第二，上述干扰还可以被视为学习者的借用策略（Coder，1978）。当学习者，尤其是初级学习者遇到困难时，他们会回到母语去寻求帮助，也就是利用旧知识弥补新知识的不足。由于泰语和汉语相似度较高，可以推断，泰国汉语学习者因母语负迁移引起的偏误也较多。

第一节 词　语

一、能愿动词

先看几个例句：

（1）＊他真不要离开家乡。

（2）＊为了锻炼身体，你想学会游泳。

（3）＊这些汉字他都会写对了。

上述例句中的能愿动词，（1）的“要”应改为“想”，（2）的“想”应改为“要”，（3）的“会”应改为“能”。出现上述偏误的原因之一即母语负迁移，因为泰语能愿动词和汉语能愿动词在意义、用法上既有相同之处，又有不同之处。

以下是几个主要能愿动词的主要义项的汉泰对比：

表 8-1　几个主要能愿动词的主要义项的汉泰对比

能/可以	要	会	想	应　该	得	愿意
1. 有能力：สามารถ 2. 外部条件许可：สามารถ 3. 允许：สามารถ	1. 意愿：ต้องการ 2. 必须 ต้องการ	1. 有技能：สามารถ 2. 可能性高：สามารถ	อยากจะ/ต้องการ	1. 情理上必须：ควรจะ 2. 推测：น่าจะ	ต้อง	ยอม

汉语中大部分能愿动词都能找到对应的泰语词，需要“再解释”的难点在于：

第一，表示技能的“会$_1$”跟表示有某种能力的“能$_1$”在泰语中都是“สามารถ”。因此学习者可能出现类似例（3）的偏误。

第二，表示主观愿望的“想”、“要”在泰语中都是“สามารถ”。因此学习者容易出现类似例（1）、（2）的偏误。

二、นิดหน่อย 和“一点儿、有点儿、一下儿”

先看几个例句：

（4）＊昨天你买的那本词典，给我看一点儿。（正确句：……给我看一下儿。）

（5） 甲：这个菜做得怎么样？

＊乙：辣一点儿。（正：辣了一点儿。）

（6） 甲：你累吗？

＊乙：累一点儿。（正：有点累。）

（7） 甲：考试难不难？

＊乙：难一点儿。（正：有点儿难。）

（8）＊今天我有点儿高兴。（正：今天我挺高兴的。）

出现偏误例（4）的原因是汉语中的“一点儿”和“一下儿”在泰语中的对应成分只有一个“นิดหน่อย”。นิดหน่อย在动词后面既可用做定语表示少量（买一点儿菜），也可以用做补语表示动作的时间短或尝试（看一下儿书）。当นิดหน่อย跟在形容词或心理动词后时，可对应汉语的“X一点儿”，但语义范围大于“X一点儿”。例如，以下四个汉语句子中的画线部分都可以翻译成泰语的“น่าจะ（甜）นิดหน่อย（一点儿）”：

（9）咖啡还不够甜，再甜一点儿。

（10）这杯咖啡（跟那杯比较）甜一点儿。

（11）（味道）甜甜的，挺好吃。

（12）味道甜了一点儿/有点儿甜，淡一点儿就好了。

也就是说，泰语中的X นิดหน่อย跟汉语的“X一点儿”一样，都可以表示祈使语气，如例（9）。Xนิดหน่อย也可用于陈述句：表示中性的比较时，与汉语的“X一点儿”对应，如例（10）。另外泰语的Xนิดหน่อย根据语境，还同时表示褒义和贬义的陈述，而在汉语中，则须使用重叠来表示褒义，如例（11），用“X了一点儿/有点儿X”来表示贬义，如例（12）。这就是导致偏误例（5）、（6）、（7）出现的原因。

总之，泰语的X นิดหน่อย在汉语中可分化为：1）“X一下儿”；2）“X一点儿”；3）“XX的”（挺X的）；4）“有点儿X”；5）“X了一点儿”。其中，“X一点儿”在形式和意义上完全与X นิดหน่อย对应，因此，泰国学习者很容易把汉语中需要用1）、3）、4）和5）表达的结构都说成“X一点儿”。另外，由于X นิดหน่อย涵盖了中性、贬义和褒义的表述，因此泰国学生在学习使用上述结构时，很容易发生混淆，例如偏误（8）。

三、ให้和“给、让、使”

泰语中的“ให้”，在汉语中分化为动词介词兼类的“给”、表使令的“让”（表使令的“请”在泰语中可对应为เชิญ ให้，可译为“请给”）和表致使的“使/让”。由于表示“给予”和给予对象的动词/介词“给”和泰语“ให้”基本对应，不少学习者以为凡是“ให้”能表达的意思，“给”都可以表达。因此，他们大量地将“给”误代入表使令和致使的句子中，出现以下偏误：

（13）*给我知道了，只有很少的人是真的来爱我们。（使）

（14）*这门课给我们知道“文学”是什么意思。（使）

（15）*他能给我思考。（让）

（16）*我要对爸爸妈妈做好人，不要给他们担心。（让）

（17）*妈妈给我出去买一些东西和叫妹妹给饭鸟。（让）

（18）*A给B赶快把雨衣给他，但是B找不着。（让）

（19）*他给邻居帮他想办法。（让）

四、สำหรับ 和“跟、对、对……来说”

先看以下例句：

（20）＊跟那边的气候习惯了没有？

（21）＊我还跟这门课觉得很难。

在泰语中，对应汉语介词“对”和“跟”的都是“สำหรับ”。这是对比等级中的六级——分化，即母语的一个语言项对应于目的语的两个语言项，学习难度高。因此，学生会出现混用“跟”和“对”的偏误，例如（20）。

但是，偏误例（21），把“跟”改成“对”仍然不对。为什么呢？再看以下偏误：

（22）＊那个周末对我很有意思。

（23）＊汉字对日本人很容易。

（24）＊这件衣服对你很合身。

句中的“对”都应改为“对……来说”。偏误原因之一，是泰语的สำหรับ，对应于汉语的“对”和“对……来说”。首先，泰语的“สำหรับ”和汉语“对”对应：

（25）เขา สำหรับ ฉัน สำคัญ มาก.

词译：他 对 我 重要 很

意译：他对我很重要。

（26）ฉัน สำหรับ เขา ไม่ สนใจ.

词译：我 对 他 有 兴趣

意译：我对他有兴趣。

其次，泰语的“สำหรับ”还可以对应于汉语的“对……来说”：

（27）ภาษาจีน สำหรับ ฉัน ยาก มาก.

词译：汉语 对 我 难 很

意译：汉语对我来说很难。

可见，泰语的“สำหรับ”所引进对象的语义范围大于汉语的“对”，它对应于汉语的“对”和“对……来说”。有些学习者以为所有的สำหรับ都对应于

“对”；或者知道对应关系为一对二，却不知道何时用“对”，何时用“对……来说”，于是就出现了上述偏误。

五、感受类性质形容词和状态形容词

先看几个例句：

（28）＊考试很害怕。

（29）＊美国电影比中国电影兴奋。

（30）＊这次考试他的成绩很满意。

上述句子中的“害怕、兴奋、满意”应分别换成“可怕、令人兴奋、令人满意”。为什么呢？这里需要引进三个概念：感受动词、感受状态形容词和感受性质形容词。感受动词/感受状态形容词表示人或其他生物的感受，做谓语时主语为人或其他生物，如“害怕”（我害怕考试）、“兴奋”（我很兴奋）。性质形容词表示事物的性质，做谓语时主语为事物或事件，如“可怕”（考试可怕）。后者虽然也跟感受有关，但其语义指向感受的起因，而不是像感受动词/状态形容词那样指向感受主体。我们用英语 excited / exciting 作为参照，就更容易理解：

（31）I was excited in watching the movie. // The movie was exciting.

我看这个电影很兴奋。// 这个电影令人兴奋。

excited 是状态形容词，exciting 是性质形容词。汉语中的“令人兴奋”虽是动词词组，但在句子中起的作用等同于指向感受起因的性质形容词（古川裕，2003）。为了叙述的便利，我们将“令人 XX”也称为“感受类性质形容词语”。

这三类词语可以组成如下句子：

A·感受主体＋感受动词＋（感受起因）（他害怕考试。）

B·感受主体＋状态形容词（他很兴奋。）

C·感受起因＋性质形容词语（考试可怕/电影令人兴奋。）

汉语中用“令人 XX”做谓语的 C 类句子，在泰语中必须使用以下句式来表述：

D. 感受起因＋感受主体＋感受状态形容词（看这个电影我兴奋。/考试结果我满意。）

“兴奋”和“满意”在泰语中为“ตื่นเต้น / คึกคัก”和“พอใจ”，虽然“令人兴奋”和“令人满意”可翻译为“ทำให้คึกคัก/ทำให้คึกคัก”和“ทำให้พอใจ”，但由于泰国人不使用C句式，因此这类词组在实际运用中等于不存在。也就是说，在泰国学生的概念词典里，只有“ตื่นเต้น / คึกคัก”和“พอใจ”，而没有“ทำให้คึกคัก/ทำให้คึกคัก”和“ทำให้พอใจ”。泰国学习者在造汉语句子时，就会出现“感受起因＋状态形容词”的偏误，如上述例（29）－（30）。

在泰语中，一部分感受动词前加上“รัก”，就可组成相应的性质形容词，例如“害怕”为“กลัว”，“可怕”就是“น่ากลัว”；“喜爱/爱”为“รัก”，“可爱”就是“น่าลัว”。带น่าการ词可用于C类句式中，即做表感受起因的主语的谓语。但为什么学生仍然会出现例（28）一类的偏误呢？从语言认知的角度，我们可以认为泰语重视从感受主体的角度来认知世界，而忽略对引起感受的事物的性质的归纳。因此，泰国学习者往往倾向于用指向感受主体的感受/动词和状态形容词来误代指向感受起因的性质形容词。

第二节 语 序

一、中心语和定语

泰语的定语都在中心语的后面。如：

（32） ฉัน มี เพื่อน หนึ่ง คน เป็น คน จีน.

词译：我 有朋友一 个 是 人 中国

意译：我有一个朋友是中国人。

（33） เขา ก คือ อาจารย์ หวัง ที สอน ภาษาจีน.

词译：他 就 是 老师 王 的 教 汉语

意译：他就是教汉语的王老师。

（34） หนังสือ เกียวกับ ไวยกรณ์ เล่ม นั นอยาก มาก.

词译：书 关于 语法 本 那 难 很

意译：那本关于语法的书很难。

泰国学习者发生的偏误情况与越南学习者非常类似，都是将定语后置。一般来说，经过一段时间的教学，将名词充当的定语后置的情况比较少，但将介词结构、动词词语后置的偏误还是很多。如：

（35） *端午节，中国人有习惯吃粽子。

（36） *如果要跟这样种人交朋友，应该要有想法跟他一样。

二、结果补语和宾语

先看例句：

（37） *洗衣服干净。

（38） *吃饭好了，我们去操场放鞭炮。

这类偏误在泰国学习者中很常见，即使是学习了多年的高级阶段学习者也很难避免。原因当然也跟母语负迁移有关。

汉语此类句式的意思，泰语是这样表达的：

（39） ซัก เสื้อ สะอาด.

词译：洗 衣服 干净

意译：洗干净衣服。

（40） กิน ข้าว เสร็จ ก็ ไป.

词译：吃 饭 完 就 去

意译：吃完饭就去。

这一对语序对应关系简单，为什么会持续地出现偏误呢？这里涉及到语言自然度的问题。“洗衣服干净”符合客观行为和状态的时间顺序：先洗衣服，然后衣服变得干净了。“VOR（动－宾－结果补语）”可以被看做是对现实规则的语法临摹，因而是无标记的（或弱标记的）；而VRO（动－结果补语－宾）语序是汉语语言系统发展的结果（石毓智，2003），是有标记的（或强标记的）。当目的语为有标记，母语为无标记时，很容易发生母语负迁移。

第三节　句　　式

一、比较句的否定式

泰语和汉语一样，都有“比”字句。只是“比”的位置不同：

（41）　ฉัน สูง กว่า คุณ.

词译：我 高 比 你

意译：我比你高。

（42）　ฉัน ชอบ ว่ายน้ำ กว่า เขา.

词译：我 喜欢 游泳 比 他

意译：我比他喜欢游泳。

（43）　ฉัน วิ่ง เร็ว กว่า เขา.

词译：我 跑 快 比 他

意译：我跑得比他快。

两种语言比较句的否定形式差别更大。首先，汉语“比”字句的否定形式，分化为意义上的否定式“没有”句和形式上的否定式“不比”句。而泰语没有跟汉语“不比”句意义、功能对应的句式。其次，泰语比较句的否定词要放在结论项前面：

(44) เขา ไม่ ขยัน เท่ากับ เสี่ยวหวัง.

词译：他 不 认真 等于 小王

意译：他没有小王认真。

(45) ฉัน ไม่ ชอบ เต้นรำ เท่ากับ เขา.

词译：我 不 喜欢 跳舞 等于 他

意译：我没有他喜欢跳舞。

(46) ฉัน วิ่ง ไม่ได้ เร็ว เท่ากับ เขา

词译：我 跑 不能 快 等于 他

意译：我没有他跑得快。

最后，泰语比较句的否定式在意义上跟“有”无关，从这个角度看，泰语比较句的否定式在形式上更接近汉语的“不比”句。因此，泰国学生很难理解和掌握汉语的“不比”句，在使用“没有”句时，容易出现否定词的误选和错序偏误：

(47) *上海的街道没比北京宽，上海的公园没比北京漂亮。（正：上海的街道没有北京的宽，上海的公园没有北京的漂亮。）

(48) *上海的公园比北京不大。（正：上海的公园没有北京的大。）

二、จน句和“得”句①

使用汉语结构助词“得”及相关句式时，泰国学生常常会出现以下偏误：

(49) *我上课得很高兴。

(50) *每位老师讲课得容易明白。

(51) *妈妈做饭怎么样?

(52) *这门课能让我写请柬和书信得正确。

汉语带“得”的状态补语，可表示主语的状态、动词所表现的动作的

---

① 本部分参见杨晶晶论文（1994）。

状态，还可表示动词受事的状态。如：

（53）他跑得很累。

（54）他跑得很快。

（55）他骂得弟弟哭起来了。

最后一句，汉语还常常用“把”字句表述：

（56）他把弟弟骂得哭起来了。

在泰语中，跟汉语结构助词“得”大致对应的是จน（con）。在表示主语的状态时，泰语จน（con）可以完全与汉语“得”对应。

（57）เขา　วิ่ง　จน　เหนื่อย　มาก.

词译：他　跑　con　累　很

意译：他跑得很累。

จน（con）也可以表示动词受事的状态。这时，有两种语序：

（58）เขา　ดุ　น้องชาย　จน　ร้องไห้.

词译：他　骂　弟弟　con　哭

意译：他骂得弟弟哭了。

（59）เขา　ดุ　จน　น้องชาย　ร้องไห้.

词译：他　骂　con　弟弟　哭

意译：他骂得弟弟哭了。

但是，泰语表示动作的状态时不用จน（con）：

（60）เขา　วิ่ง　เร็ว　มาก.

词译：他　跑　快　很

意译：他跑得很快。

此外，จน（con）还在以下三个方面与“得”不对应：

第一，汉语“得”带宾语时“得”前的动词需要重复，จน（con）不用。

（61）เด็กๆ　ฟัง　นิทาน　จน　ไม่　อยาก　กลับ　บ้าน.

词译：小孩　听　故事　con　不　想　回　家

意译：小孩听故事 听得不想回家。

第二，带จน（con）句中主要谓语可以带程度副词，“得”字句不行。

（62） เขา ยุ่ง เหลือเกิน จน ไม่ มี เวลา กิน ข้าว.

词译：他 忙 非常 con 没有时间 吃 饭

意译：他忙得根本没有时间吃饭。

第三，“得”字句和จน（con）句都可插入语气词，但位置不一样。

（63） เขา ยุ่ง นะ จน ไม่ มี เวลา กิน ข้าว.

词译：他 忙 呀 con 没 有 时间 吃 饭

句译：他忙得呀没时间吃饭。

综上所述，虽然จน（con）和“得”看起来很相似，在某些情况下完全对应，但并不完全一致。可以说，它们的对比等级等于四级“再解释”，即：第一语言中的某个语言项在第二语言中虽有相应的项目，但在项目的分布上却有差异，学习者必须把它作为新项目重新习得。泰语母语者学习汉语时，看到泰语某些จน（con）句和汉语某些“得”句对应（如例（58）、（60）），就以为这两种句式完全一致，因而造出类似例（50）-（53）的错句。

那么，这两个词的性质到底有什么区别呢？我们认为，“得”是标示动补关系的结构助词。从结构上看，它跟前面的动词不能分离；从意义上看，它后边的补语不但可以表示动作发生时或发生后施事、受事的情况，还可以表示动作本身的状况；从句子的类别上看，“得”字句是单句。จน（con）则不同，它跟前面的动词可以分离；它后边的部分不能表示动作本身的状况，因此可以把它看做连词，翻译为汉语的“以至”，จน（con）句式则可视为紧缩复句。

三、“是……的”句

泰语没有跟汉语“是……的”对应的结构。这种情况属于对比等级五级“超差异”，难度等级为四级。与此相关的偏误有几种。

1. 误加

即不该用的时候误用。如：

（64）＊端午节，中国人的习惯是吃粽子的。

2. 遗漏

该用“是……的”结构而不用。如：

（65）＊我有一只猫，他有棕色。

遗漏“是”或“的”。如：

（66）＊每份材料都是我明明不知道。

（67）＊孔明的思想是很深很高。

3. 错序

（68）＊洗男孩子的衣服不是容易的。

第四节　综合分析

我们说，偏误的产生原因往往是多样的，有时需要综合起来分析。

一、句法正确、表义不正确的偏误

（69）＊爸爸对他很担心，因为爸爸身体不太好。

这句话初看没有错，但是，实际上学生的意思是“爸爸身体不好，所以他（孩子）很担心”。正确而自然的汉语表达应该是：

（70）爸爸身体不太好，他很担心。

为什么会出现这类句法看起来对而表义不正确的偏误呢？从泰汉对比看，有三个原因。

原因一，学生对汉语介词“对”的“再解释”发生了偏差。本章第一节第四部分论述过，汉语中引进动作行为对象的“对”与表示从某人、某事的角度来谈论问题的“对……来说”在泰语中都是“สำหรับ”。因此，泰国学生句子中的“对他”，常常既表示“对他”（我对他很好），也表示“对他来说”（学汉语对他来说太难了）。

原因二，感受动词和性质形容词混淆。本章第一节第五部分论述了泰语只强调从感受主体的角度去认知世界，学生很容易用表示主体感受的动词或状态形容词去误代指向感受起因的性质形容词，因此，泰国学生的“我担心”，可能是“我担心（他）”，也可能是“我令人（他）担心”。

按照学生的原意，这个偏误可以改为：

（71）爸爸很让他担心，因为爸爸身体不太好。

第三个原因能够解释为什么泰国学生采用如此别扭的句式：在泰语中，原因总是放在后一分句中表述。

二、同一意思、多种类别的偏误

（72）＊端午节，中国人很习惯吃的粽子。

（73）＊端午节，中国人的习惯吃粽子。

（74）＊端午节，中国人吃粽子的习惯。

（75）＊端午节的时候，是中国人吃粽子的习惯。

（76）＊端午节，中国人是吃粽子的习惯。

（77）＊端午节，中国人的习惯是吃粽子的。

（78）＊端午节，中国人有习惯吃粽子。

（79）＊端午节，吃粽子对中国人有习惯。

以上所有错句都来自一道“泰译汉”的考试题，根据原题，此句按字面可以翻译为：

端午节，中国人习惯吃粽子。

请注意，泰语“习惯”完全跟汉语对应，既可以是名词也可以是动词。以下是学生的正确译法：

（80）端午节，吃粽子是中国人的习惯。

（81）端午节，中国人的习惯就是吃粽子。

综合来看，学生们都把“习惯”作为名词来翻译，这也就解释了为什么所有的偏误都涉及到“有”、“的”和“是”。

为什么会这样呢？“习惯吃粽子”和“吃粽子的习惯”翻译成泰语是一样的：

（82） เคยชิน กิน บะจ่าง

词译：习惯　吃　粽子

意译：习惯　吃粽子/吃粽子的习惯

在翻译时，学生们显然更多地考虑了汉语定中语序规则。这样，想要翻译出正确的汉语句子，就必须添加“有”、“是”；而在泰语原文中，却没有与这两个词相对应的成分，于是就出现了偏误例（72）－（74）；而意识到需要添加的学生，又分别误用了“是……的”结构、“有”字句和“对”字句，于是就出现了偏误例（75）－（79）。

参考文献

古川裕　现代汉语感受谓语句的句法特点　语言教学与研究　2003（2）

何福祥　汉泰语常用单音节动词词义比较研究　北京师范大学博士论文　2000

林勇明　泰国学生汉语定语顺序的偏误分析及其习得顺序　北京语言大学文化学院硕士论文　2000

裴晓睿　泰语语法新编　北京大学出版社　2001

石毓智　现代汉语语法系统的建立——动补结构的产生及其影响　北京语言大学出版社　2003

杨汉川　现代汉泰词典　RUAM SAN（1997）公司　1999

杨晶晶　泰汉语对比研究：表因果关系的谓语组织　台湾大学中国文学研究所硕士论文　1994

张曼倩　汉泰助动词比较研究　北京语言大学文化学院硕士论文　1998

Coder S　*Language distance and the magnitude of the learning task.* Studies in Second Language Acquisition 2/1　1978

Ellis R　1985　*Understanding Second Language Acquisition.*（第二语言习得概论）　上海外语教育出版社　1999 版

Jackson H　1981　*Contrastive analysis as a predictor of errors, with reference to Punjabi learners of English.* in Fisiak (ed.)　1981　转引自：周小兵　李海鸥主编　对外汉语教学入门　中山大学出版社　2004

第九章
西班牙语母语者和法语母语者的偏误

西班牙语和法语属印欧语中罗曼语的一支，语法上有许多共同之处。而汉语则属汉藏语系，语法上跟西班牙语和法语有许多不同。汉语跟西班牙语、法语的差异会给西班牙语和法语母语者的学习带来不少困难；母语负迁移会引发学习者生成不少偏误。本章从语法角度将汉语跟西班牙语、法语进行简单对比，对母语为西班牙语和法语的学生出现的偏误进行分析，并对语言项目的学习难度进行初步预测。

第一节　西班牙语母语者的偏误

一、主语的偏误

1. 缺失与误加

西班牙语母语者习得汉语时，常常会生成以下偏误：

（1）＊看书。

　　正：他看书。

（2）＊这个东西，不管便宜还是贵，都一定买。

正：这个东西，不管便宜还是贵，我都一定买。

(3) *他虽然有很多困难，但是他不担心。

正：虽然有很多困难，但是他不担心。

(4) *我们去食堂吃饭，以后我们去图书馆学习。

正：我们去食堂吃饭，以后去图书馆学习。

(5) *你知道说西班牙语说得不清楚，所以有时候你会听不懂他们的话。

正：你知道他们说西班牙语说得不清楚，所以有时候你会听不懂他们的话。

(6) *我们猜想今天会到。

正：我们猜想他今天会到。

西班牙语是一种屈折语，动词根据人称、数而变位，六个人称相应有六个动词变位。如果人称代词做主语，主语可以省略，因为西班牙语里变位动词本身包含了主语。下面的六个句子均没有出现主语，但是表达很清楚，这是因为动词 vivir（住）的陈述式现在时的六个人称变位本身就包含了主语。

(7) 我住在广州。

意译：Vivo en Guangzhou.

词译：住 在 广州

(8) 你住在广州。

意译：Vives en Guangzhou.

词译：住 在 广州

(9) 他住在广州。

意译：Vive en Guangzhou.

词译：住 在 广州

(10) 我们住在广州。

意译：Vivimos en Guangzhou.

词译：住 在 广州

(11) 你们住在广州。

意译：Vivís en Guangzhou.

词译：住 在 广州

（12）他们住在广州。

意译：Viven en Guangzhou.

词译：住 在 广州

所以，在西班牙语里，除非需要说明或强调，人称代词主语往往略而不提。而相应的西班牙语句子翻译成汉语时，则需要加上人称代词主语，否则，叙述、说明、描写的对象可能就不清楚了，尤其是在单句或前后语境不太清楚的语段中。

初级阶段的西班牙语母语者对汉语的主语使用规则尚不熟悉，西班牙语人称代词主语的使用规则是其唯一可以借鉴的语言规则，因此，母语的干扰就会形成负迁移，生成人称代词主语缺失的偏误，如（1）、（2）。

经过一段时间的学习，学习者意识到汉语和西班牙语的差别，往往又会将这一规则过度泛化，在不该加人称代词的地方误加人称代词，从而生成主语误加的偏误，如例（3）、（4）。

西班牙语人称代词主语的省略还表现在子句主语的省略上。请看例（5）、（6）的西班牙语译文：

（5′）你可以和他们聊天，但是你知道他们说西班牙语说得不清楚，所以有时候你会听不懂他们的话。

意译：Puedes charlar con ellos, pero sabes que ∧ no hablan

词译：可以 聊天 和 他们，但是 知道（关系代词）不 说

muy claro el español. Aveces no puedes entender

很 清楚（定冠词）西班牙语 有时 不 能够 明白

lo que dicen.

（中性冠词）（关系代词）说

在∧处省略了子句的主语“他们”。因为子句谓语动词“hablan”是动词“hablar”的陈述式现在时第三人称复数的变位，所以即使省略主语“他们”，表达依然很清楚。

(6′) 我们猜想他今天会到。

意译：Suponemos que ∧llegará hoy.

词译：猜想　关系代词　到达　今天

在∧处省略子句的主语“他”。因为子句谓语动词“llegará”是动词“llegar”的将来未完成时的第三人称单数的变位，所以，子句主语的省略并不影响句义的理解。

因此，西班牙语母语者也常常会生成子句主语缺失的偏误，如例（5）、（6）。要说明的是，由于包孕句比单句更难习得，且汉语也存在子句主语省略的情况，如：“＊他答应他去。”→“他答应去。”这使得学习者分不清什么时候主语应该省略，什么时候不能省略。这种偏误会持续相当长的一段时间。

2. 错序

先看例句：

（13）＊来了春天。

正：春天来了。

（14）＊来到我们的国家无数的游客从欧洲。

正：无数的游客从欧洲来到我们的国家。

汉语缺乏狭义的形态变化，词序显得非常重要，词序不同，句义就不一样。比如：“我吃饭”，代词“我”，动词“吃”和名词“饭”本身没有任何形式上的变化。“我”在谓语动词“吃”之前，成了句子的陈述对象，是主语，“饭”在谓语动词“吃”之后，成了谓语动词的支配对象，是宾语。通常主语都出现在谓语的前头，宾语在谓语的后头，位置比较固定。因此，汉语不能说“饭吃我”，也不能说“饭我吃”。

西班牙语里的主谓关系不是靠“主语＋动词＋宾语”这样的语序来确定的，它依据的是人称和数的一致。语序非常自由灵活，一个句子可以有多种不同的表达方式。如：

（15）胡安买了一本书。

1：Juan compró un libro.

词译：胡安　买　一书

2：Compró Juan un libro.

3：Un libro compró Juan.

4：Compró un libro Juan .

“compró” 是动词 “comprar” 陈述式简单过去时第三人称单数的变位，因此主语只能是“胡安”。不管主语“胡安”放在哪里，句义的表达都是清楚的。

西班牙语学生将母语中主语位置的灵活性运用到汉语里，就生成主语错位的偏误，如例（13）、（14）。

二、“mucho” 与 “多”

请看西班牙语母语者生成的偏误：

（16）＊在学校有多留学生，我也认识了多拉丁人。

（17）＊关于我自己没有多话说。

（18）＊我们班有多日本学生。

例（16）、（17）、（18）正确的表达应该把“多”都改为“很多”。

在汉语里，“多”为形容词时，表示数量大，可以修饰名词。但它不能单独在句中做定语，做定语时，须与副词“很”搭配使用。这时的“很”并非表示程度的加强，只是出于句法上的需要。

汉语形容词“多”表示数量大时，与西班牙语的“mucho”相对应。“mucho”为形容词时，可以直接修饰名词，不受其他条件的限制。如：

mucha gente muchos libros mucho dinero

词译：大量的　人　大量的　书　大量的　钱

意译：很多人　大量的书　许多钱

西班牙语的词类和句子成分通常可以对应，比如名词的补足语（相当于汉语的定语）由形容词充当。汉语副词“很”常可译为西班牙语的“muy”。而西班牙语里的“muy”和“mucho”既可以表示程度高，也可以表示数量大，因此按照西班牙语母语者的认知方式，他们会认为两者意思一样，只是词性不同，搭配的规则不一样。所以，“很多”对西班牙语母语者来说是同义叠用，在西班牙语里不能说“muy muchos libros”，只能说“muchos libros”。这就是西班牙语母语者把“多”单独用做定语的原因。

可见，“mucho”和“多”，在汉语和西班牙语里既有相同点，又有不同点。第二语言习得者在习得目的语时很容易将母语与目的语中某一语言项的相同点联系起来，并将相同点的使用规则泛化。所以，西班牙语母语者会生成如例（16）、（17）、（18）的偏误。

第二节　法语母语者的偏误

一、修饰语错序

法语母语者初学汉语有时会出现下面的偏误：

（19）＊他是老师英语。

原因是汉法修饰语的位置不同。汉语里，形容词充当的修饰语一般放在中心词前面。而法语中除了少数单音节常用形容词，如 beau（美），jeune（年轻），cher（亲爱的）等可以放在名词前面，大部分多音节形容词，尤其是表颜色、形态、特征的形容词一般放在名词后面。例如：

une jeune femme langue Française professeur Française

一　年轻　女人　语言　法国　（女）老师　法国

一个年轻女人　法语　法国（女）老师

二、宾语错序

有时还会将人称宾语放在动词前边。如：

（20）＊我他给一本书。

(21) ＊我你喜欢。

这也是受法语影响产生的偏误。法语一般也是 SVO 形式，如：

(22) Je connais Dupont. (我认识杜邦。)

词译：我　认识　杜邦

但当直接宾语是人称代词的时候，它必须放在动词前：

(23) Je le connais. (我认识他。)

词译：我　他　认识

如果间接宾语是人称代词时，也必须提到动词前面。请对比：

(24) Je donne à Mme Dupont une robe. (我给杜邦太太一条裙子。)

词译：我　给　(介词)　太太　杜邦　一　连衣裙

如果用人称代词 lui 来代替间接宾语“杜邦太太”，这个代词必须在动词前面：

(25) Je lui donne une robe. (我给她一条裙子。)

词译：我　她　给　一　连衣裙

例 (24) 的间接宾语 Mme Dupont 是普通名词，因此放在动词后，而例 (25) 的间接宾语为人称代词，语序就发生变化了。

如果把直接宾语同时换成代词 la，也要将这个代词提到动词前面，并紧挨主语放在间接宾语代词前：

(26) Je la lui donne.

词译：我　它　她　给

由于法语和汉语在这个语言项上的差别较大，法国学生在学习过程中会比较注意，出现的偏误并不多。

三、由 beaucoup 引发的偏误

beaucoup 是法语中一个使用频率非常高的程度副词，可以修饰绝大部分动词；也可以作为前冠词与 de 结合来修饰名词；或直接作为代词。一般的法汉词典多将 beaucoup 译为“很/非常，很多，多”。但实际情况要复杂得多，beaucoup 并不是在任何条件下都与“很，很多，多”相对应，也不是

在任何时候都与“很、很多、多”相对应。还有，什么时候跟“很”对应，什么时候跟“很多”对应，什么时候跟“多”对应，一些词典也没有解释清楚；已经解释清楚的，对汉语初学者来说，还是会构成学习难度。因此，一些法国学生在学习汉语时会出现如下的偏误：

（27）＊中国比法国很大。

（28）＊他比我跑得很慢。

上述句子的意思，在法语中用以下句子表达：

（29）La Chine est beaucoup plus grand que France.

词译：（冠词）中国（系动词）很 （虚词）大（虚词）法国

意译：中国比法国大。

（30）Il court beaucoup moins vite que moi.

词译：他 跑 很 （虚词） 快 我

意译：他比我跑得慢。/他没有我跑得快。

其中 plus 与 que 连用表示前者（被比较项）比后者（比较项）程度高，与汉语的“比”大致对应；而 moins 与 que 连用则表示前者比后者程度低，与汉语的“没有”相似。

不难看出，句中的 beaucoup 是程度副词。值得注意的是，beaucoup 有时也可以直接翻译成汉语的“很”。如当它修饰心理动词、使令动词时，就与“很”对应。另外，汉语的“很”只能表示绝对程度，不表示相对程度；Beaucoup 既可表示相对程度，还可表示绝对程度。如：

（31）Il pense beaucoup à ses parents.

词译：他 想念 很（对象介词）他的 父母

意译：他很想念父母。

（32）Ce voyage me fatigue beaucoup.

词译：这 旅行 我 疲劳 很

意译：这次旅行使我很疲劳。①

beaucoup 与“很”的区别是：用于比较句时，beaucoup 位于表示比较内容的形容词 grand（大）和 vite（快）之前。而汉语中的意义对应成分是“多”，是形容词，表示被比较项和比较项差距幅度，位于表示比较内容的形容词“大”和“快”之后。位置的区别、词项的区别，以及语法性质（副词还是形容词、状语还是补语）都构成了学习难度。尽管 beaucoup 和“很”修饰动词时在用法上并不完全对应（beaucoup 一般放在动词后，“很”位于动词前）。但它们在某些环境里是可以直接对应的，因此，初学者往往把 beaucoup 和汉语的“很”的语法意义和某些功能等同看待，造出类似例（27）、（28）的偏误。

---

① fatigue 为及物动词，me 为直接宾语，代词作 fatigue 的宾语需前置。与 fatigue 对译的汉语词语“疲劳”为形容词，其后无法带宾语，故对译时只能用使令结构。

参考文献

崔显军　再谈“很多”与“很少”　湛江师范学院学报（哲学社会科学版）1996（3）

陈振尧编　新编法语语法　外语教学与研究出版社　1992

傅雨贤　现代汉语语法学　广东高等教育出版社　2002

贺又宁　现代汉语比较句的结构特色与语用制约试析　贵州大学学报（社会科学版）2001（3）

李大忠　偏误成因的思维心理分析　语言教学与研究　1999（2）

李　强　说“很不”　阿坝师范高等专科学校学报　2002（1）

刘苏乔　齐　冲　法国学生学习汉语辅音中的一些问题　语言文字应用　2004（4）

刘月华等　实用现代汉语语法　商务印书馆　2003

吕叔湘主编　现代汉语八百词　商务印书馆　1984

佟慧君编　外国人学汉语病句分析　北京语言学院出版社　1986

王灿龙　也谈“很多”与“很少”　世界汉语教学　1995（2）

王建勤主编　汉语作为第二语言的习得研究　北京语言大学出版社　1997

谢红华（瑞士）　法语的 beaucoup 与汉语的“很、很多、多”——兼谈对外汉语重点词教学与外汉比较　世界汉语教学　2000（2）

杨　云　不受程度副词“很”修饰的心理动词　云南教育学院学报　1999（1）

朱匡侯　法语国家学生常犯的汉语语法错误　现代外语　1995（2）

张维耿　“很多”与“很少”　汉语学习　1993（6）

赵士钰　汉语西班牙语双语比较　外语教学与研究出版社　1999

周小兵　学习难度的测定和考察　世界汉语教学　2004（1）

周小兵　李海鸥主编　对外汉语教学入门　中山大学出版社　2004

朱德熙　语法讲义　商务印书馆　1982

第3编

目的语规则泛化

第十章
搭配偏误

外国学生学习汉语时出现的搭配不当问题受到许多研究者的关注和重视，其中不少人把句法单位搭配视为对外汉语教学的一大难点。

在能够接触到的众多理论著作当中，对搭配不当的偏误最为集中地进行分析的是方艳（2002）的《论词语搭配与对外汉语教学》。文章“通过分析学生在词语搭配上的偏误，发现其学习策略和产生错误的原因，并从教师教学和学生学习两个角度提出针对性的策略和方法”。文章在分析学生词语搭配的偏误时，着眼点是习得上的原因，并使用比较语言学的研究方法来进行研究。然而由于作者没有对“词语搭配”一词进行清晰的界定，以致文中所举的一些“词语搭配不当”例句，从语法研究角度看并不属于“词语搭配”问题。另外，作者自己也在文中提到，由于她是从产生偏误的原因及对策角度出发进行讨论，因此分析过程中所列举的病句类型并不完全，并没有对搭配不当的病句作系统的归类分析，未能使“搭配不当”摆脱“无规律可循”的局面。同时由于作者从学生的习得习惯出发取例，使一些例句是否属于“搭配不当”的问题存在争议性，令论证缺乏说服力。另一方面，本体研究所取得的丰富成果亦未能最大程度地运用到教学研究中。因此，对于外国学生汉语搭配不当的偏误分析这一问题，仍存在研究上的较大空白，留待我们去做进一步、详尽系统分析。

外国学生汉语的“搭配不当”问题之所以被认为无规律可循，在较大程度上是由于病句没有被系统化归类，人们对于发现的病句只是“头痛医头、脚痛医脚”，未能从宏观的角度分析该问题。因此，本章尝试利用本体研究的基本框架和描写方法，对外国学生汉语的“搭配不当”病句进行系统的分析研究，通过对语料的分门别类，为下一步找出相应的教学对策做好一定的预备工作，努力攻克这一教学难点。

根据现代汉语语法，将句子结构错误之一“搭配不当”分为以下的类别：主谓搭配不当、动宾搭配不当、中心语与修饰语搭配不当（定中搭配不当、状中搭配不当、中补搭配不当）、主语与宾语意义搭配不当、量词搭配不当、关联词搭配不当等方面，我们将以此为框架来描写外国学生的病句。

造成“搭配不当”，在较多情况下，是在知识掌握不完全、目的语规则泛化或母语负迁移等多种因素影响下，由于学生未能区分近义词之间在指人或指物、感情色彩、意义的范围、适用对象、词性、主动与被动关系等方面的差异，从而混淆了它们的用法，造成偏误。这些方面的差异，可归结为句法、语义、语用三个层面上的差异。本章将在上述几类搭配不当的大框架下，从句法、语义等层面解释偏误及其相关的语法规则。

本章选取了100篇外国学生的作文作为偏误分析的语料。留学生分别来自日本、韩国、印度尼西亚、泰国、越南、俄罗斯、古巴、澳大利亚、德国、乌克兰、罗马尼亚、波兰、法国、美国、捷克、瑞典等地。

第一节　主谓搭配偏误

一、动词谓语

先看以下例句：

（1）＊看凋落的叶子我觉得好玩的夏天要完了，什么的都要完成。（俄罗斯）

句中谓语“完成”与主语“什么”搭配不当。在该句中，学生想要表达“夏天快要结束，而与夏天有关的事情也随之结束、完了”。但谓语错用了“完成”。“完成”指“按照预期的目的结束，做成”，具有［＋主观目的性］义项，是二价的及物动词，通常可以有施事和受事。而夏天等自然事物按自然规律出现或消失，是一个客观的过程，具有［－主观目的性］义项，所以不能与谓语“完成”相搭配。可将“完成”换作“结束”（指“发展或进行到最后阶段”），强调事物发展的阶段性。“结束”是一价的不及物动词，通常只有系事，如“工作结束了”中的“工作”。可见，此偏误涉及到句法和语义两方面的因素。

再看主语偏误的例子：

（2）＊在感情生活中，有些快乐、忧患要有人来分享。（日本）

“忧患”意义深广，通常指对国家、民族、人民整体的情感和意识。“忧愁”用于普通人一般的情感，跟“快乐”属于同一层级的反义词，可以用于表示个人情绪，但其对应的动词应该是“分担”，而不是分享。学生没有分清“忧患”和“忧愁”的区别，学习了“忧患”后急于使用，也没有分清名词与动词的搭配关系，因此出现上述偏误。

二、形容词谓语

先看例句：

（3）＊个子不高不低。（俄罗斯）

（4）＊我们却感到生活是多么优美啊！（越南）

（5）＊他的脸色很严格。（瑞典）

（6）＊我遇到了不少老师，其中也有“倒霉”的，也有“很好”的。（日本）

例（3）中谓语“低”与主语“个子”搭配不当。“低”表示“从下向上距离小，离地面近”，具有［－（指）人的身体总长度］义项，常与“位置”、“地位”、“水平”等搭配。而“个子”含有［＋人的身体总长度］义项，不能与“低”相搭配。意思相近而能与“个子”搭配的有“矮”

（指“身材短”），所以这里应把“低”改做“矮”。

例（4）中谓语“优美”与主语“生活”搭配不当。“优美”虽然表示“美、好”，但它多与具体的事物搭配，如“姿势优美”、“旋律优美”等，具有［－（指）抽象事物］义项，“生活”是抽象事物，具有［＋（指）抽象事物］义项，不能与“优美”搭配。应将“优美”改为“美好”，“美好”指“好（多用于生活、前途、愿望等抽象事物）”。

例（5）中谓语“严格”与主语“脸色”搭配不当。“严格”指“在遵守制度或掌握标准时认真不放松”，用来形容人做事的态度，但不能用以描述人的神情、脸色，具有［－（指）人物神情］义项，不能与具［＋人物神情］义项的“脸色”搭配。可把“严格”改做“严肃”，形容人物的脸色、神情使人感到敬畏。

例（6）中定语“倒霉”与中心语“老师”搭配不当。“倒霉”表示“遇事不利，遭遇不好”，通常用来形容行为；用于描述人时，多是一种客观评述，如“他上班坐车时被人偷了钱包，下班回家时又扭伤了脚，真倒霉”。例（6）想表达的是，学生认为有的老师好，有的老师不好，令人厌烦，而不是评价老师的遭遇。可以把“倒霉”改为“讨厌”。后者一般表示对某人的主观感受，即某人在说话人心中引起的感受。（参见第八章第一节第五小节）

上述四例的偏误主要属于语义搭配问题。

三、小句谓语

先看例句：

（7）＊你就会发现这儿的风景真光彩照人。（法国）

谓语“光彩照人”与主语“风景”搭配不当。“光彩照人”形容人的外表很吸引人，不适用于事物，具有［＋（指）人］义项。风景具有［－（指）人］义项，不能与之搭配。谓语可改为“迷人”，“迷人”指“使看不清，使陶醉”，既适用于人，也适用于物。

第二节　动宾搭配偏误

一、体词宾语

先看例句：

（8）＊这就发生了许多不容易扫除的弊病。

（9）＊后来他们给我们一种方法，让我们去计划生育部，得到这个部的批准的话可以出单身证明。

（10）＊提出一个严格的学习计划使我们补充我们的缺点。

（11）＊一个新的调查说美国人的锻炼习惯和日常饮食造成很严重的效果。（美国）

例（8）中谓语“发生”表示“原来没有的事出现了”，不能跟“弊病”组成述宾关系。可把谓语改为“产生”，“产生”指“由已有的事物中生出新的事物、出现”，通常与事物搭配。

例（9）中谓语“给”与宾语“方法”搭配不当。“方法”指关于解决思想、说话、行动等问题的门路、程序，具有［－具体事物］义项，不能与表示具体动作的“给”搭配。可把“给”改为“教”。

例（10）中谓语“补充”与宾语“缺点”搭配不当。“补充”表示“原来不足或有损失时增加一部分或者在主要事物之外追加一些”。“缺点”是指“欠缺或不完善的地方”，是人们想避免的事物，不可能追加一些，因而不能与“补充”搭配。可把“补充”换为“改正”。

例（11）中，“效果”和“后果”在感情色彩方面有区别。“效果”是褒义词，多跟在“出现、产生”等中性动词后充当宾语，不在“造成”等贬义动词后做宾语。“后果”是贬义词，一般跟在“造成”等贬义动词后充当它们的宾语，也可以跟在中性动词后。例（9）搭配不当的原因在于混淆了近义词在感情色彩方面的不同语义特征。

二、谓词宾语

（12）＊经过450万年的发展，我们的生活发生很大的进步。

谓语“发生”与宾语“进步”搭配不当。“发生”表示原来没有的事出现了，具有［－已有］义项，“进步”指的是（人或事物）向前发展，比原来好，具有［＋已有］义项，所以不能与“发生”搭配。可把“进步”改做“变化”。

（13）＊他在夜校学习做饭。（韩国）

此例中，学生用口语词“做饭”来表示夜校的一门课程，而课程的名称一般用书面语表达。学生没有分清楚“做饭”和“烹饪”在语体色彩中的区别（前者为口语词，后者为书面语词），造成搭配不当。该例搭配不当原因在于混淆近义词在语体色彩方面的语义特征。

第三节　定中搭配偏误

一、修饰人的定语

（14）＊我母亲是一个正常的母亲，但对我来说她真了不起。（法国）

例（14）中定语“正常”与中心语“母亲”搭配不当。用于形容人时，“正常”表示“符合一般规律和情况，在生理上、心理上没有什么问题”；“不正常”则表示“在身体上心理上有问题，有麻烦”。例（14）中，学生想表达的是自己的母亲和别的母亲做的事情差不多，没有很特别的。可以把“正常”改为“普通”或“平常”。“平常”表示“不出众，不特别，跟一般人一样”。

二、修饰事物的定语

（15）＊他们只是过着比较严肃的生活。（法国）

（16）＊因为最聪明的计划也要人来实施。（美国）

（17）＊对老年人来说在瑞典没有（照顾孙子）这样自然的任务。（瑞典）

例（15）中定语“严肃”与中心语“生活”搭配不当。“严肃”指（神情、气氛等）使人感到敬畏的或（作风、态度等）严格认真，具有［＋（指）人］义项，不能与具有［－人］义项的“生活”搭配。可把“严肃”改为“艰苦”。“艰苦”指艰难困苦，做定语时通常修饰“生活、环境、工作”等。

例（16）中定语“聪明”与中心语“计划”搭配不当。“聪明”表示智力发达，记忆和理解能力强，具有［＋（指）人］义项，一般用以形容人，不与具有［－人］义项的“计划”相搭配。“明智”表示有远见、想得周到，多用于形容事物、行为，如“这是一个明智的决策”、“这样做很明智”。例（16）可说成“明智的计划”。

例（17）中定语“自然”与中心语“任务”搭配不当。“自然”表示自由发展，不经人力干预，“自然”具有［－（指）事情］的义项，不与［＋事情］的“任务”搭配。可把“自然”改为“当然”，“当然”指应当这样，合于事理或情理、没有疑问。

第四节 状中搭配偏误

一、句法问题

先看例句：

(18) ＊她非常批评了我们。(德国)

(19) ＊我们必须远见地看事物。(印度)

例（18）中状语“非常”与中心语“批评”搭配不当。“非常”是程度副词，主要修饰性质形容词，不能修饰状态形容词。如：

非常红／非常漂亮

＊非常通红/＊非常漂漂亮亮（的）

不能修饰一般的行为动作动词，但可以修饰心理动词。如：

非常想/非常喜欢

＊非常学习/＊非常表扬

“批评”是一般的动作行为动词，不能受“非常”修饰。可说成“严厉地批评”，“严厉地”指严肃而厉害，可以修饰相关的动作行为动词。

例（19）中状语“远见”与中心语“看”搭配不当。“远见”表示远大的目光，是名词，不能充当状语，可把“远见”改为“有远见”，动词词组加“地”常常可以做状语。

二、语义问题

(20) ＊丈夫对医院说他的眼睛有很大问题，吞吞吐吐地看东西。(日本)

(21) ＊课堂上谁也不问她这样的事情，她亲自讲起来。(日本)

（22）＊他个子不高也不矮，没胖。（波兰）

所谓语义偏误有两类。第一类是某个词语语法上可以做状语修饰某类谓词，但它在语义上不能修饰句中的特定谓语，如例（20）中状语“吞吞吐吐”与中心语“看”搭配不当。“吞吞吐吐”形容说话或行文含混不清，有［＋（指）口部动作］义项，不与具［－口部动作］的“看”相搭配。“朦胧”指快要睡着或刚醒时，两眼半开半闭，看东西模糊的样子。可以改为“朦朦胧胧”；或者用更简单的改法：“看东西不清楚”。例（21）中状语“亲自”与中心语搭配不当。“亲自”指本来不需要某人自己做而他自己做了，多用于领导或地位较高的人。“讲”的动作一定是自己做的，所以没必要再用“亲自”来修饰。可改为“自己”，“自己”是代词，复指前头的名词或代词（多强调不由于外力）。“名词（代词）＋自己＋动词”常常表示动词所指动作行为是名词所指人物主动、自愿或单独发出的。如：

张三自己承认了错误。

他自己找到这里的。

我自己把自行车修好了。

第二类是某个词语有时可以跟后边的谓词构成状中关系。如“没”有时可以修饰“胖”：

甲：小王最近胖了一点。

乙：他没胖。只是有点水肿。

但在某些语句中，由于上下文出现的语义因素，某个词语不能修饰后边的谓词。如例（19）中状语“没”与中心语“胖”。我们知道，当“不”修饰性质形容词时，否定的是一般性质，如：

他挺胖——他不胖　花很红——花不红

而“没”否定的是性质的变化。如：

他胖了——他没胖　花红了——花没红

例（22）要表达的是对某人身材的评价，是对某种性质的否定，而不是对某种变化的否定，所以不能与“没”搭配，而应与“不”搭配。

第五节　中补搭配偏误

（23）＊很多我没看到过的水果卖得又丰富又便宜。（日本）

（24）＊我的房间的温度很低，住得不轻松。（俄罗斯）

例（23）中补语“丰富”与中心语“卖”搭配不当。“丰富”指（物质财富、学识经验等）种类多或数量大，“多”表示数量多。“丰富”一般用来形容抽象的事物，具有［－（指）抽象］义项，而“卖水果”是具体的事情，所以不能与“丰富”搭配，可改为与“多”搭配。

例（24）中补语“轻松”与中心语“住”搭配不当。“轻松”指不感到有负担、不紧张。“住”有［－心理上］义项，而“轻松”有［＋心理上］的义项，所以不能相互搭配。应把“轻松”改为“舒服”（指身体或精神上感到轻松愉快）。

第六节　主宾搭配偏误

一、名词宾语

（25）＊对儿童来说，教师是最大的教育环境。（日本）

（26）＊它们（对人类不好的事情）是我的反面教员。（日本）

（27）＊虽然学习中文的每一个方面都很重要，但是提高口语有更大的利益。（美国）

主宾搭配不当问题主要出现在“是”字句和“有”字句中。例（25）中主语“教师”与宾语“环境”搭配不当。“环境”指周围的情况和条件，具有［－人］的义项，不用来形容人，所以不能与具有［＋人］义项的“教师”搭配。而“资源”指生产资料或生活资料的来源，可以用来形容人，有“人力资源”的说法，可把“环境”改为“资源”。

例（26）中主语“事情”与宾语“教员”搭配不当。因为“教员”指担任教学工作的人员，具有［＋人］的义项，不与具有［－人］义项的“它（事情）”搭配。因此“对人类不好的事情”不能与表示人的“教员”搭配，应改为“教材”。

例（27）中主语“提高口语”与宾语“利益”搭配不当。“利益”指益处、好处，强调金钱上的好处，根据句意可判断“提高口语”没有金钱方面的要求，因此把“利益”改为“益处”或“好处”更恰当。

再看主语、宾语均有问题的偏误：

（28）＊我觉得生词会提高我们的科学关于汉语和汉字……（印尼，女，中3）

例（28）中小句主语的“生词”产生“提高”的效应，应改为“学习生词”。“提高”的宾语一般是“水平、能力”等，这里该用“提高我们关于汉语和汉字的知识水平”。此例也可以说是遗漏了“水平”。

二、时间词宾语

（29）＊学汉语的学历总共是一年半了。（日本）

此例中主语“学历”与宾语“一年半”搭配不当。因为“一年半”是一个时间，而“学历”不具有［＋时间］的义项，所以不能与之搭配，应把“学历”改为“时间”。

第七节　关联词搭配偏误

先看例句：

（30）＊我学潜水的目的不单是为了再回去看 PP 岛那边的海底世界，但我还想到处去看。（泰国）

此例关联词“不单”与“但”搭配不当，“不单”是表递进的关联词，具有［＋递进］义项，“但”则是表转折的关联词，具有［－递进］义项，不能相搭配。根据句子要表达的意思，可把“但”改为“而且”。

（31）＊只有让她开心，我什么都愿意这样爱她。（菲律宾）

此例关联词“只有”和“都”搭配不当，“只有”表示必要条件，意思是没有了这个条件就不会有后面的结果，“都”表示无条件，所以不能与“只有”搭配。而“只要”表示充分条件，可以与“只有”搭配，所以应该把“只有”改为“只要”。

以上从七个方面考察了搭配不当出现的偏误——主谓，动宾，定中，状中，中补，主宾，关联词。同时从几个方面探索了偏误产生的原因：学生对目的语知识掌握不完全，目的语规则泛化等。其中针对目的语知识掌握不完全再细分成几方面进行探讨：句法，语义，语体。由于学生在这些方面的知识不足，出现对词语的错误选择和错误使用，从而形成搭配偏误。

参考文献

程美珍　汉语病句辨析九百例　华语教学出版社　1997

邓耀臣　词语搭配研究中的统计方法　大连海事大学学报　2003（10）

范　晓　张豫峰等　语法理论纲要　上海译文出版社　2003

方　艳　论词语搭配与对外汉语教学　连云港职业技术学院学报　2002（3）

李葆嘉　汉语的词语搭配和义征的提取辨析　兰州大学学报　2003（11）

李子云　词语搭配的制约因素　安徽教育学院学报　1995（3）

鲁健骥　外国人汉语词语偏误分析　语言教学与研究　1987（4）

马挺生　试谈词语搭配的形式和条件　语言教学与研究　1986（3）

王希杰　论词语搭配的规则和偏离　山东师大学报　1995（1）

吴勇毅　汉语作为第二语言语法教学的“语法词汇化”问题　第七届国际汉语教学讨论会会议简报　2002

Leech　G　语义学　上海外语教育出版社　1987

Peccei　J. S.　语用学　外语教学与研究出版社　2002

第十一章
宾语偏误

本章从宾语使用角度考察外国学生学习汉语时的偏误。语料来自汉语中介语偏误标注语料库①。

偏误分析该怎么分类，很多学者对此有过论述。鲁健骥（1994）分四类：遗漏、误加、误代、错序。周小兵（1996a）分六类：语序错误、搭配不当、词语残缺、词语误加、词语混用、句式杂糅。Carl James（2001）分五类：误代、误加、遗漏、杂糅、错序。

本章以体词性宾语、谓词性宾语、小句宾语、双宾语四种结构类型为纲，再以 Carl James 的误代、误加、遗漏、杂糅、错序五种偏误类型为目进行偏误分析。所用例句基本保持原貌，分析时主要针对宾语部分。

---

① 此汉语中介语偏误标注语料库主要收集了中山大学近年来外国留学生平时和考试的作文。由于写作课是中级 1 班才开设的，所以语料库中的语料以中、高级班为主。

第一节 体词性宾语偏误

一、一般体词（短语）宾语

1. 误代

误代是指从两个或几个形式中选取了不适合于特定语言环境的一个（鲁健骥，1994）。这几个形式或者是意义相近，但用法不同；或者是用法相同，但意义不同；或者是形式上有相近的地方（如字同），而意义和用法不同。这类偏误是五种类型中最多的，主要有两类：一类是宾语误用了近义词，一类是宾语误用了词性不同的词。

（1）＊我们用英文介绍了自己，然后谈了各种各样的题目。（波兰，女，中2）①

（2）＊但，没有季节感，忘了夏天在很热的气候中过，冬天在很冷的气候中过的风趣。（日本，女，中2）。

例（1）是近义词误代，“谈”的宾语应该是“话题”而不是“题目”。例（2）是词性误代，“风趣”是形容词，这里应改为名词“乐趣”，表示生活中体会季节感很鲜明的乐趣。

2. 误加

这类偏误多是动词（短语）已经有宾语了，又多带了同义的词；或者不能带宾语的动词带上了宾语。

（3）＊我只看他们，他们又看我自己。（波兰，女，中2）

---

① 括号里注明的是外国留学生的国籍、性别和班级；有的资料不全，有的完全不知道就用问号表示。

（4）＊我听到那个消息的话，我很可惜。我很想留下平八郎老师。（日本，男）

（5）＊先生在中国公司工作半导体。（日本，女，初3A）

例（3）“看我”就可以了，不用加“自己”，除非是“我看我自己”。例（4）“那个消息”和“话”重复了，删去“的话”。例（5）“工作”是不及物动词，不能带宾语。

3. 遗漏

这类偏误主要是由于宾语的定语太长，以至遗漏了宾语。

（6）＊我还没毕业的时候，我就在泰国国际机场工作了，那个时候我碰到很多从各国来，特别是中国人。（泰国，女，中4）

（7）＊解放以后我姨公被共产党派去哈尔滨研究中国农业发展。（美国，男，中3）

（8）＊如果丰田老师不在中山大学的话，我也不在中山大学读书，丰田老师不在中国的话，没有实现我的中国留学。（日本）

例（6）中“碰到”少了宾语，应该在“从各国来”后加上“的人”。例（7）“研究”多搭配“问题”，在“农业发展”后加上“问题”。例（8）“实现”的一般是“愿望”，应在“中国留学”后加上“的愿望”。

4. 杂糅

这类偏误主要是把两个意义或用法相近的句子结构混淆在一起使用而产生的。

（9）＊她排第四个女儿。（马来西亚，女，中3）

（10）＊一分钟你很有名，第二分钟就没有人理你，谁知道谁真是你的朋友或者喜欢你因为你出了有名。（?）

例（9）可以是“她排行第四”，也可以是“她是第四个女儿”。例（10）中“出了有名”是“出名”和“有名”的杂糅。根据句意，这里最好用“出了名”。

5. 错序

请看例句：

（11）＊山上很多树种着。（韩国，男，初3B）

（12）＊我经常被加塞儿时，没有一句话说过。（日本，女，中2）

（13）＊今天跑步以后肚子很饿了，所以随便点儿东西吃了。（日本，男，初3A）

例（11）应该是“山上种着很多树”，原因是学习者未能掌握汉语存现句动词和宾语的位置。例（12）应该是“没有说过一句话”或“一句话也没说过”；学习者可能学过“一+量词+名词”的周遍性用法，但不清楚前移后的具体位置，因此出现偏误。例（13）应该是“随便吃了点儿东西”。当然，上述偏误跟韩语和日语里动宾结构的语序都是O+V也有关系。

二、处所词（短语）宾语

1. 误代

这类偏误主要是学生用了不适合特定语境的词。

（14）＊吃完以后两个女儿做作业，我的太太收拾房间。那只小狗马上回它的家里睡觉。（日本，男，初3A）

例（14）是近义词误代，“家里”应该改为“窝里”。汉语里对人与动物的用词是有区别的，除非是在童话故事里。

（15）＊我送朋友到飞机。（日本，初1）

（16）＊王婆婆很担心这会发生了危险，就忙带他去眼镜商。（马来西亚，女，中1）

上两例是词性误代。“到、去”类动词后边的宾语不能是一般指人指物的名词，而应该是处所词或一般名词加方位词等。例（15）中“飞机”应该是“飞机场”。例（16）中“眼镜商”该改为“眼镜商店”。

2. 误加

这类偏误主要是不该带宾语的动词带了宾语，或者已经有宾语了，又带了同义的词语。

(17) ＊我们俩并肩散散步步那边。(日本，女，中3)

(18) ＊如果去旅游另外的地方，我认为能发现另外的风俗，另外的想法。(?)

(19) ＊我还没去过中国的农村地方。(日本，女，中3)

例（17）中“散步”是不及物动词，后面不能带宾语，所以应删去“那边”。如果要指出散步的地点，可在前面用“去”或“到”带宾语；而且“散步”的重叠式不能是“AABB”式，也不能是“ABAB”式，只能是“AAB”式；根据上下文“散步”是已然的动作，所以应该改为：“我们俩并肩去那边散了散步”。例（18）“旅游”不能带宾语，这里应该改为“去别的地方旅游”。例（19）中“农村地方”即是“农村”，应删去“地方”，更简洁。

3. 遗漏

这类偏误主要是一般名词做处所词宾语时，遗漏了方位词或“这里（儿）/那里（儿）”等。

(20) ＊第二天，夫妇都又去了别的医生想知道有什么病。(女，中1)

(21) ＊走了半天，他们俩都觉得很累，想去公园里的喷水池休息一下。(中3)

(22) ＊马克马上飞到他的弟弟。但他还是在睡觉。(?)

处所词宾语常常是由处所词、一般名词和方位词构成的短语。例（20）中“去”的宾语不能是“医生”而应该是“医生那里”。因为表人的名词后必须加上“这里（儿）/那里（儿）”等才能表示处所。根据句子的意思，应加上“那里”。例（21）中“喷水池”应该加上“边”。例（22）“飞（跑）到他弟弟”，也是表人的名词后面少了表示地点的词，根据句意，这里应该是“弟弟的房间里”。

4. 错序

这类偏误主要是由处所词宾语和趋向补语同时出现而造成的。

(23) ＊他开隧道进去家里。(日本，女，中1)

(24) ＊现在他们很亲密，他们决定一起住，所以李四到张三搬来了。

（韩国，女，中 4）

谓语动词后有表示处所的宾语又有趋向补语时，处所词宾语一定要放在动词和趋向补语之间。所以例（23）应该改为“进家里去”。例（24）中，“搬”应该位于“到”之前，句子改为“所以李四搬到张三家来了”（当然，此句也有遗漏，“张三”不能做“到”的宾语，后边要加上“家”或“这里”）。

第二节　谓词性宾语偏误

一、动词（短语）宾语

1. 误代

一类是充当宾语的谓词性词语使用了不合适的近义词。如：

（25）＊刚结婚时她的身材苗条，皮肤也很好，很喜欢装饰。现在老了，不如从前。（中 2）

例（25）中“装饰”一般用于事物，这里是写人，该用“打扮”。

另一类是词性误代。如：

（26）＊我刚来广州的时候，整个热得闷闷不乐，什么都不想做，却越来越知道不如考虑在夏天合适生活，衣服和食品，积极生活。（日本，女，中 2）

“合适”是形容词，根据文意，这里该用动词“适应”。

2. 遗漏

遗漏主要是对可带动词宾语的动词掌握得不好，尤其是初级班学生，不知道有的动词后面该用动词做宾语。如：

（27）＊我喜欢生意。（韩国，女，初 3B）

（28）＊女同学毕业以后打算翻译。（韩国，男，初3B）

（27）“喜欢”后面少了动词“做”，应该是“喜欢做生意”。例（28）“翻译”前少了动词“当”。

3. 错序

初级班出现这类偏误较多，主要是还没掌握动词宾语，不知道动词该放在哪里。

（29）＊我的小儿子两岁。他很喜欢汽车和火车玩具玩儿。（日本，女，初3A）

（30）＊我哥哥寒假结束前两三天，才做开始作业。（日本，女，初3A）

例（29）“汽车和火车玩具”是“玩儿”的宾语，应该放在动词后面。例（30）“开始”的宾语一般是动词短语，应该是“开始做作业”。

二、形容词（短语）宾语

这类宾语的偏误只有误代和误加两种，其他情况目前没有发现。

1. 误代

这类偏误主要是误用了近义词，或者将动词、名词误用为形容词。近义词误代，如：

（31）＊天气慢慢地变温暖。（俄罗斯，女）

“温暖”常常用于人，天气常用“暖和”。

词性误代，如：

（32）＊我常常说错，常常听不懂，常常觉得很阻扰。（瑞典）

（33）＊在路上更显得窒闷性，是令人害怕。（越南，男，中1）

例（32）“阻扰”是动词，根据文意，这里该用形容词“烦恼”。例（33）“显得”后面一般接形容词宾语，这里“窒闷性”是名词，用“窒闷”就可以了。这是词性误代，也许是学生把“窒闷性”当成了形容词。

2. 误加

形容词做宾语一般没有什么限制，但是在特殊的句子结构里就有限制了，不了解这一点，就容易出现偏误。

（34）＊这样的情况很多，我越来越觉得很奇怪。（日本，女，中3）

“越来越”已含有程度加深的意思，所以后面不能再用绝对程度副词“很”，应删去。

第三节　双宾语偏误

一、体词性双宾语

1. 误代

（35）＊因为在她的身边有一个很好的丈夫，关心她，照顾她，给她生活的力气，对生活有信心。（越南，女，中4）

“力气”应该换成“勇气”。这是近义词误代。

2. 遗漏

有的双宾语的两个宾语都只能是名词，有的可以是其他词性；有时两个宾语都不能少，有时可根据条件只出现一个。不记住这些，就会出现遗漏的偏误。

（36）＊他常常给我打电话，说汉语。这事情给了我们练习汉语也来更亲近。（韩国，女，初3B）

（37）＊在办公室的时候，我借王老师。（初3A）

例（36）中，“给”的两个宾语都应该是名词，这里应改为“给了我们练习汉语的机会”。一般情况下，“借”的直接宾语需要出现，间接宾语可以不出现。例（37）该加上直接宾语“一本书”或其他。为了表明“借”的方向，还可以在“借”的后面加“给”（“我借给王老师一本书”），或用“向”将“王老师”提到动词前做状语（“我向王老师借了一本书”）。

3. 杂糅

双宾语一般不用介词引入，但“借、请教”等可以变换成用介词引入的单宾结构。如：

向老师借一本书 // 向老同学请教这个问题

学习者容易把这个规则泛化，以为任何带双宾语的动词都可以这样变换，结果出现以下偏误：

(38) ＊我现在要向你们告诉他的故事。(德国，女，中2)

“告诉”大多接双宾语，不用介词“向”将直接宾语提前。此句可改为：

我现在要告诉你们他的故事。

如果需要将直接宾语提前，可以用“把”，如：

我现在要把他的故事告诉你们。

如果一定要用“向”的话，就要换一个动词，如：

我现在要向你们讲述他的故事。

4. 错序

有的双宾语可以用“把”把直接宾语提前，两者在一起，学习者容易出现偏误。

(39) ＊他把眼镜售货员还回了，就跟妻子一起离开商店。

“还回（给）”要接宾语，“售货员”错放在了动词前面，应该改为：“把眼镜还给了售货员”。

二、小句双宾语

这类宾语只有误代和遗漏两类偏误。

1. 误代

词性误代，如：

(40) ＊有人帮他们找电话号码，所以他们打电话给对方告诉另外他要离开城市。(男，中3)

直接宾语（他要离开城市）是个句子，但间接宾语却错用了副词“另外”。副词不能做宾语，该用名词“对方”或者代词“他（她）”。作者不用“对方”，可能是前边刚出现过“对方”，同性相斥的功能发生了作用。如果后边小句的主语不是“他”，本来也可以用“他”。还有一个改法，将“另外”换成“他”，将小句主语的“他”换成专有名词。

2. 遗漏

有的双宾语两个宾语都不能少，学习者容易遗漏一个。

(41) ＊她告诉，我在白云（山）的时候有很多人给我电话，她觉得很奇怪，所以问一位电话者为什么给我打电话。（波兰，女，中2）

“告诉”接双宾语，间接宾语是必须出现的。这里只有直接宾语（小句），少了间接宾语“我”。

第四节　小句宾语偏误

小句充当动词宾语时，由于内部结构复杂，认知难度较高。加上学习者将注意力放在主句上（即整句的主谓关系上），对充当宾语的小句内部结构注意不够，因此容易出现一些偏误。此类偏误，如果按小句内部结构看，可以分成其他的小类。但为了分析方便，我们将它们放在“小句宾语”一节里集中讨论。

一、误代

这类偏误主要有四类：小句宾语中动词谓语误代、形容词谓语误代、名词宾语误代、形容词宾语误代。多为误用了近义词或者误用了词性不同的词。

1. 小句宾语中动词谓语误代

(42) ＊我们都不明白为什么，因为医生也不知道她到底发生了什么

病，真奇怪。（印尼，女，中4）

（43）＊一点五十分到医院，姐姐马上下车叫医生，但那边的护士一看她就马上让她坐在轮椅又想她要出孩子。（马尼拉，中4）

例（42）“病”不能说“发生”，而说“生病”。例（43）“孩子”一般说“生孩子”，不说“出孩子”。这两例实际上是动宾搭配中的动词偏误，但正好发生在小句里，所以我们放在这里讨论。

2. 小句宾语中形容词谓语误代

（44）＊我觉得他很怕但是很温柔，很严格可很宽容。（日本，男）

“怕”是动词，根据句意，这里该用形容词“可怕”。此例严格说是主谓搭配问题，但正好发生在充当宾语的小句中。

3. 小句宾语中名词宾语误代

（45）＊我认为通过跟别人交流、沟通，从他们本身能够学到好多事情，而且能够了解自己的缺点。（日本，男，本科）

（46）＊我觉得生词会提高我们的科学关于汉语和汉字，因为很多生词我们常常用的。（印尼，女，中3）

“事情”不是能学到的，例（45）应改成“学到好多东西”。例（46）小句主语的“生词”产生“提高”的效应，应改为“学习生词”；“提高”的宾语一般是“水平、能力”等，这里该用“提高我们关于汉语和汉字的知识水平”。此例也可以说是遗漏了“水平”。

4. 小句宾语中形容词宾语误代

（47）＊希望有吃的有穿的我就可以感觉满以（意），但是并没有这么简单。（瑞典，男，中3）

例（47）“满以（意）”在这里不合适，根据文意，可以改为“……我就满足了”。这里还涉及一个问题：“感觉/感到/觉得＋形容词”和“形容词”有什么区别。外国学生由于不明白相关规则，又没有语感，容易出错。

二、误加

这类偏误多为小句中误加了连词、宾语、动词等。

（48）＊商量了多长时间，但是价格还是有点儿贵了，因为卖的人知道如果我们是外国人。（印尼，女，中3）

（49）＊他认为自由就是想作什么就作什么这个想法。（澳大利亚，男，中3）

（50）＊我觉得第一个是对。（俄罗斯，女，中3）

例（48）是小句宾语中误加了连词“如果”，根据文意，这里并不是表示假设，所以该删去。例（49）“自由”不是“想法”，而是“想做什么就做什么”，删去“这个想法”。例（50）形容词做谓语，一般不需要用“是”，除非是表示强调。应删去“是”。

三、错序

这类偏误主要是小句宾语的内部错序。

（51）＊虽然她们有自己的钱，但觉得麻烦结婚。我也认为麻烦结婚。（日本，女，中3）

“觉得”后面的宾语既可以是形容词，也可以是小句；“认为”的宾语多是小句，也可以是形容词。上例的主要问题在于“麻烦”是形容词，后边不能带“结婚”做宾语，而应该将“结婚”放在“麻烦”前充当它的主语。可改为：“觉得/认为结婚麻烦”。

以上我们详细分析了宾语的五种偏误类型，主要有误代、误加、遗漏、杂糅、错序等。这些虽然不能概括外国学生在使用宾语时的所有问题，其实际的偏误类型和原因可能也不像我们分析的那样泾渭分明，而是多种学习策略和其他因素综合作用的结果，但是，通过分析，我们可以发现外国学生在学习中和教师在教学中存在的一些问题。只有了解了这些问题，我们才能制定相应的对策，更好地进行教学。

参考文献

丁　全　谈谈对传统双宾语范围的突破　南都学坛（哲学社会科学版）　1998（1）

程美珍　汉语病句辨析九百句　华语教学出版社　1997

房玉清　实用汉语语法　北京大学出版社　2001

高思欣　留学生汉语动宾式离合词偏误分析　暨南大学硕士学位论文　2002

高云莉　方　琰　浅谈汉语宾语的语义类别问题　语言教学与研究　2001（6）

高运莲　傅维贵　对带非名词性宾语的动词研究的一点看法　松辽学刊（社会科学版）1994（4）

郭继懋　谈动宾语义关系分类的性质问题　南开学报（哲学社会科学版）　1998（6）

郭　莉　越南留学生汉语学习语法偏误分析　广西师范大学硕士学位论文　2003

金明淑　韩国学生汉语习得情况的调查与研究　苏州大学硕士学位论文　2003

金锡谟　动词“进行”的错误简析　新闻与写作　1997（8）

亢世勇　现代汉语谓宾动词分类统计研究　辽宁师范大学学报（社科版）　1998（1）

李大忠　外国人学汉语语法偏误分析　北京语言大学出版社　1996

李临定　动词的宾语和结构的宾语　语言教学与研究　1984（3）

李晓琪　以英语为母语者学习汉语关联词难点及对策　暨南大学华文学院学报　2001（4）

鲁健骥　外国人汉语语法偏误分析　语言教学与研究　1994（1）

刘月华　实用现代汉语语法　商务印书馆　2003

马庆株　名词性宾语的类别　汉语学习　1987（2）

彭可君　谓词性宾语补议　语言教学与研究　1990（1）

裘荣棠　名动词质疑——评朱德熙先生关于名动词的说法　汉语学习　1994（6）

任长慧　汉语教学中的偏误分析　武汉大学出版社　2001

宋玉柱　关于体宾动词和谓宾动词　世界汉语教学　1991（2）

田卫平　指代性专名宾语的多维阐释　汉语学习　1994（4）

佟慧君　外国人学汉语病句分析　北京语言学院出版社　1986

王建勤主编　汉语作为第二语言的习得研究　北京语言大学出版社　1997

肖奚强　略论偏误分析的基本原则　语言文字应用　2001（1）

刑福义　汉语里宾语代入现象之观察　世界汉语教学　1991（2）

杨成凯　广义谓词性宾语的类型研究　中国语文　1992（1）

张伯江　施事宾语的主要类型　中国语文　1989（1）

张小荫　谓词性成分充当远宾语的双宾语构造　天津师范大学学报　1998（6）
周　刚　“加以”补议　汉语学习　1985（2）
周小兵　“进行”“加以”句型比较　汉语学习　1987（6）
周小兵　第二语言教学论　河北教育出版社　1996
周小兵　对外汉语语法项目的选择和排序　对外汉语教学与中国文化——2003 国际汉语教学学术研讨会论文选集　汉学出版社　2003
周小兵　学习难度的测定和考察　世界汉语教学　2004（1）
周小兵　李海鸥主编　对外汉语教学入门　中山大学出版社　2004
Corder　*Errors Analysis and Interlanguage*　OUP　Oxford　1981
Ellis　R　*The Study of Second Language Acquisition*　上海外语教育出版社　1999
Hatch　E　*Psycholinguistics: a Second Language Perspective Rowley*　Newbury House　1983
James　C　*Errors in Languages Learning and Use: Exploring Error Analysis*　语言学习和语言使用中的错误：错误分析探讨　外语教学与研究出版社　2001
Krashen　*The Input Hypothesis: Issues and Implications*　Longman　London　1985
Selinker　L　Interlanguage　LRAL　1972

第十二章
语法单位的杂糅

Dulay、Burt 、Krashen（1982）和鲁健骥（1994）均将第二语言习得中的偏误类型分为遗漏（Omission）、误加（Addition）、误代（overrepresentation）、错序（Misordering）四大类。这四种类型是从语法形式上对偏误进行分类的，一般进行偏误分析的研究都以此为框架。周小兵（1996：161）、Carl James（1998/2001：111）将杂糅（Blends）列为第五种类型，我们认为这不仅是必要的，而且丰富了偏误分析的内涵。

杂糅又叫结构纠缠、结构混乱，这也是第一语言中容易出现的语病。吕叔湘、朱德熙认为，杂糅是：时而要用这种结构，时而要用那种结构，结果是两种结构都用了。在第二语言偏误分析中，也有零星涉及到杂糅的（程美珍，1997：19、262）。

杨翼（1998）则著专文对汉语作为第二语言习得中的杂糅现象进行了较全面的描写和分析，并从认知心理学的角度来考察杂糅产生的原因。她将杂糅的亚类型分为叠加、拼接、替换、缩减、移位、嵌入六种。这样的分类单独来看不无道理。但是，如果将它们放入五种语法形式的偏误类型框架中进行考察，就会发现，真正属于杂糅偏误的只有叠加、拼接两种。替换、缩减、移位、嵌入四种亚类型与其他偏误类型其实是重叠的。根据杨翼文中的例句与分析，我们可以看出，“替换”相当于“误代”偏误；“缩减”其实就是“遗漏”偏误；“移位”是“错序”偏误中的一种；而“嵌入”似乎可以与“拼接”合并。

例如，作为“替换”的病句“其实城市生活比乡村生活多先进、多方便”，可以看做是“①其实城市生活比乡村生活更先进、更方便”和“②其实城市生活比乡村生活先进得多、方便得多”的杂糅。它的偏误其实正如作者指出的，是用“多”去替换“更”，即用表感叹的副词“多”错误地代替了表比较的副词“更”。因此，这个偏误属于“误代”。

再如，作为“缩减”的病句“任何方面都比乡村方便多”可以看成是遗漏了结构助词“得”，而不必看做是“①任何方面都比乡村方便”和“②任何方面都比乡村方便得多”的杂糅。

又如，作为“移位”的病句“在农村封建时代的观念还比城市存在得多”，此句的主要偏误，正如作者本人指出的那样，是“附加成分‘存在’移到了谓语中心语位置”，那么此句的偏误类型可以归入“错序”。

根据 Hockett（1967）的“竞争计划假说（competing plans hypothesis）”，杂糅产生于两种结构的竞争。据此，Stemberger（1982：319）和 Carl James（1998/2001：112）将杂糅分为三种：两种结构竞争的结果是（1）两相删除（deletion），（2）将两种结构简单相加，（3）两种结构有所取有所不取。我们认为第一种所说的删除就是遗漏，因而不把它作为杂糅的一种亚类型，而第二种就是上文所说的叠加，第三种就是拼接。田善继（1995/1997：101－103）在研究非对比性偏误时，列出了“类推”这样一种偏误形式，“类推”的两种偏误亚类型是“累加”和“叠加”，其实这就是我们讨论的杂糅两种亚类型：叠加和拼接，不过田善继没有提到“杂糅”，而是从偏误成因上将“累加”和“叠加”归纳为“类推”①。

我们以中山大学周小兵主持建设的“汉语中介语偏误标注语料库”中已完成的中级阶段留学生20余万字的作文为语料，把杂糅分为叠加和拼接两种进行研究。我们认为杂糅产生的原因有二：（1）因近义形式未加辨析而堆砌；（2）因举棋不定而纠缠。而改正杂糅偏误的方法通常是将两种结构分解开来，选择其中的一种。

---

① 据田文，属于“类推”的亚范畴还有“类比”，这与“杂糅”无关。

第一节　偏误类别

一、词语和句法结构的叠加

作为杂糅亚类型之一的叠加与误加有什么不同呢？误加只需要将误加的成分删除就可以了，如：

（1）＊他常常地看电影。

此例中误加了“地”，应删去且只能删去“地”。而叠加的改正方法则有两种，如：

（2）＊他非常很高兴。

我们可以删除“非常”，得到正确的句子“他很高兴”；也可以删除“很”得到正确的句子“他非常高兴”。

1. 词语叠加

（3）＊从前，有两位男和女人住在城市郊区的一个栋旧公寓大楼里。W048P1①

量词“个”与“栋”叠加。可以改为“一个旧公寓大楼”，也可改为“一栋旧公寓大楼”。

（4）＊那天是十一多年以前，不过我和那个女孩现在是很好的朋友。Z043P2

此例为有确切个位数的数词与概数“多”叠加，表概数的“多”不能跟在个位数后面，只能跟在十位数以上的整数后。此例当改为“十一年”或

① 例句后的编号为中山大学周小兵主持建设的“汉语中介语偏误标注语料库”中的编号，下同。

“十多年”。

（5）＊他往到一个小湖走。W046P2

介词“往”与“到”叠加。当我们选择介词“到”时，动词“走”必须移位至“到”前，即此例是杂糅偏误中还有错序。

（6）＊去北京路的时候，我们要买书包，但是价钱有点儿贵，所以我们商量商量一下。W057P1

动词的重叠形式表示“短暂”义，它与表短暂的词汇形式“一下”不兼容，即不能同现，二者只可选其一。

（7）＊他的眼很非常不好。Z158P1

对于此类偏误，鲁健骥（1994/1997：81）有说明：“关于形容词谓语句有一条规则：在肯定形式中，谓语形容词前要用一个意义弱化的‘很’，……教学中比较强调弱化的‘很’的使用，而在学到其他程度副词修饰谓语或状态补语（由形容词充任）的时候，却没有同时说明这时应该去掉‘很’，引起学生的误会。”

（8）＊这样，印尼会变比较好很多。W026P3

此例是“比较”和“很多”前后叠加。

（9）＊我住在中国半年了，在这儿交了许多外国朋友，真很有意思得不得了。W061P1

此例是“真有意思”、“很有意思”、“有意思得不得了”三重叠加。副词“真”在感叹句中表示程度深，“很”在陈述句中表示程度深，而“不得了”是以补语形式表示程度深，当学生想表达“程度深”的意念时同时激活了相应的三个形式而形成杂糅。

（10）＊某个夜里传飘来的歌声在继续回荡。Z132P1

动词“传”与“飘”叠加，改为“传来”，或“飘来”。

（11）＊我在印尼时，最不喜欢也是印尼课，我觉非常得无聊，所以请你使我对这课有感兴趣。W064P1

动词短语“有兴趣”与“感兴趣”叠加。

（12）＊他现在在古巴读高中中学。YQY－033

名词“高中”和“中学”叠加。

2. 句法结构叠加

（13）＊我对语言也很感兴趣，特别是汉语和英语。这个也是为什么我要来到中国留学的原因。W075P1

“为什么”与“原因”叠加，而“为什么”与“原因（理由）”不能同现。可改为“为什么要来到中国留学”，或“我要来到中国留学的原因”。

（14）＊但对我来说，觉得它们（指防盗网）太不顺眼了，住在这样的房子人像是被关在监狱似的。W021P3

（15）＊逛大概十五分钟他们找到一个眼镜店，看起来他们觉得好。Z007P1

以上两例是插入语与感觉动词叠加，这一类插入语表示说话者的主观看法，当用了此类插入语如“对我来说”、“看起来”等，就没有必要再用“觉得”了，或者只保留“觉得”而不加插入语。

二、词语和句法结构的拼接

拼接不是两种结构的简单相加，而是两种结构在杂糅过程中有所取舍。

1. 词语拼接

（16）＊好一会儿他看到旁边的妻子，大吃惊一跳。Z223P1

偏误点“大吃惊一跳”是“大吃一惊”和“吓了一跳”两种结构有所取舍而拼接生成的。

（17）＊BANDUNG 是一个很难以忘的地方，…… 1－M3－015X

此例是“很难忘记”、“难以忘记”和“难忘”的拼接。

（18）＊我来中国留学，这段一年的留学生活快要结束了，……这段一年中，跟中国人接触的时间最多。W022P2

此例是“这段时间”与“这一年”的拼接，是对上文“这段一年的留学生活”的错误分析而诱发的偏误。

（19）＊我坐在窗户边的椅子上，边喝茶边发愣愣地查看 E－mail。W049P1

此例为“发愣”和“楞楞”两词前后拼接在一起。

2. 句法结构拼接

平行拼接

平行拼接是两个结构交错在一起而形成的杂糅偏误。

（20） ＊我问她，“你是不是灵魂还是人？” Z171P3

此例，将“是不是……”与“是……还是……”结构拼接为“是不是……还是……”。可改为“你是不是灵（鬼）魂”，或者“你是灵（鬼）魂还是人”。

（21） ＊开始学习的时我觉得很难过。Z177P1

将“……时”与“……的时候”拼接为“……的时”。

（22） ＊有一次他当小张的面前露出一脸骄傲的神色。Z089P1

将“当……的面”与“在……的面前”拼接为“当……的面前”。

（23） ＊还是不戴眼镜也好。Z184P2

将“还是……形容词”与“……也形容词”两种结构拼接在一起。

（24） ＊三四天以后那个小鸟可以飞走了，真好了。A035P1

将“真＋形容词”与“太＋形容词了”拼接为“真＋形容词了”。

（25） ＊学习写作的时候，我才发现写作是最难的门课之一。CFF－H－001

将“最难的一门课”和“最难的课之一”拼接为“最难的门课之一”。

（26） ＊他要跟我朋友继续交朋友关系。Z122P1

将“保持朋友关系”与“交朋友”拼接。

（27） ＊所以交通很乱，而且按喇叭的声音也一直在响。Z096P2

将“喇叭的声音一直在响”与“一直在按喇叭”拼接。

前后拼接（藕断丝连）

最先提出“藕断丝连（即前后拼接）”这样一种语病的应该是吕叔湘、朱德熙（1952/2002：160）。《词语评改五百例》（1984：154）将“藕断丝连”定义为“一个句子表达一个完整的意思，意思如已完整的话，就应断为一句，可是有的文章当断不断，把一句话的末尾，拿来作为另外一句的起头”。叶景烈（1994：10）举出的例子为：

我非常感动。我走遍全球，从来没有这样一种场面是无法用言语形容的。

他的分析为：“要在‘从来没有’后面补上‘见过’两字。‘是无法用言语形容的’也应当作另一个分句，前面应有停顿，原文也把它跟前一个分句纠缠在一起了。”前后拼接的改正与其他杂糅有所不同，不是二者取一，而一般是将前后拼接的两个结构拆开，形成两个分句。

（28）＊第一弟弟是二十九岁。他住在韩国工作。2-X-013

“他住在韩国”已经是一个完整的句子，可是没有就此断句，而又接上了另一个动词“工作”，从而造成前后拼接。此句应该改为“他住在韩国，也在那儿工作”。

（29）＊去送我的人很多，谁都跟我笑笑谈谈很多事。Z085P1

在“笑笑谈谈”处句子就应该结束，可是写作文的学生顺着“谈谈”一词又加上了宾语“很多事”，因而产生偏误。

（30）＊老嫦觉得很莫名其妙地跟着老王回家。Z163P2

此例将前一分句“老嫦觉得很莫名其妙”与后一分句“跟着老王回家”加了一个“地”字拼接在一起。把“地”字删除，并在该处以逗号断句即可。如果一定要合并为一个句子，就要删除动词“觉得”，改为“老嫦很莫名其妙地跟着老王回家”。

第二节　偏误成因

一、近义形式的误辨

1. 近义词误辨

作为第一语言使用者，同义反复有时有积极的修辞作用，但更多的时候有重复累赘的消极作用。对于外国学生来说，同义词未加仔细辨析，堆砌在一起，就形成了偏误。

（31）＊来中国学汉语的目的是本身自己很喜欢中国。CFF－M2－005

这是不知“本身”与“自己”是同义词而将它们堆砌在一起，形成偏误。二者选其一即可。

（32）＊很多人认为，将来对于亚洲的发展和安全，中日关系是非常重要的关键因素之一。LDD－H－001

“重要”与“关键”意思相近。应改为“非常重要的因素”，或者“非常关键的因素”。

（33）＊小王和小嫦由打小时候就被他各自的父母受好好的教育。Z163P1

“由”与“打”都可以表示“从”义。删除其中的一个即可。

2. 对复合词、短语构成成分误辨

外国学生对复合词是整体习得，对于构成复合词的语素不知其义或者不敏感，往往再加上一个与之同义的语素，从而形成偏误。可是，我们在词汇教学中，应该提倡语素教学法，在把握复合词整体意义的同时，也要分析其构成语素的含义。

（34）＊广州是富饶的城市。看我的意见，比汉城的富翁人更好的生

活。YQY－034

此例不知“富翁”中“翁”的含义，又加上了“人”字形成偏误。

（35）＊男女对家庭和事业的看法有什么区别。根据调查数据，可以看得出来他们有知识分子的人的观念怎么样。2－X－009

不知“分子”即指“人”，应改为“有知识的人”或“知识分子”。

（36）＊从此，我一定学好汉语，专心学习，主要是听力能力。这个能力可以帮我容易看电视。2－028

此例不知“听力”的“力”与“能力”同义反复，只要去掉“能力”即可。

（37）＊我很高兴因为比较了解我祖先的祖国，我真的很自豪。Z041P1

此例由于对“祖国”的“祖”即“祖先”的意思不敏感，因而同义反复。

（38）＊大部分的留学生学习汉语是为了以后比较容易找工作，我是其中一个。所以我认为写记叙文的文章并不重要。CFF－H－017

对“文”即“文章”的意思不敏感，因而堆砌成错。

（39）＊丈夫不可能看见清楚。……穿眼镜以后，丈夫可以看见差不多清楚。Z161P1

对于动补结构，有的如“看见”等是当做一个复合词来教学的，有的如“V＋清楚”这样的双音节结果补语，则是作为短语来教学的。“看见”作为一个复合词，外国学生就没有意识到它已经是一个动结式结构，不能再加另一个结果补语。应改为：“不可能看见”或“不可能看清楚”；“差不多可以看见”或“差不多可以看清楚”。

外国学生往往把短语当做了一个语块（a chunk of speech）（Ellis，1994/1999：84－88）整体记忆，囫囵习得，不能离析其构成成分，确定其功能意义，因而另加上一个同义词语，从而生成偏误。

（40）＊快做打工，赚钱吧！到了暑假的时候，一起去吧！YQY－034

此例把“打工”作为一个语块，不知此处的“打”即“做”的意思。

（41）＊我星期天坐打的去北京路。

此例是留学生口语考试的记录。把“打的”作为一个语块整体习得，不知

“打”即“坐”的意思。应改为“坐的士（出租车）”或者“打的”。

（42）＊每天超过二十多度，如果走了一个小时就出汗出来。W018

此例是把“出汗”当做一个语块所误，应改为“出汗”或者“汗（流）出来”。

（43）＊有一天，我在跟几个朋友玩玩儿，突然看见一支小狗躺在地上，看起来它很好像被受伤了。LDD－H－013

把“受伤”当做了一个语块，不知“受伤”是以动词“受”来表示被动的。可改为“受伤了”，或者“被打伤了”。

3. 词汇形式与语法形式误辨

某种意义、概念、范畴在某种特定的语言中，可以用语法形式来表达，也可以用词汇形式来表达。表达同一意义、概念、范畴的词汇形式和语法形式，有的可以在同一句中同现，如表示完成体的助词“了”与“已经”同现，表示过去的助词“过”与“曾经”同现，进行体的“着”与“正在、正、在”同现。

而有的则不能同现，如（44）句中动词重叠形式“轻松轻松”与数量短语“一下”不可同现，（45）句中形容词重叠形式“高高兴兴”与程度副词“很”不可同现，（46）句中助动词“有”与完成体“了”不可同现等。我们只能在词汇形式与语法形式二者中选其一。

（44）＊每天晚上，我都会留一点点时间来看电视轻松轻松一下。2－057

（45）＊他们俩很高高兴兴回家了。Z026P2

此例可改为：“很高兴（地）回家了”，或者“高高兴兴（地）回家了”。

现代汉语语法发展的最新形式是“有＋V”，比如我们可以听到中国内地人说“有去过”这样的说法，据说这种格式是从新加坡、台湾地区传进来的。如果我们认为“有＋V”是可以接受的语法的话，它也不能与“了”同现，否定形式“没（有）＋V”也不能与“了”同现。体助词“了”与助动词“有”都表示“完成”。

（46）＊和尚有关灯了。Z171P2

此例可改为“有关灯”或者“关灯了”。

其实现代汉语早已有“有+所+V”的格式，见下例：

（47）＊对于这里的生活我已经有所习惯了。Z128P1

不过，它也不能与“了”同现。可改为“已经有所习惯”或“已经习惯了”。

疑问代词“为什么”和名词“原因/理由”只能选择一种形式。见下两例：

（48）＊丈夫往往回晚的原因，因为他有一个不好的习惯，就是下班以后，他很喜欢和同事一起走打扑克。W084P1

应改为“丈夫往往回晚的原因，是他有一个不好的习惯”，或者“丈夫往往回晚，因为他有一个不好的习惯”。

（49）＊那个是我的理由为什么我想学很多生词和写文章的条例。YQY－M3－012

可改为“那就是为什么我想学很多生词和写文章的条例”，或者“那个是我想学很多生词和写文章条例的理由”。

二、近义形式的竞争

如果说杂糅的第一个成因是因为不知，那么第二个原因则是知道了两个结构、两种表达式，却因举棋不定（吕叔湘、朱德熙，1952/2002：158）而纠缠，或产生“竞争（competing）”（Hockett：1967）。对此，Karl James（1998/ 2001：111－112）有具体说明：

> The speaker or writer has activated two structures that are semantically related, either of which could serve his present purpose. But they fail to make a clear choice , and instead combine a part of each to produce a structure with characteristics of both .（说话的人或写作的人激活了两种意义相关的结构，两者单用都能完成交际目的，但是未能做出明确选择，取而代之的是将其混用，产生了一个具有两者特征的结构。）

杨翼（1998：66）进一步指出了杂糅的心理学原因：“随着课程的推

进，学习者积累的汉语表达式不断增多。对各种句式结构的整体特征缺乏集中性注意，又使学习者在信息储存时常常丢失部分特征，造成整体特征不同、局部特征相似的句式结构相互发生纠缠。”

请看例句：

（50）＊被访问的各国女士大部分都说对家务没什么感兴趣。LDD－H－008

该学生学过了“对……（没）有兴趣”，也学过了“对……（不）感兴趣”，肯定式中有“有感兴趣”的杂糅（见（12）），而此例是否定式，是“没什么兴趣”和“不感兴趣”的杂糅，都是在表达时同时激活了“对……（没）有兴趣”和“对……（不）感兴趣”，结果造成了具有两者特征的杂糅结构。

（51）＊茉莉花茶、菊花茶也好喝是好喝，可是还没习惯的人不太喜欢喝。A056P1

表示让步关系的从句，可以用“（虽然）也＋形容词”，也可以用“形容词是形容词”，两种结构竞争的结果产生了杂糅。

（52）＊他决定他最想学习中文。Z101P3

想说“他决定学习中文”，又想说“他最想学习中文”，结果因举棋不定而纠缠。

（53）＊我觉得一般的父亲绝对不可能让他自己的13岁孩子送到外国留学。Z003P1

学习者起初想用使役动词“让”来表达：“让他自己的13岁孩子到外国留学”，而因为兼语“他自己的13岁孩子”较长，分散了对于整体结构的集中性注意，等到用第二个动词时，就与“把”字结构“把他自己的13岁孩子送到外国留学”纠缠在一起了。

参考文献

程美珍主编　汉语病句辨析九百例　华语教学出版社　1997

《词语评改五百例》编辑组编　词语评改五百例　语文出版社　1984

鲁健骥　外国人汉语语法偏误分析　语言教学与研究　1994（1）

吕叔湘　朱德熙　语法修辞讲话　辽宁教育出版社　2002

田善继　非对比性偏误浅析　汉语学习　1995（6）

肖奚强　略论偏误分析的基本原则　语言文字应用　2001（1）

杨　翼　B级证书获得者作文中的杂糅现象分析　语言教学与研究　1998（1）

叶景烈　杂糅：报刊上常见的一种语病　语文建设　1994（8）

周小兵　第二语言教学论　河北教育出版社　1996

Dulay　Burt & Krashen. *Language Two*　Newbury House　1982

Ellis　R. *The Study of Second Language Acquisition*　上海外语教育出版社　1999

Hockett　C. F　Where the tonge slips　the slip I　*To Honour Roman　Jakobson*：*Essays on the Occasion of his 70th Birthday*：Vol. II Mouton　1967

James　C. *Errors in Language Learning and Use*：*Exploring Error Analysis*　语言学习和语言使用中的错误：错误分析探讨　外语教学与研究出版社　2001

Stemberger　J. P. Syntactic errors in speech　*Journal of Psycho-linguistic Research* Vol. 11　1982（4）

第十三章
语篇偏误

到目前为止，已有不少探讨目的语因素对中介语影响的研究，但大多数都是从语音、词汇、句法角度进行探讨的，如王建勤（1997）、鲁健骥（1999）、任长慧（2001）等。

因为构成语篇、话语不能只靠句子语法，所以就需要更高层级的语法——语篇语法，或者称为篇章语法。我们认为研究语篇语法是为了解释语篇的结构和那些实现句子间底层语义连贯的语法现象，研究人们是如何把所建构的信息以上下连贯、重点凸显、恰当得体的方式传递给听者或读者的。语篇语法不等于语篇和语法的简单相加，它更注重语言信息的凸显和传递，衔接和连贯是语篇语法的重要内容。这里准备探讨语内因素对中介语语篇语法衔接偏误的影响程度和影响方式。在实证语料的基础上，从中介语语篇衔接偏误入手，研究目的语在何种程度上、以何种方式影响着中介语的构建，从而为对外汉语教学提供参考。

本研究搜集了近几年在中山大学国际交流学院学习过的一些母语为英语的留学生的汉语书面作文60篇，对这些汉语作文进行了分析，共发现语篇语法衔接偏误201个。其中跟目的语规则泛化相关的偏误66个，偏误比率达到了32.9%。可见语内因素是造成母语为英语的留学生汉语语篇语法衔接偏误的主要原因之一，应该引起对外汉语教学工作者的重视。

那么，语内因素是如何影响中介语的呢？这不是一个容易回答的问题。

Carl James（2001）在探讨对中介语产生影响的语内偏误原因时，认为二语学习过程是一个解码的过程，学习者的学习策略是中介语偏误产生的一个源泉。他把基于学习者的学习策略而产生的语内偏误分为以下七个类型：（a）错误推理；（b）错误分析；（c）规则应用不完全；（d）利用羡余；（e）忽略共现规则限制；（f）过度监控；（g）过度概括，或系统规则简化。不过其中（d）和（e）主要涉及句子语法的偏误，跟语篇语法的偏误无关。本研究拟以James的若干类型作为语篇语法偏误的分析框架，对所搜集到的留学生的汉语语篇语法衔接偏误进行研究，分析留学生在学习过程中所采用的学习策略和产生偏误的原因，藉此探讨语内因素影响中介语的方式。下面对偏误原因的讨论，依据的是该研究发现的每个类型中偏误数量的多少，即先讨论的类型偏误数量最多，依次减之。

第一节　错误推理

错误推理是指学习者错误地认为新的语言项目B和语言项目A用法一样，即学习B时套用A的规则。外国学生的这类偏误最多，请看以下几组偏误的例子：

一、“虽然”、“尽管”、“不论/无论”

“虽然”用于复合句中前边小句的开头，暗示后边小句不是顺着前面的内容说，而是表示转折；“尽管”经常用在复合句中前面小句的开头，表示让步关系。在使用这两个词时需要分清句子表示的是转折关系还是让步关系。“不论/无论”用于表示任指的疑问代词或有选择关系的并列成分的前面，后边有“都”或“也”呼应，表示在任何条件下结果或结论都不会改变。留学生在使用这些衔接词时常常采用类推的方式，把一个词的用法套用到另一个词上，极易出现偏误。请看例句：

（1） *虽然澳洲离中国很远，我希望我还能跟她联系。（尽管）

上例中的“虽然”应改为“尽管”，因为这里表示的主要是让步关系。

（2） *尽管学习怎么忙，他每天还是坚持看报。（无论/不论……都……）

上例中的“尽管……还是……”应改为“无论/不论……都……”，因为这里表示的是绝对条件。

（3） *司机对王先生很抱歉，所以他建议把王先生送到城市。无论王先生恨司机，但他接受了司机的建议。（尽管）

上例中的“无论”也应该为“尽管”，因为这里表达的是让步关系。

二、“还”和“也”

“也”一般表“类同”，“还”表示范围的扩大。在这两个衔接词的使用上，留学生也常有类推的偏误。

（4） *北方的冬天不但很冷，而且也常常刮风。（还）

“冷”是北方冬天的特征，“常常刮风”是北方冬天的另一个特征。但这里不是表示“类同”，而是表示范围的扩大，所以这里要改“也”为“还”。

（5） *我死了以后有儿子，儿子死了也有孙子。（还）

尽管“儿子、孙子”都是家里的成员，但由于辈份不同，不具有同一性，不能用“也”。儿子、孙子是增加的人口，是表示范围的扩大和数量的增加，所以要用“还”。

（6） *我个人认为这样的实利快乐是假的，在最有利的情况下还只能算是短期的快乐而已。（也）

这里实际上含有假设兼让步的成分，可以把它看做“即使在最有利的情况下也……”的省略形式，因此，应该将“还”改为“也”。

三、“怎么”和“这么”

“这么”可表示性质、状态、方式、程度等；“怎么”表示方式和疑问。

二者的差别是：前者不表示疑问；后者不表示性质、状态、程度，只表示方式，常用于疑问。留学生在使用这两个词时常常产生混淆。请看例句：

（7）＊这样的情况越来越多，很多老板和经理不高兴，但是不知道这么来解决这个问题。（怎么）

这里“不知道”的宾语是个转述的疑问句，而“这么”不表示疑问，所以应该用“怎么”代替“这么”。类似的句子如：

他不知道为什么去，跟谁去，怎么去。

（8）　Q：你觉得你可以还在中国学习五年？

＊A：五年？怎么长时间？（这么）

该句中“长”的修饰语要求是一个表示程度的副词，“怎么”不表示程度，因此应把“怎么”改为“这么”。虽然这个句子末尾读成升调，有问号，但这是一个“无疑而问”的反问句。“这么”修饰“长”表示程度高。

四、“一边……，一边……”

把表示甲语义范畴的词用来表示乙语义范畴，也是错误类推的一个类型。请看例句：

（9）＊他喜欢一方面吃饭，一方面看报。（一边吃饭，一边看报）

“一方面……一方面……”表示一个事物或事件的不同方面；“一边……一边……”是表示同时进行两个动作。这里应把“一方面……一方面……”改为“一边……一边……”。

（10）＊这个故事一边有意思一边可怜。（既……又……）

“一边……一边……”表示两种以上的动作同时进行，是对事物动作状态的描述；“既……又……”表示同时具有两个方面的性质或情况，是对事物的定性描述。这里讲的是故事的特点，所以应该用“既……又……”。

第二节　规则应用不完全

规则应用不完全是指只运用了应该运用的规则的一部分，而忽略了另一部分。请看以下两类偏误的例句。

一、“幸亏”

(11) ＊幸亏那个小姑娘，我才认识了我最好的朋友。(多亏)

由于受目的语知识影响，该用“多亏”的地方用成了“幸亏”。“多亏”与“幸亏”都可以表示由于前面的有利条件，而避免了后面不如意的事，但二者还是有差别的：“多亏”除表示上面的意义之外，更多地含有感激的语气，“幸亏”没有这种语气，更多地是一种如释重负的庆幸语气（张斌，2001）。

二、“好像”

(12) ＊对我来说，好像其他的西方人，汉字非常难：他们很多看起来一个样，很难记得清楚。(像其他的西方人一样)

“好像”用于叙事，表示估计如此，并无把握，或并不真确。也可用做比喻，表示比方是如此，并不真是（侯学超，1998）。“像……一样”，除了表示与上述“好像”相同的意义之外，还可以表示实际的情况。例如：

他靠做生意养家，像许多小生意人一样，他不愿意做有风险的生意。

例（12）表示实际情况，因为作者既是一个西方人，又感到汉字非常难，所以应该将“好像”改为“像……一样”。

第三节　系统规则简化

系统规则简化是指一种语义系统中有可供选择的两个或两个以上的语言项目，而第二语言学习者偏向于用其中的一个，不用或很少用其他的语言项目。这里仅举一个例子：

汉语中连接两个并列成分时常用的衔接词语有“和”、“并”、“并且”、“及”、“与”、“同”以及顿号、逗号等等。但留学生们最喜欢使用的是“和”。他们常常不顾“和”的用法限制，几乎在所有的连接并列成分的场合都用“和”。这样就产生了系统规则简化的偏误。请看例句：

（13）＊我们复习旧课和我们预习新课。（我们复习旧课，预习新课。）

（14）＊诸葛亮叫船上的士兵大喊大叫和擂起鼓来。（大喊大叫并擂起鼓来）

（15）＊他们的房子很小和很潮湿。（他们的房子很小，很潮湿。）

汉语中的“和”一般用于连接两个名词，连接动词和形容词时有一定的限制（必须是双音节的，动词前后必须有共同的状语或宾语，形容词前后必须有共同的状语或中心语），不用于连接两个句子。例（13）中连接的是两个小句，所以不能用“和”；例（14）中连接的两个动词短语一个带宾语，一个不带宾语，二者之间不能用“和”；例（15）中连接的两个成分并非都是双音节形容词，也不能用“和”。

第四节 错误分析

错误分析是指第二语言学习者对目的语的某种语言现象进行了错误的分析，从而得出了一种错误结论。如英语中的“they”错用“its”表示（it + 表复数的 s）。请看下边例子：

（16） * 一个小镇有这么好的便利条件吗？有时我自己也难以相信，但是事实就是这样。现在他们不仅在交通方面发展着，也在别的方面发展着。（它）

该例中的“他们”应改为“它”或拟人化的“她”，用以指称前面的“小镇”。该语篇作者的分析可能是这样的：小镇之所以成为小镇，是因为人的存在，小镇的发展是人们努力的结果。所以，这个留学生使用了“他们”来指称前面所提到的事物。显然，这里用“他们”是不合适的。

参考文献

侯学超　现代汉语虚词词典　北京大学出版社　1998

鲁健骥　对外汉语教学思考集　北京语言大学出版社　1999

任长慧　汉语教学中的偏误分析　武汉大学出版社　2001

陶文好　语篇语法对高年级英语教学的启示　西安外国语学院学报　2001（1）

王建勤主编　汉语作为第二语言的习得研究　北京语言大学出版社　1997

张　斌　现代汉语虚词词典　商务印书馆　2001

周小兵　学习难度的测定和考察　世界汉语教学　2004（1）

James　C. *Errors in Language Learning and Use*：*Exploring Error Analysis*　语言学习和语言使用中的错误：错误分析探讨　外语教学与研究出版社　2001

第十四章
结构诱发性偏误

中介语的变异是有条件的，研究这些变异的条件，是理解中介语的一个有效途径。Young（1993）研究了英语中表示复数的“-s”语素在输出中遗漏的现象，指出，名词前边的数词，是遗漏“-s”的条件。如：

* There are <u>26</u> student __ in our classroom.

在汉语习得领域中，从变异条件角度来研究中介语的文章很少。在语法习得方面，田善继（1995）和陈小荷（1996）的研究涉及了中介语变异的语内条件，对我们很有启发。本章分析留学生常见的一些语法偏误，主要论述产生这些偏误的诱发性因素。

第一节　过去时间词语诱发“了”的误加

在汉语中介语中，过去时间词语对“了”的使用容易产生影响。汉语中的“了”不是一个时间标记，但是经常与表过去的时间词语同时出现在句子中，由于共现的频率高，所以学习者会在大脑中经过分析，将“过去”这一概念和“了”联系在一起，可以表示为：

过去⟷了

意思是两者紧密联系，互相触发。同是过去的事情，含有过去时间词语的，具有更强的显著性。而学生认定“了”就是表示过去发生。因此，一旦有过去时间词语，更容易误加“了”。从句子的线性排列来看，过去时间词往往出现在前。因此，我们认为，先出现的过去时间词语诱发学生在后边使用“了”。由此我们进一步得出：

过去时间词语→了

也就是说，过去时间词语对“了”的使用产生了影响。我们把这种影响称为诱发，即过去时间词诱发了“了”的出现。下面我们就以留学生中介语语料为例证来对这种诱发现象进行分析。

我们从汉语中介语偏误标注语料库①中找出所有含“了”的偏误例句，进行分类统计，筛选出由于时间词语而诱发的偏误。为了说明得更清楚，我们采用一般的说法，把“了”分为三种，即位于动词后的而不在句末的称为“$了_1$”，位于句末而非动词后的为“$了_2$”，位于动词后又在句末的为“$了_{1+2}$”。

一、被诱发项为“$了_1$”

（1）＊我第一次去上海的时候，就是五年前，坐飞机到达**了**上海已经过了下午四五点了。

（2）＊在中国的时候，我每天上**了**四个小时的汉语课。

（3）＊去年夏天我常常去**了**游泳。

正确的句子应是：

（1′）我第一次去上海的时候，就是五年前，坐飞机到达上海已经过了下午4、5点了。

① 该语料库为中山大学国际交流学院多年来积累的留学生的作文、练习。其中中级班约占80%，初级班、高级班各约占10%。这些留学生来自世界各地，以亚洲为主，欧美也占不少，分布相当广泛，因此本语料具有一定的代表性。

(2′) 在中国的时候，我每天上四个小时的汉语课。

(3′) 去年夏天我常常去游泳。

在这三个例句中，有下画线的为诱发项，用A表示。在上述三例中，A分别是：“我第一次去上海的时候，就是五年前”、“在中国的时候”、“去年”。三例都是表示过去时间的名词或名词性短语。斜体、加粗的为被诱发项，用B表示，B＝“了$_1$”。诱发项与被诱发项之间的关系表示为：A→B，即A诱发了B。

上述三个偏误中加粗的“了”不能在句中使用，跟以下规则相关：“了$_1$”表示动作的完成，不能与表示频率的副词“常常、有时……”同现，也不能与“每＋时间词”同现。因此，例（2）、例（3）要删去动词后的“了$_1$”。

例（1）的主句结构相当复杂：有三个动词；有三个“了”，前两个都是动词后的“了$_1$”，最后一个是“了$_2$”。对此类句式的结构鉴定有两种意见：一种认为是连动句；另一种认为是连动短语做主语。

先按第一种意见分析。在连动句中，“了$_1$”一般用于后一动词之后，如果只有“坐飞机到达上海”，是两个动词的连动句，则可以说成“坐飞机到达了上海”。而现在例（1）是“坐飞机到达上海已经过下午四五点”，是三个动词的连动句，并且以“坐飞机到达上海”结构表示时间，相当于“坐飞机到达上海时”，所以“了$_1$”应该用在最后一个动词“过”之后。

再按第二种意见分析。“坐飞机到达上海”是连动短语，充当主语。句子的谓语是“过”。一般来说，连动短语充当主语时，动词后不加“了$_1$”。作为完成体标志的“了$_1$”应该放在句子谓语“过”后边。

二、被诱发项为“了$_2$”

（4） ＊我在日本的时候，我是设计家**了**。

（5） ＊五年以前，那时候我是中学生**了**。

（6） ＊以前我在大学学了大概两年**了**。

正确的句子应是：

(4′) 在日本的时候，我是设计家。

(5′) 五年以前，那时候我（还）是中学生。

(6′) 以前我在大学学了大概两年。

在这三个例句中，有下画线的是诱发项，用A来表示。A分别是："我在日本的时候"、"五年以前"、"以前"。用B表示被诱发项，B＝"了$_2$"。它们之间的关系可表示为：A→B。

"了$_2$"肯定事态出现了变化，如果仅仅是对过去事件的陈述，该事件并没有延续到说话时，就不需要"了$_2$"，如例（4）、（5）。

例（6）是"了$_1$"和"了$_2$"并用。从规则上看，"V＋了$_1$＋时段词语＋了$_2$"表示动作发生在过去，并一定持续到现在，即说话时。而"V＋了$_1$＋时段词语"则表示动作发生在过去，可能持续到说话时，也可能在说话前已经结束。如：

他学了两年汉语了，现在还准备学下去。

＊他学了两年汉语了，现在大部分都还给老师了。

他学了两年汉语，现在还准备继续学下去。

他学了两年汉语，现在大部分都还给老师了。

例（6）有一个过去时间词"以前"，明确表示行为发生在过去并在说话前已经结束，所以例（6）不应该用"了$_2$"。

三、被诱发项为"了$_{1+2}$"

(7) ＊我现在才十九岁，去年在日本高中毕业**了**。

(8) ＊上上个学期我在中大开始学中文的时候，我在8班学习**了**，那之前都是自学**了**。

(9) ＊昨天我们开了个晚会，大家都很高兴**了**。

正确的应是：

(7′) 我现在才十九岁，去年在日本高中毕业。

(8′) 上上个学期我在中大开始学中文的时候，我在8班学习，那之前都是自学。

（9′）昨天我们开了个晚会，大家都很高兴。

在这三个例句中，诱发项用A来表示。A分别是："去年"、"上上个学期"、"昨天"。被诱发项用B来表示，则B=了$_{1+2}$。它们之间的关系可表示为：A→B。

"了$_{1+2}$"表示动作完成并且事态已有改变，如果仅仅是对于过去事件的陈述，则不需要加"了$_{1+2}$"。例（7）-（9）都不包含"了$_{1+2}$"的意思，所以不能用"了"。

在语料搜集过程中，我们还发现了一些有代表性的留学生作文，在用"了"的句子中，基本都含有表过去的时间词语。如例（9）取自留学生作文《对写作课的要求》，共221字，11句，其中只出现了两个"了"，应该有回避"了"的现象。有趣的是这两个"了"所在句子中都含有表示过去时间的词语，并且这两处"了"的使用是不合汉语语法规则的。另外，我们还询问过一些同学为什么用"了"，很多人提到，因为句中有过去时间词，是在过去发生。这也是对我们假说的有力支持。

第二节　方所词语诱发"在"的误加

时间和空间是人类语言从客观上把握情景和事件的最重要的两个认知领域，和时间概念词语一样，空间概念词语也是中介语变异的条件，可以构成诱发偏误。空间概念也可以说是方所概念，是跟人类生活密切相关的一个重要概念，是现代汉语语法系统的一个重要组成部分。（储泽祥，1997：365）

能做"在"等词的宾语是方所的构成条件之一。"在"与方所密切相关，其基本用法就是引入方所概念，并且经常与表示方所的词语出现在同一个句子中。由于两者共现的频率高，而且距离近（一般中间没有间隔词语），所以学习者很容易会在大脑中将"方所"和"在"联系在一起，可以表示为：

方所←→“在”

意思是在学习者的大脑中，这两个概念紧密联系，互相触发。但是在汉语的语法体系中，并不是所有的表示“方所”的词语前在任何时候都需要或可以用“在”。换句话说，“汉语方所对介词的依赖程度是比较弱的，必须用介词的地方，往往是句法结构的需要，而不是方所本身的需要”。（储泽祥，1997：365）

这种情况表现在中介语中，就是“在”的使用率偏高，表现在偏误中，就是误加率偏高。据赵葵欣（2000）调查，253个介词用例中，“在”字最高，有100个，第二位的“跟”只有42个，差别非常明显。在100例“在”的例句中，错了8次，“在”字结构做状语的有6例。杨丽姣（2004）对任长慧提出的48个“时地词”错误进行了统计，发现涉及介词“在”的介宾词组的错误有31个，占了64%。丁安琪、沈兰（2001）在对韩国学生口语中介词“在”的调查中发现，69个“在”字例句中，表处所的占了85.5%。这些调查研究告诉我们这样一个事实：在介词中，留学生使用“在”的次数远远高于其他词语，“在”的偏误中跟时空有关的又占了相当比例。这些对“在”的偏误研究都很全面，涉及类别较多，包括“在”字短语的偏误及与“在”相关的偏误，也包括“在”字构成时间、范围、条件的搭配。

而本章只考察“在”字本身的偏误，也就是“在”字的误加、错序、遗漏、误代等，不包括整个“在”字结构的偏误；并且，在意义上我们只看空间概念与“在”的搭配情况，不研究其他的情况。

这里使用的语料与上一节相同，从中找出所有“在”的使用偏误，分类统计，然后筛选出与空间概念相关的例句。

一、专有名词

（10）＊汉城是**在**<u>韩国</u>的第一个城市。

（11）＊听说昆明是**在**<u>中国</u>最漂亮的地方。

（12） ＊我热爱**在**汉城的冬天。

（13） ＊住的西大门区，是**在**汉城四个很有名的大门之一。

正确的句子应是：

（10′） 汉城是韩国的第一个城市。

（11′） 听说昆明是中国最漂亮的地方。

（12′） 我热爱汉城的冬天。

（13′） 我住的西大门区，是汉城四个很有名的大门之一。

在这四个例句中，诱发项 A = 韩国、中国、汉城、汉城，被诱发项 B = 在；它们的关系表示为：A→B，意思是这些表地方的专有名词诱发了“在”的出现，构成偏误。

如果表地方的专有名词与所修饰的名词之间是领属—被领属的关系，即“韩国、中国、汉城、汉城”与其被修饰的“城市、地方、冬天、大门”之间是领属—被领属的关系，则表地名的专有名词不需要加“在”，这与通常情况下“在”加专有名词表地点不同。

二、方位短语

（14） ＊喝着一杯茶，听着一首美丽的歌的时候，我们能够得到在世界上比什么都好的一种满足感。

（15） ＊第一个就是冬天时在外面很多很多雪。

正确的句子应是：

（14′） 喝着一杯茶，听着美丽的一首歌的时候，我们能够得到比世界上什么都好的一种满足感。

（15′） 第一个就是冬天时外面很多很多雪。

这两个例句中的方位词组前都误加了“在”，不合汉语语法。诱发项 A = 世界上，外面。被诱发项 B = 在。它们的关系表示为：A→B，意思是这些表方位的短语诱发了“在”的出现，构成偏误。

从汉语语法规则上看，例（14）的“世界上”是充当“什么”的定语，例（15）的“外面”是存现句（外面很多很多雪）的主语。一般来说，表示方位的短语充当定语或存现句主语时，前面一般不需要介词“在”。这与留学生最初所学的“在”加方位短语不同。

第三节　句首话题诱发副词状语的错位

话题（topic），是现代语言学中的一个重要概念，目前对其认识还有很大差别。这里我们用话题这一概念来指称句子的句首部分，如主语、句首状语、偏正复句中被安排在前面的“分句”等。（沈开木，1996：166）

Cook（1997）发现要处理含定语从句的句子时，因记忆负担过重，说母语的儿童、成人和成年外语学习者都使用同样的策略，即把句中第一个名词当做主语，把动词后的第一个名词当做宾语（尽管可能不是）。（周小兵，2004：67）汉语习得过程中也存在这种情况。一般的学习者，存在着一种把V前成分看做主语的趋势，从而造成一些状语的位置发生改变，也就是说状语的错序（这里是单个副词状语）跟句首的话题有关。所以我们把句首的话题也作为中介语变异的条件。

关于这种现象，陈小荷（1996）在对“也”的位置进行考察时已经发现，“也”出现在主语前的偏误是有条件的，一是前边有其他分句且没有停顿，二是前边有全句状语或大主语。陈小荷的研究是一个开端，我们对其做进一步研究，把这种现象归为句首话题的诱发，并且考察了除“也”之外的其他类似副词，它们也出现了这种情况。它们既然是被诱发项，引起这种现象的话题就是诱发项，并且我们认为是句首部分的话题诱发了副词状语的前置。

一、大主语

在主谓谓语句中，大主语（话题1）诱发了偏误，把本该放在小主语

（话题2）后的状语放在了小主语前。如：

（16）＊吃的东西也有，早餐，中饭，晚饭**都**他们供应。

（17）＊老师**多么**工作认真啊！

（18）＊谢力和丁力**都**身体很好。

正确的句子应是：

（16′）吃的东西也有，早餐、中饭、晚饭他们都供应。

（17′）老师工作多么认真啊！

（18′）谢力和丁力身体都很好。

这些句子都发生了错序，单个的副词状语前置。诱发项A分别是："早餐、中饭、晚饭"、"老师"、"谢力和丁力"，被诱发项B分别为："都"、"多么"；"都"的位置前置。它们之间的关系可以表示为：A→B的错位，意思是受大主语的影响把本该放在小主语与小谓语之间的状语放在了小主语前、大主语之后。

二、句首时空状语

除了上文提到的大主语的影响外，还有其他句首话题（话题1），主要是表时间的状语，也会诱发偏误，把本该放在主语（话题2）后的状语放在了主语前。

（19）＊每天**都**王先生看电视。

（20）＊可是，到了现在**也**口语水平还是差得很远。

（21）＊我们只在巴黎留了一个星期左右，所以我们只能走马看花。但现在**也**巴黎这个城市还在我的眼前。

（22）＊每天夜里十二点**才**他睡觉。

正确的句子应是：

（19′）王先生每天都看电视。

（20′）可是，到了现在口语水平也还是差得很远。

（21′）我们只在巴黎留了一个星期左右，所以我们只能走马看花。但现在巴黎这个城市也还在我的眼前。

（22′）每天夜里十二点他才睡觉。

这四个例句也都是单个副词状语错序，是话题占据了句首的位置，导致本该放在主语后的状语放在了主语前。诱发项 A 分别为“每天”、“到了现在”、“现在”、“每天夜里十二点”。被诱发项 B 分别为“都”、“也”、“也”、“才”。它们的关系表示为：A→B 的错位，意思是这些句首的话题诱发了状语的错位。也就是说，句首表示时间、处所的状语，被学习者误认为是主语，于是“都、也、才”等副词就被错误地放到这些所谓“主语”的后边了。

三、前一分句

占据了句首位置的前一分句（话题 1）诱使本该放在主语（话题 2）后的状语被放在了主语前。此类诱发项跟前两类不同，是作为话题的分句。这类例句我们共发现了 13 例。如：

（23）＊除非解决这些经济方面的问题，***才***儿童能上学。

（24）＊他一打开盒子，***就***白烟冒出来了。

正确的句子应是：

（23′）除非解决这些经济方面的问题，儿童才能上学。

（24′）他一打开盒子，白烟就冒出来了。

以上这两个句子是偏正复句。这些偏误都可以概括为句子的前一分句话题（A）诱发了副词状语（B）的错位。前一分句话题占据了主语的位置，诱使本该放在主语后的状语放在了主语前，它们的关系一样可表示为：A→B 的错位。

在第三节里涉及的副词“都、也、才、就”等，只能放在主语后谓语动词前，不能放在名词性（包括代词）主语前。由于汉语是话题显著的语言，当各类话题出现在句首时，就可能诱发上述的副词前移从而产生偏误。

参考文献

保惠红　心理语言学的发展趋势及其在外语教学中的运用　云南师范大学学报　1998（2）

陈开顺　言语知觉中的心理模式　外语研究　2001（3）

陈　平　语言习得与外语学习过程之比较　韩山师专学报　1994（2）

陈淑芳　语际语言偏误与语际语用偏误　外语与外语教学　2003（6）

陈小荷　跟副词“也”有关的偏误分析　世界汉语教学　1996（2）

程美珍　汉语病句辨析九百例　华语教学出版社　1997

储泽祥　现代汉语方所系统研究　华中师范大学出版社　1997

崔希亮　“在”字结构解析——从动词的语义、配价及论元之关系考察　世界汉语教学　1996（3）

狄昌运　怎样说得对——日本人汉语学习中常见语法错误辨析　北京语言学院出版社　1996

丁安琪　沈　兰　韩国留学生口语中使用介词“在”的调查分析　语言教学与研究　2001（6）

方绪军　中介语中动词句的配价偏误分析　语言教学与研究　2001（4）

桂诗春　心理语言学　上海外语教育出版社　1985

韩在均　韩国学生学习汉语“了”的常见偏误分析　汉语学习　2003（4）

何一薇　时间词语之偏误分析　海南师范学院学报　2003（1）

洪　波　对外汉语成语教学探论　中山大学学报论丛　2003（2）

胡　荣　中介语与外语教学　外语教学　1998（3）

李大忠　外国人学汉语语法偏误分析　北京语言大学出版社　1996

刘鸿君　也谈民族学生汉语习得中的常见偏误　新疆教育学院学报　2002

刘苏乔　表比较的“有”字句浅析　语言教学与研究　2002（2）

刘月华等　实用现代汉语语法　商务印书馆　2001

刘振前　刘蕴秋　外国语言理解研究述论　四川外国语学院学报　1998（1）

吕必松　论汉语中介语的研究　语言文字应用　1993（2）

阮亦慧　试析英语语言错误　广州师院学报　1994（1）

沈开木　现代汉语话语语言学　商务印书馆　1996

沈开木　语法　理论　话语——现代汉语的探索　广东人民出版社　1999
肖奚强　外国学生照应偏误分析——偏误分析丛论之三　汉语学习　2001（1）
徐子亮　汉语作为外语教学的认知理论研究　华语教学出版社　2000
田善继　非对比性偏误分析　汉语学习　1995（6）
佟慧君　外国人学汉语病句分析　北京语言学院出版社　1986
王建勤主编　汉语作为第二语言的习得研究　北京语言大学出版社　1997
徐丽华　外国学生连词使用偏误分析　浙江师大学报　2001（3）
杨丽姣　“在 + L”次序研究及其对外汉语教学策略　云南师范大学学报　2004（1）
袁博平　第二语言习得研究的回顾与展望　世界汉语教学　1995（4）
张城护　母语为英语的外国人学习汉语词语过程中的偏误规律研究　娄底师专学报　2000（4）
赵葵欣　留学生学习和使用汉语介词的调查　世界汉语教学　2000（2）
郑亨奎　试论母语干扰对汉语学习的影响　浙江树人大学学报　2000（4）
邹洪民　语言单位的同一性与对外汉语教学中的偏误分析　语言与翻译　2002（2）
周国光　王葆华　儿童句式发展研究和语言习得理论　北京语言大学出版社　2001
周小兵　赵　新等　对外汉语教学中的副词研究　中国社会科学出版社　2002
周小兵　李海鸥主编　对外汉语教学入门　中山大学出版社　2004
Corral　David W　*Psychology of language*　Brooks/Cole Publishing Company　1999
Cook　V　Connitive processese in second language learning　*Internatonal Review of Allied Linguistics*　XV：1-20　1997
Ellis　R. *The Study of Second Language Acquisition*　上海外语教育出版社　1999
James. C. *Errors in Language Learning and Use*：*Exploring Error Analysis*　语言学习和语言使用中的错误：错误分析探讨　外语教学与研究出版社　2001
Murphy, Gardner and Joseph K. Kovach　*Historical Introduction to Modern Psychology*　Hartcourt Brace Jovanovich　Inc　1972
Seliger H　‘On the possible role of the right hemisphere in second language acquisition.’ *TESOL Quarterly*　1982　16：307 – 314

第4编

教学误导

第十五章
教材误导因素分析

第二语言教学中，教材是必不可少的工具。教材的好坏会直接影响到教学效果。无论是语言教师还是学习者，都希望能找到一套好教材。对于语言教师来说，如果教材编写得好，使用起来得心应手，就不用花费大量的时间和精力去备课。因为教师不可能对每一个语言项都做深入的研究，尤其是缺乏经验的教师，一般都是按照教材的注释、说明给学习者讲解，而学习者更是把教材奉若经典。因此，教材编写者应充分保证教材的质量。

在这一章，我们通过对几套教材的考察，探讨对外汉语教材中存在哪些直接或间接导致学习者产生偏误的因素。

第一节　外语注释

现在通行的教材生词表中，大都是用英文来注释的。而英语和汉语的词语意义并非一一对应，意思相近的词也可能在词性、用法方面有不同。如果简单地用英语词语来注释汉语词语的话，很有可能造成注释的不准确或不完整。特别是汉语中有很多近义词，无法找到一一对应的英语词语来注释，而一些教材和词典常常会用一个接近的英语词来注释汉语的几个近义词，不限定词语的使用范围，也不说明感情色彩等方面的差异。学习者无法通过教材的注释来区分近义词。如果照着教材中简单的注释去理解，就很容易产生偏误。下面几个外语注释因素会导致学习者偏误的产生。

一、准确性

先看例句：

（1）＊无论我不会相信他的话。

正：无论如何/怎么样，我都不会相信他的话。

（2）＊他现在病了，我无论要去看望他。

正：他现在病了，我无论如何/怎么样都要去看望他。

例（1）、（2）分别是日本学生和澳大利亚学生造的句子。有的教材对“无论”的英文注释是“no matter how（what）”。我们知道，“无论”是不可以单独使用的，后面应该出现表示任指的疑问代词或表示选择关系的并列成分。而英文注释“no matter how（what）”中出现了疑问代词，学习者误以为“无论”是已包含疑问代词的成分，以为它的用法等于“无论怎样、无论如何、尽管如此”等，因此把“无论”和“however/whatever”等同起来，造成以上偏误。

（3）＊我跑步上地铁。

正：我跑着上地铁。

教材对“跑步”的注释一般都是“to run；running”。学生就将“I run to the metro”直译为“我跑步上地铁”，造成偏误。《现代汉语词典》对“跑步”的解释是“按照规定姿势往前跑”。《现代汉语规范用法大词典》对“跑步”的解释也差不多：“按特定姿势往前跑。”也就是说，“跑步”一般指的是一种体育运动，有特定姿势的运动。而“跑”表示的是腿脚迅速移动、前进的动作。例（3）要表达的是为了赶时间而进行的一种动作，并非一种体育运动的形式。因此，只能用“跑着上地铁”，不能说“跑步上地铁”。在初学汉语时，像“跑步进教室”、“跑步上楼”的偏误很多。

（4）＊他跟前我。

正：他在我跟前。

有的教材对“跟前”的解释是“near”。①生词表中“跟前”的词性标注为“名”，但我们知道，英语单词“near”可以是形容词、副词、介词和动词，唯独没有名词的用法。用词性不同的英语词来注释汉语，很容易导致学习者在使用上生成偏误。

二、完整性

前面谈到，汉语有很多近义词，而在一些教材中，往往用相同的一个外语词来注释汉语几个近义词，没有进行语义、语法、语用上的区分。学习者在使用近义词时经常会生成偏误，这与教材外语注释的不完整也有一定的关系。

（5）＊这篇文章不难，我了解得了。

正：这篇文章不难，我理解得了。

例（5）是学生混淆了“了解”和“理解”这两个词。“了解”的注释为“understand；know thoroughly”。单看英文注释我们会觉得“了解”和“理解”是一样的。实际上，“了解”是指对某种事物知道得很清楚，是感性方面的认识；而“理解”则强调知道某种事物的内容或意义，是对事物的理性认识。例（5）是强调“我懂得这篇文章的内容和意义”，因此应该用“理解”。

（6）＊因为我想知道中国文化所以来中国留学。

正：因为我想了解中国文化所以来中国留学。

（7）＊我认识他的家在哪儿。

正：我知道他的家在哪儿。

例（6）、（7）的偏误是由于学生对“了解”、“知道”、“认识”几个词分辨不清。在教材中，这三个词一般都注释为“to know”。学生根据这样的

① 见《现代汉语教程·读写课本》第八十四课。

注释，以为三者可以通用。但事实上并不相同。“知道”是指听说过或见过某人或某事；“了解”是指对某人或某事知道得很清楚，比“知道”的意思更进一层；而“认识”偏重于强调能够辨认，在表示听说过或见过某人或某事物时，不能带主谓短语做宾语。教材上没有对这几个词的语义进行区分，学习者也就无从分辨了。

(8) ＊对爸爸我买了一件夏威夷衫。

正：我给爸爸买了一件夏威夷衫。

教材对“给”的注释是“（动，介），to give; for; to ”，“对”的注释则是“（动，介），at; for; to; to face”。从注释上看，两者都可以是动词也可以是介词，都有“for; to”的意思，因此有的学习者混淆了这两个词，造成了偏误。实际上，“给”是动词时，意思是“使对方得到；使对方遭受；容许、致使”。“对”则表示“对待、对付、对抗；朝、向、面对”。两者差别较大，一般不会混淆。学习者容易发生混淆的是“给”和“对”作为介词时的用法，如例（8)，“给”和“对”都是介词。作为介词时，“对”可以“指示动作的对象；朝；向”，也可“表示对待”。而“给”除了表示“朝；向；对”以外，还表示“引进交付、传递的接受者；引进动作的受益者或受害者”。① 例（8）的“爸爸”是“我买了一件夏威夷衫”这个动作的受益者，并不是单纯的对象。“给”在句中表示的是给予义。朱德熙（1980）对给予义描述为：①存在着“与者”（A）和“受者”（B）双方；②存在着与者所与亦即受者所受的事物（C)；②A 主动地使 C 由 A 转移至 B。例（8）的与者（A）就是“我”，受者（B）是“爸爸”，与者所与的事物（C）是“一件夏威夷衫”。“给”可以表示给予义，而“对”无此意义。因此，例（8）应该用“给”而不用“对”。

(9) ＊他病了，我访问他的家要看望他，可是偏偏他不在。

正：他病了，我去他的家看望他，可是偏偏他不在。

一般教材对“访问”的注释是“to visit; to call on”，“访问”的宾语可

① “给”和“对”的解释见吕叔湘主编的《现代汉语八百词（增订本）》(1999)。

以是人也可以是某个地方，但“访问”强调的是和某人或某个地方的人进行交流。句中要表示的只是到家里去看望病人，并不是强调和病人进行交流，因此不能用“访问”。如果教材能在生词注释中对“访问”的语义加以适当的说明就不会造成学习者的偏误了。

（10）＊王林觉得他自己受了亲人的爱。

正：王林觉得他自己得到了亲人的爱。

“受”的英文注释是“to receive”。但“受”一般不单用，前面有形容词“大、深”等修饰，或者后面有补语“到”，而且带的宾语一般是双音节的，如“大受欢迎、深受好评、受到支持、受到威胁”等等。教材没有对词的解释进行界定，学习者就会乱用从而产生偏误。

（11）＊我热爱我的男朋友。

正：我爱我的男朋友。

“热爱”简单地注释为“to love”，这跟“爱”的解释一样。但“热爱”和“爱”实际上是不同的，“热爱”一般修饰抽象的人或物或某种行为，如“热爱劳动、热爱国家”等等。而“我的男朋友”是一个具体的人，我们用“爱”就可以了。如果在注释中能够限定一下范围，说明这个词应该在什么情况下使用、与之搭配的应该是什么类型的词，那学习者学习起来就不会出现那么多偏误了。

（12）A：司机，快点儿！　B：＊你别急，差一点儿就到了。

A：司机，快点儿！　B：正：你别急，差不多到了。

“差一点儿”的注释是“almost，nearly”。但“差一点儿”的使用很复杂。如果后边的动词是肯定式，往往说明事情没有实现，含有庆幸或惋惜的语气，如“球差一点儿进了”、“车差一点儿撞到他”。如果后边的动词是否定式，则有期望与不期望的区别。如果动词词语本身表示说话者或当事人期待的事情，往往说明事情已经发生，有庆幸的意思，如“他差一点儿没考上大学”；如果动词词语本身表示说话者或当事人不期待的事情，往往说明事情没有发生，也有庆幸的意思，如“他差一点儿让车撞了”。而一般的教材并没有对生词的感情色彩进行说明，学习者在使用时就容易产生偏误。例

（12）并没有庆幸或惋惜的语气，只是一种单纯的客观描述，应该用“差不多”。

类似的由于教材的外语注释不完整而引发的偏误并不少见。用同一个英文词语注释汉语的两个或多个近义词的例子很多，如“忽然”和“突然”都是“suddenly”；“丢”和“丢失”都是“to lose”；“郊”、“郊区”和“郊外”都是“suburbs；outskirts”；“力气”和“力量”都是“strength”……诸如此类的还有很多，在此不一一枚举。汉语的近义词很多，意思基本一致，但用法有些差别，有些差别甚至很细微。对于本族人来说，区别近义词有时尚且困难，那对于没有任何语感、只能凭借教材或老师的讲解来学习的第二语言习得者来说，更是无从自行区分。如果教材不对近义词的语义、语法、语用的差异进行说明的话，很容易导致学习者偏误的产生。

三、离合词的注释

把离合词单列出来是因为动宾离合词是汉语学习的一个难点，学习者在学习离合词时出现的偏误比较多。而教材中一般对离合词都没有特别注明，只是把离合词当成一个普通动词来处理，学习者无法自己区别。

（13）＊有的时候跟她们一起吃饭的时候，我们不能说话很多。

正：有的时候跟她们一起吃饭的时候，我们不能说很多话。

（14）＊我见面他。

正：我跟他见面。

（15）＊他每天打招呼这个漂亮的姑娘。

正：他每天跟这个漂亮的姑娘打招呼。

（16）＊我结婚她。

正：我跟她结婚。

这些都是很常见的偏误。因为上面例子中的“说话、见面、打招呼、结婚”在教材中分别注释为“to say，to meet，to greet sb. by word or gesture，to marry”。学习者以为它们和“说、见、问候、娶”一样，后面可以带宾语或补语，产生上面的偏误也就不足为奇了。

四、相关策略

基于以上问题，我们认为，教材在注释生词时应该注意以下几点。

首先，译词的词性应与被译生词的词性（至少是该生词在课文出现时的词性）基本对应。虽然不是所有的学习者都对汉语和英语的词性了解甚深，但注释时，译词和生词词性的对应还是有利于一些学生对语言结构的了解和运用。

其次，应该准确地注释生词的词义。汉语与英语的词不可能完全一一对应，但是还是可以采取一些方式使注释更准确。如晏懋思（1994）提到的"同义词互参法"，"指用两个（必要时也可超过两个）同义词来翻译一个被译词，两个译词相互限制，相互说明，使学生能正确地了解被译词的意义"。如"'聪明（形）clever，intelligent'。有了'intelligent'的说明，学生就会领会到用来翻译'聪明'的clever的意思是mentally quick and original（智力发达），而不是skillful at using the hands or body（身手灵巧）"。

再次，在注释时应对生词的用法进行一些说明。如"接人"的"接"，注释是"to meet; to welcome"，学习者还是不明白"接"和"见"、"欢迎"有什么区别。如果对这个词的使用范围进行限定，注释成"to meet; to welcome（sb. at the airport or station）"，那就非常清楚明了了。又比如"俩"注释为"two（persons）"，出现了后面"persons"的限定，学习者就不会出现"俩苹果"之类的偏误了。而对于离合词这样有特殊用法的词，应该有所标示，说明用法，以示与其他词的区别。

最后，生词注释还需要对生词的感情色彩、在语用方面的限制进行说明。而现行教材对此基本没有任何说明。当然，汉语和英语的词语之间的关系是错综复杂的，注释也不可能面面俱到，不可能很完美，但如果教材编写者能多对词的语义、语法、语用补充一些说明的话，就会减少学习者的偏误。

第二节　词语解释和语法讲解

词语的解释以及语法讲解是教材中的重要环节。解释或讲解不准确、不全面和语法点的选择、排序不当都会对学习者起误导作用。

一、准确性与完整性

有些教材对于某个词语的解释或对某个语法点的讲解，不准确、不全面。有些符合解释时列出的规则的句子在现实中不能说，而有些不符合解释时列出的规则的句子却是成立的。这些例外的情况常常让学习者很困惑。第二语言习得者没有汉语的语感，只能按照解释中列出的规则进行类推，遇到解释中不准确、不全面的部分，学习者就容易出现偏误。

（17）＊我不知道他对的或者错的。

正：我不知道他是对的还是错的。

很多教材或语法书在对“还是”和“或者”进行解释的时候，会强调“或者”跟“还是”的不同用法在于“还是”用于选择问句，“或者”多用于陈述句。但这种说法是不准确的。有时陈述句也可以用“还是”。李大忠（1997）提到，用“还是”的句子有时不表示疑问，但必须具备下面两个条件中的一个：①前边有动词谓语，用“还是”连接的成分做前边动词谓语的宾语。如：

（18）我不知道开这个玩笑的结果是坏还是恰到好处。

②含有“还是”的小句作前分句，后边有总括性、评判性的后续成分。比如：

（19）开这个玩笑的结果是坏还是恰到好处，我不知道。

例（17）就符合条件①，“他是对的还是错的”整个做前边动词“知道”的宾语，这个宾语部分并不表示疑问，句尾是降调。因此应该用“还是”不用“或者”。

（20）＊他打开钱包拿出来钱。

正：他打开钱包拿出钱来。/他打开钱包拿钱出来。

在讲解复合趋向补语的时候，教材一般都会强调：谓语动词有处所宾语的，宾语要放在“来”或“去”之前；如果宾语是事物，则放在“来”、“去”之前或“来”、“去”之后均可。例（20）是学生按照这个规则推出来的，“钱”是事物，所以可以在“来”之前，也可以在“来”之后。但是根据陆俭明（2002）的描述：如果跟复合趋向动词共现的是受事宾语，当动词不带“了”时，如果宾语不带有数量成分，不管补语是“～来”还是“～去”，“动＋宾＋$趋_1$＋$趋_2$”和“动＋$趋_1$＋宾＋$趋_2$”格式都可以采用，“动＋$趋_1$＋$趋_2$＋宾”格式则不能采用。① 例（20）“拿”的宾语是“钱”，不带数量成分，因此不能用“动＋$趋_1$＋$趋_2$＋宾”格式。

（21）＊我们看电影去天河。

正：我们去天河看电影了。

这是一个连动句，有的教材在讲解连动句时提到“由两个或两个以上动词同时充当谓语，连续说明同一个主语的动词谓语句，叫连动句”。这只是对连动句的描述，但是却没有讲解其用法。学习者只知道两个或两个以上的动词做同一个主语的谓语就是连动句了，却不知道连动句中动词的顺序是有讲究的。如例（21），“看电影”是“去天河”的目的，在连动句中，表目的的动作应该在后面。有的教材，如《标准汉语教程》，在对连动句进行描述后，进一步说明“以上几个连动句的特点是，后一个动作表示前一个

---

① 见陆俭明（2002）。该文将宾语和趋向补语都在动词后面共现时的位置分为三种情况：X.“动＋趋＋宾”，Y.“动＋宾＋趋”，Z.“动＋趋＋宾＋趋”。因这里只探讨复合趋向补语的情况，故将这三种情况对应表述为“动＋$趋_1$＋$趋_2$＋宾”、“动＋宾＋$趋_1$＋$趋_2$”和“动＋$趋_1$＋宾＋$趋_2$”。陆先生在注释中提到也有人认为可以说：“我刚拿出来词典，就被他抢去用了。”但多数人认为，上面这句话一般得说成：“我刚把词典拿出来，就被他抢去用了。”

动作的目的。注意：连动句中各动词或动词结构之间的词序是固定的，不能随意调换”。并举了偏误的例子。这样的解释就有利于减少类似例（21）的偏误的产生。

（22）＊我想想我的女朋友。

正：我想我的女朋友。

（23）让他自己想想吧。

例（22）是动词重叠的偏误。有的教材对动词重叠的语法解释是“有一部分动词可以重叠。动词重叠表示动作经历的时间短，动作反复多次或尝试等意义。单音节动词重叠，中间可以加‘一’。双音节动词以词为单位，重叠式为ABAB，中间不能加‘一’”。其中的“一部分动词”非常地模糊，并没有说明什么动词可以重叠什么动词不可以重叠。还有一部教材说，“汉语表示动作时间短、尝试、轻微等意义时，用动词的重叠形式：V＋V”。按照这种说法，学习者会以为所有动词都可以重叠。关于哪些动词可以重叠已有很多的研究。刘月华（1984）就指出，只有动作动词才可以重叠，这些动作动词所表示的动作还必须是可以持续或可以反复进行的，而且动作者主观上是可以控制的。动作者主观可以控制的也就是自主动词。

那么，例（22）和（23）的动词都是“想”，为什么一个可以重叠，一个不可以呢？这是因为，例（22）的“想”表示的是想念、惦记，是非自主动词，因此不能重叠。而例（23）的“想”是思考的意思，是可以持续或反复进行的自主动词，因此可以重叠。

二、语法点的选择与排序

目前，对语法点的选择、排序并没有一个统一的标准，不同的大纲和教材常常有不同的处理方法。其中，有些选项、排序是不科学、不恰当的。这些不仅会阻碍教学，而且会使学习者产生偏误。

李蕊、周小兵（2005）对助词“着”的选项与排序进行了研究。他们发现对动态义的“着”出现理解偏误的学生接近被调查学生的一半。很多学生对“着”的认识局限在“附着”的静态意义上。学习者虽然生成了一些动态句，但很多人并未意识到“着”能表示两种意义。而教材对动态意义和静态意义的区分基本不加以说明。他们指出：既然“着”的动态义和静态义确实存在，在运用中又不可回避，不如明确地进行区别性教学。从学习者学习情况看，静态意义更容易掌握。因此，可以先教静态义的“着”，再教动态义的“着”。

又如鲁健骥（1994）提到的学习者偏误：

（24）＊你不做那件事。

正：你不要做那件事。

学生想说的是“Don't do that”。我们一般把“don't”译作“别”，可是在还没教“别”的时候，学生已经有表达“别”的意思的需要了。但他们只学过“不”，而教材中又没有把“don't”跟“不要”对应起来，学生只好用“不”代替“不要”，从而造成了偏误。

（25）＊他1米7，你1米8，他的个子不比你高。

正：他1米7，你1米8，他的个子没有你高。

学生想表达的是后一句。原因跟教材语法点出现的顺序有关。有的教材在教“比”字句时，同时教“比”字句的否定式，但并没有解释清楚这种否定式对应的语境条件。不少学生以为这种否定式在意义上跟“比”字句正好相反，于是造出类似例（25）的偏误。

第三节　课　　文

一、语法点的出现与复现

一般来说，教材的每一课都有一个到多个的语法点。这些语法点需要不断地在该课中复现，才能使之进入学习者的长时记忆中。课文是教材中主要的语言材料，它不同于单个、孤立的句子，语言在课文中的出现是有上下文语境的。在课文中出现语法点，对于学习者正确地掌握该语法点在具体语境中的用法是有很大帮助的。因此，语法点在课文中的复现是非常重要的。

但我们发现，有些教材中课文出现的语法点与后边语法解释中出现的语法点前后不一致。有的课文里面甚至没有出现语法解释中的语法点。如《现代汉语教程·读写课本》第七十八课，该课的语法点是"越来越……"、"越……越……"和"虽然……，但是……"这三种格式，但是在该课的课文《熊说了些什么》中，这三种格式一个都没有出现，只出现了含有跟"但是"意思相近的"可是"的例句："可是瘦子自己爬上去了，就不管胖子了。"

还有的教材在语法解释中说明："动词重叠表示动作经历的时间短，动作反复多次或尝试等意义。单音节动词重叠，中间可以加'一'。"但是在该课的课文中，只出现了两个略有不同的动词重叠句：

他数了数，一共五把。

她看了看教授手里的伞说："你今天的运气真不错啊!"①

这两个句子中，重叠的动词中间插入了表示动作完成的"了"，组成了

① 见《现代汉语教程·读写课本》第八十四课。

“V + 了 + V”形式，实际上是动词重叠和表示动作完成的“了”两个语法点的结合，与语法讲解的“V + V”形式不完全一致。这样很容易使学生产生困惑甚至偏误。从下边的例（26）可以看出，学生按照课文的句子进行类推，在祈使句中用了含有表示完成的“了”的动词重叠形式，从而生成了偏误。

（26）＊这部电影很好看，你要看了看。

正：这部电影很好看，你要看看。

可见，课文中出现的语法点和语法解释中的语法点有时虽然只有一点差异，但这一点点差异，加上解释的不完整，就足以给学习者造成困扰，使他们不知所措，进而出现误导性偏误。

二、词语选用

（27）＊今天，我高兴透顶了。

正：今天，我高兴极了。

当我们跟学生说这个句子不对的时候，学生还很不服气，因为教材的课文中就出现了“一家人生了一个男孩，合家高兴透顶了”。这篇课文是鲁迅的《立论》，是 1925 年的作品。那个时候的语言与我们现在的现代汉语是有一些差别的。在现在看来，当时的一些语言是不太规范的。把 20 世纪 20 年代鲁迅的作品选编进教材从而达到扩大学生的知识面、加深学生对中国的了解的目的，这是可以理解的。但由于作品中有些语言并不是规范的现代汉语，在编入教材时应该作一些解释说明，让学生清楚哪些是规范的，哪些是现在不用的。但我们看到该课文后面的注释中对“高兴透顶”的解释是“形容词‘透顶’在这里做补语，相当于‘极了’。‘透顶’一般用在双音节词之后”。而我们在实际的使用中，“透顶”一般修饰的是不好的词，如“糟糕透顶、倒霉透顶、糊涂透顶”等等。①

---

① 我们在北京大学汉语语言中心现代汉语语料库中进行检索，只检索到一句含有“高兴透顶”的句子，而这个句子就是鲁迅《立论》里的那个句子。

（28）＊他回家不复返。

正：他回家了，不回来了。

这也是学生根据课文中选用的朱自清的《匆匆》造出来的句子。“复返”的解释为“to return”。学生以为就是“回来”的意思。课文也没有对该文的语言基调以及该词的书面色彩进行任何的说明。

第四节　练习设计

一、练习内容与课文和语法点的衔接

练习设计的意图就是让学生巩固前面生词、句型、语法、课文等部分的知识。但我们注意到，有些练习的内容已经超出学生前面学习到的知识，出现了新的知识点。这样的练习不仅无法实现巩固旧知识点的目的，而且让学生无从下手、无所适从，甚至产生偏误。

（29）艺术代表团在北京的时间很短，没工夫去长城。

→＊艺术代表团在北京的时间很短，连工夫也没去长城。

→艺术代表团在北京的时间很短，连去长城的工夫也没有。

这是学生在做“用‘连……也（都）……’改写句子”的练习中出现的偏误。

该题共有六句，除了这一句以外，其他都只需将宾语放在“连……也（都）”中间即可。如：

（30）他能翻译古典小说，当然翻译得了这些传说故事。

→他连古典小说都能翻译，当然翻译得了这些传说故事。

这一句并不难改，只需将“翻译”的宾语“古典小说”放在“连……都”中间即可。

但例（29）则超出了学生的学习范围，除了要用“连……也（都）……”把句子连起来以外，还需要改变句子的结构，将后半句的“去长城”变成“工夫”的定语。但在该课语法讲解的例句中，“连”和“也（都）”中间都是简单的“数+量+名”结构，如：

（31）我来得太早了，教室里连一个人也没有。

例句的“连”和“也（都）”中间没有出现像“去长城的工夫”这样相对复杂的形式。因此，这道题对学生来说，难度太大。

（32）母亲对我说的每一句话都充满了爱。（用“没有（不）……不……”改写句子）

→*母亲对我说的没有一句话不充满了爱。

→母亲对我说的话没有一句不充满爱。

例（32）也是学生在练习中出现的偏误。该语法点的讲解是“汉语里有时用两个否定副词强调肯定的意思。在名词、代词或名词性词组前后各用一个否定副词，强调名词、代词或名词性词组所代表的人或事物‘都……’。‘没有’前可用时间或处所词语做状语。名词前常用‘一’表示没有例外”。例句中的“没有”都在句首，或者“没有”前有时间或处所词语做状语。如：

（33）没有人不知道。（每个人都知道）

（34）明天没有人不去参观。

（35）这儿没有一本书不是中文的。

学生在改写练习时，看到那些“没有”和“一”共现的例句中，“没有”都在“一”前面，就把“每一句话都充满了爱”改为“没有一句话不充满了爱”，前半部分的“母亲对我说的”则保留了下来，从而造成偏误。我们看到，例（33）-（35）的形式都比例（32）简单，例（32）除了要将“每一……都……”句式改为“没有（不）……不……”句式外，还需要调整词序，改变句子的结构，对学生而言难度较大。如果把原句改成“母亲对我说的话每一句都充满了爱”，是不是会更好一点呢？

二、语言错误和设计失误

对于学习者而言，课本里出现的句子都是正确的，都是标准的，都是他们应该学习的。因此，在编写教材时，应该慎之又慎，不能在课本中出现错误的句子。在课文、语法点的编写中，编者可能非常谨慎，很少出现错误。但到了设计练习的时候，有时就会出现考虑不周的情况。

（36）＊这学期我们班考试过三次。

正：这学期我们班考过三次试。

我们知道，“考试”是离合词，数量短语做补语应该放在“考”和“试”的中间。这个偏误是学生在回答练习问题时生成的。学生生成这个偏误完全是由于依样画葫芦，因为课本练习里的问句本身就是一个错误的句子：

＊这学期你们班考试过几次？你都考得怎么样？

还有另一类是练习的设计诱导学习者生成了偏误：

（37）我的朋友每个人都有远大的理想。（用“没有（不）……不……”改写句子）

→＊我的朋友没有人不有远大的理想。

→我的朋友没有一个人没有远大的理想。

这是学生在完成用“没有（不）……不……”改写句子的练习时出现的偏误。我们知道，“有”的否定是“没有”而不是“不有”。但题目要求是用“没有（不）……不……”改写句子。前半部分否定词可以是“没有”也可以是“不”，后半部分的否定词却只能是“不”，学生也不知如何是好。

（38）老师　我们　唱歌　中国　教　首　几　请（用所给的词语组句，注意语序）

→＊我们请老师教我们几首中国唱歌。

→我们请老师教我们唱几首中国歌。

这是学生在完成写作课的练习时生成的偏误。该练习的要求是“用所给的词语组句，注意语序”，给出的词语是“老师 我们 唱歌 中国 教 首 几 请”。“唱歌”是离合词，编者要求学生完成的句子是把“唱歌”两个字分开，中间插入“几首中国”作为“歌”的定语，但又把“唱歌”作为一个不能拆分的词给学生，学生生成偏误也就不足为怪了。

三、语体问题

王晓娜（2003）指出，有些教材里一些“按指定词语完成句子”的练习存在所给词语和句子语体风格不协调的问题，即练习中所提供的例句部分属于日常交际语体，而所指定的用来完成句子的词语则都是书面语体词语，语体风格前后不一致，从而使学生出现语体上的偏误。她举出例句：

（39）？过去遇到这种情况，老王一定要发脾气，现在很冷静，由此可见，他的脾气变化很大。（由此可见 冷静）①

正：过去遇到这种情况老王一定要发脾气，现在很冷静，看起来他的脾气变化很大。

（40）问题：今天去上课的人多吗？（因为……的缘故）

学生：？是的，明天就有考试，因为今天上课时教师给我们讲讲考试重点的缘故，来上课的人很多。

学生：是的，明天就有考试，因为今天上课时教师要给我们讲考试重点，所以来上课的人很多。

练习中的出句部分都属于随意语体，但指定的词语“倘若”、“因为……的缘故”却属于书面语体。从而产生语体不协调的偏误。

以上我们从外语注释、词语解释和语法讲解、课文、练习设计等几个方面对一些教材进行了考察。为避免误导学习者，教材的编写者在注释生词、讲解词语语法时应注意准确全面。对词特别是近义词应该在语义、语法、语

① 例句中加点部分是教材练习中给出的，括号中的词语是练习中要求完成句子的指定词语，画线部分是学生填写的。例句摘自王晓娜《第二语言语体能力的培养与教材虚拟语境的设置》（《汉语学习》2003（1））。

用方面加以区分。同时对语法点进行科学的选择和排序，在说明语法规则的时候尽可能考虑所有的可能性。另外应在课文中复现语法点，以加强学生的长时记忆。课文的选编应尽量贴近学习者的实际交际需要，如出现现代汉语中少用甚至不用的语言时应加以说明。而练习的设计应达到巩固所学课文、语法点的目的，在语法、语用上也应该准确无误。教材对教学效果和学习者习得的影响都是很大的，因此，教材编写者需要不断地完善教材的编写，从生词的外语注释、词语解释和语法讲解、课文及练习设计等几个方面严格把关，尽可能减少教材对学习者的误导，以更好地满足学习者学习的需要。

参考文献

陈　平　释汉语中与名词性成分相关的四组概念　《中国语文》　1987（2）

陈　灼主编　桥梁——实用汉语中级教程　北京语言学院出版社　1996

程美珍主编　汉语病句辨析九百例　华语教学出版社　1998

傅雨贤　周小兵　李炜等　现代汉语介词研究　中山大学出版社　1997

黄政澄主编　标准汉语教程　北京大学出版社　1998

胡炳忠　基础汉语的词汇教学　语言教学与研究　1984（4）

胡明扬　对外汉语教学基础教材的编写问题　语言教学与研究　1999（1）

李德津　李更新主编　现代汉语教程（读写课本）　北京语言大学出版社　1999

李　泉　近20年对外汉语教材编写和研究的基本情况述评　语言文字应用　2002（3）

李　蕊　周小兵　对外汉语教学助词“着”的选项与排序　世界汉语教学　2005（1）

李大忠　外国人学汉语语法偏误分析　北京语言大学出版社　1997

刘春梅　通过教材编写改善对外汉语的离合词教学　云南师范大学学报（对外汉语教学研究）　2004（6）

刘若云　基础汉语教材编写中语法点的复现问题　中山大学学报论丛　2004（1）

刘月华等　实用汉语语法　外语教学与研究出版社　1983

刘月华　动词重叠的表达功能及可重叠动词的范围　语法研究和探索（二）　北京大学出版社　1984

鲁健骥　外国人学汉语的语法偏误分析　语言教学与研究　1994（1）

陆俭明　动词后趋向补语和宾语的位置问题　世界汉语教学　2002（1）

罗青松编著　汉语写作教程　华语教学出版社　2002

吕叔湘主编　现代汉语八百词（增订本）　商务印书馆　1999

钱玉莲　偏误例析与对外汉语教材编写　汉语学习　1996（3）

佟慧君　外国人学汉语病句分析　北京语言学院出版社　1986

王建勤主编　汉语作为第二语言的习得研究　北京语言大学出版社　1998

王瑞敏　留学生汉语离合词使用偏误的分析　语言文字应用　2005（3）

王素云　对外汉语教材生词表编译中的几个问题　汉语学习　1999（6）

王晓娜　第二语言语体能力的培养与教材虚拟语境的设置　汉语学习　2003（1）

肖奚强　略论偏误分析的基本原则　语言文字应用　2001（1）

晏懋思　对外汉语教材中词语翻译的一些问题及其对策　现代外语　1994（1）
杨德峰　试论对外汉语教材的规范化　语言教学与研究　1997（3）
杨德峰　初级汉语教材语法点的确定　编排存在的问题——兼议语法点确定　编排的原则　世界汉语教学　2001（2）
杨惠元　论《速成汉语初级教程》的练习设计　语言教学与研究　1997（3）
杨寄洲主编　汉语教程　北京语言大学出版社　1999
杨寄洲　编写初级汉语教材的几个问题　语言教学与研究　2003（4）
赵春利　对外汉语偏误分析二十年研究回顾　云南师范大学学报（对外汉语教学史研究）　2005（2）
赵金铭　论对外汉语教材评估　语言教学与研究　1998（3）
中国社会科学院语言研究所词典编辑室编　现代汉语词典　商务印书馆　1995
周　健　唐　玲　对汉语教材练习设计的考察与思考　语言教学与研究　2004（4）
周小兵　第二语言教学论　河北教育出版社　1996
周小兵　汉语作为第二语言教学语法研究的特点　对外汉语教学中的副词研究　中国社会科学出版社　2002
周小兵　李海鸥主编　对外汉语教学入门　中山大学出版社　2004
周小兵　赵　新　中级汉语精读教材的现状与新型教材的编写　汉语学习　1999（4）
周行健　余惠邦　杨兴发主编　现代汉语规范用法大词典　学苑出版社　1997
朱德熙　与动词“给”相关的句法问题　现代汉语语法研究　商务印书馆　1980
朱德熙　现代汉语语法研究的对象是什么　语法研究和探索（四）　北京大学出版社　1988

第十六章
“得”字情态补语句的教学误导分析

本章考察“得”字情态补语句的教学误导情况。所谓“得”字情态补语句，指的是下列句式：

他跑得很快。

他洗衣服洗得很干净。

他热得满头大汗。

刘月华等（2002）对相关句式下过定义：“‘情态补语’主要指动词或某些形容词后用‘得’连接的表示动作的结果状态的补语。”为讨论方便，以下简称“得”字句。

我们从平时访谈和学生习作中发现，留学生对“得”字句的使用情况不太理想。首先是访谈，现有录音材料约70小时，是笔者与11位日本学习者一对一的谈话录音。访谈时采取随意谈话的方式，没有规定话题。这些学习者分布在初级三班①（一人）、初级四班（两人）、初级五班（三人）、中级一班（两人）、中级四班（两人）、高级一班（一人）。访谈基本上每人每周一次，每次一小时。访谈中笔者常有意引导他们评价某些事物，如：

你觉得那个电影怎么样？

你现在的老师和以前的老师在教学方法上有什么不同？

---

① 初级三班大致相当于学过一个学期的学习者；初级四班相当于学过一个半学期的学习者。其余依次类推。

你为什么要搬出去住?

留学生的汉语表演怎么样?

你在这儿习惯了吗?为什么?

你觉得你们的教材怎么样?

最近天气怎么样?

目前收集到该用而没用“得”字句的有18句。如:

(1) *她很聪明,她说汉语很好。(正:……她说汉语说得很好。)

(2) *她教我们很努力。(正:她教我们教得很认真。)

(3) *准备,可是准备不太好。(正:准备是准备了,可是准备得不太好。)

(4) *在日本不太好学习汉语。(正:在日本学汉语学得不太好。)

(5) *来中国以后喝很多。(正:……喝酒喝得很多)

(6) *以前我打过(乒乓球),可是不好。(正:以前我打过,可是打得不好。)

(7) *我的做菜不好吃,我妈妈好吃。(正:我做的菜不好吃/我做菜做得不好吃,我妈妈做得好吃。)

(8) ?他们唱歌很好①。

这些偏误都是初级班的学生生成的,这说明学习者不清楚何时该用“得”字句,原因可能有四个:a.“得”字句认知难度大;b. 教科书的注释不清楚;c. 教师的讲解及课堂操练不到位;d. 学习者本身的因素(如学习不用功、领悟力不强、记忆力差等)。

目前“得”字句的本体研究尚不够深入,仍有许多问题有待进一步探讨,这一点也是造成教科书注释不清楚的原因之一。学习者对这一语言项认识不够,概念不清,因此“得”字句无论是使用率还是正确率都偏低。

在主动生成的“得”字句里,偏误的比例也很大。录音材料中,主动

---

① 此句在叙述经常性的状况时可用,但是当叙述过去某个时间出现的状况时不可用。如回答:“他昨天晚上唱歌唱得怎么样”时应该是“他唱得很好”。

生成的“得”字句只有 39 句，而既正确又自然的仅 16 句，只占 41%。在大约 20 万字的笔头作文及平时的作业中，一共搜集到 239 句“得”字句，其中 125 句是正确的，占 52.3%；114 句有偏误，占 47.7%，偏误率较高。

偏误的形成有多方面的因素，我们暂且抛开其他原因不谈，仅探讨教材与偏误之间是否存在着一定的联系。

我们主要考察相关教材对“得”字补语句的展示、解释和练习等情况。考察对象为国内影响较大、使用范围较广的五套初级读写（精读）教材：

a.《实用汉语课本》(商务印书馆，1986 年)

b.《汉语教程》(北京语言大学出版社，1999 年)

c.《初级汉语课本》(北京语言大学出版社，2003 年)

d.《现代汉语教程　读写课本》(北京语言大学出版社，1997 年)

e.《速成汉语初级教程　综合课本》(北京语言大学出版社，1996 年)

上述教材在国内乃至国外都有一定的影响力，各地院校纷纷采用，可见其编排、内容、注释等都有许多优点，在此不赘言。我们讨论的重点是教材里容易产生误导效应的因素。

这里所提的“误导因素”，除了指教材中出现的错误、疏漏外，还包括一些科学性、系统性、合理性欠缺的问题。这些问题虽然不会直接引导学习者产生偏误，却是学习者生成偏误的潜在因素。

第一节　“得”字句的概念

对外汉语的教材及工具书对同一个语法项目应该有一个统一的名称。否则，当学习者看到不同的名称时会误以为是不同的语法点。

遗憾的是，我们考察的这几部教材对“得”字句的名称并不统一。下面分两类讨论。

一、程度补语

这是教材 a、d 的名称。

从语言事实来看，“得”字后的补语并不全是表示程度的。我们看看 a、d 这两套教材举出的例句：

他来得晚，我来得早。

显而易见，句中的“晚、早”并非表示“来”的程度。如果“来”这一动作是有程度的，那么应该可以受程度副词的修饰。但我们不能说“很来、非常来”。在人类的认知领域中，恐怕很难接受“具体的动作行为是有程度的”这样的概念。可见，将这类补语命名为“程度补语”不太合适。

“得”后的补语有一类确实是表示程度的，但位于“得”前的通常都是形容词或者心理动词，如：

喜欢得不得了 // 高兴得要命 // 漂亮得很

此类谓语不但可以用程度补语来补充说明，而且可以受程度状语的修饰。如：

很喜欢 // 非常高兴 // 挺漂亮

而一般的动作动词既不能带这样的补语，也不能受程度副词修饰。如：

* 学习得不得了 - * 很学习 // * 吃得要命 - * 非常吃// * 睡得很 - * 挺睡

从使用频率上看，“得”字后表示程度的补语不到“得”字后补语的十分之一。教材如果将“得”字后补语命名为“程度补语”，会对学习者理解这一语言项造成干扰，很容易诱发他们望文生义，以为带“得”的补语都是表示程度，导致使用率偏低或者生成偏误。

二、状态补语

这是教材 b、e 的名称。教材 c 没有给此类补语一个名称，只标注为：“‘得’后形容词表示对动作的评价”。我们认为这个解释跟“状态补语”接近，就放在一起讨论。

我们认为，“得”字后边的补语主要承担评价状态的功能。从以下例子可以看出，“状态补语”的命名比较合理：

他学习得很认真／／小王吃得很香／／他睡得非常舒服

“状态补语”这个名称跟刘月华等（2002）的命名一样，比较符合语言事实，也有利于学习者学习和掌握。

第二节 注释说明

美国生成语义学家认为，语义部分才是句法生成的基础，句法不能独立于语义，而语义也不能独立于认知。语义是语言的中心，句法只是语义内容的重组和象征化。“得”字句对于二语学习者来说是一个全新的语法范畴，如果教材对语言项的语义功能加以准确清晰的解释，就可以缩短学习者的范畴化过程，加速其认知的完成。

这几套教材对状态补语的注释说明各不同，较为全面、准确的注释是教材 b、e。教材 b 认为它的主要功能是对结果、程度、状态等进行描述、判断或评价；教材 e 认为它是评议动作结果的状态。而教材 a、c、d 的注释都存在这样那样的问题。

一、注释与例句相悖

教材 a、d 称这种补语为“程度补语”，对它的解释是：“补充说明动作或事物性质所达到的程度。”

这个说明如果是注释类似“～得不得了、～得要命、～得很”的例句就很贴切。但是课文里所举的例句却是：

她唱得不好。／／我跑得不很快。

显然，“好”、“快”并非“唱”、“跑”所达到的程度。可见，注释说明与例句没有很好地相互配合，例句没有帮助学习者理解所注释的语法项。

二、注释不全面

教材c认为这种补语表示对“得”前动词所表示的动作的评价。这种说明显然不够全面。因为除此之外，此类补语还可以是对动作结果或状态的评价、描述等。如：

河水被晚霞照得有些微红。

头剃得很亮，没留胡子。

把脖子撑得又粗又红。

这里的“微红”是“照”的结果，“亮”是对“剃”的结果的评价，“又粗又红”则是对“撑”的状态的描述。

三、相关偏误

教材的注释如果不准确，学习者不能从教材里获得语言知识，得不到正确的指导，理解上就会出现偏差。如：

(9) *但是报纸树上倒起来了。他看报纸看得很难了。所以他在树上倒吊着看报纸。(……，很难看得到报纸，……)

(10) *刚来的时候，每天看电视。可是新闻的内容听得很难，而且中国的节目不太有意思。(……可是新闻的内容很难听懂，……)

(11) *切开成的鱼头、鱼肚子，看起来在鱼头里有很少肉很多骨，吃得麻烦，在鱼肚子里有很多肉很少骨，吃得容易。(……吃起来很麻烦，……吃起来很方便)

这些句子都是因为学习者对“得”字句的语义没有领会透彻所造成的。学习者只注意到了这一语言项的形式，他们以为动词后边加“得”，再接上形容词就可以构成“得”字句，至于动词和形容词之间是一种什么样的语义关系，他们仅依靠类似以上的注释是很难掌握的。因为“得”字句的补语与主语、述语、宾语的语义结构关系太复杂，而教材的注释过于抽象。其实“得”字句述语和补语之间还常隐含着一种因果关系，补语所表示的结果、状态、评价是在“得”前述语所指的动作行为的作用下引起的。例(9)、(10)中的“难”与动作行为“看、听”之间没有必然的联系，例(11)的“麻烦、容易”也并非“吃”引起的。因此我们认为，教材的注释除了要准确以外，还要具体一些。因为我们的学习对象是要依赖教材和工具书的指导才能学会怎样组词成句的外国或外族学习者，这与对本国人的语法教学是两个完全不同的概念。

第三节　语法规则的解释

一个语言项语法规则的描述是否准确、全面，会直接影响学习者生成的语言形式。因此教材中的语法规则应该细化，才能最大限度地减少偏误的形成。但是如果要求教材面面俱到，把所有的语法规则都描述得清清楚楚也是不现实的，因此可以考虑在教材的练习中体现部分语法规则。例如可以出一些改错题，这样可能比单纯描写语法规则效果更好。

一、形式描写

1. 充当补语的形容词前一般要有程度副词

以上几本教材都没有明确提出“得”后形容词前通常要有副词才可成句，只有 c 教材提到形容词前可以带状语。如果说“可以带状语”，那么就意味着也可以不带。可是语言事实是：陈述句一般都要带，除非用于对比。如果学习者不了解，就会造出不合汉语习惯的句子。例如：

(12) *她们谈得起劲，气氛不错。(正：她们谈得很起劲，……)

(13) *最初，我们玩儿得开心。一段时间以后，突然发现吵架了。(正：我们玩得很开心……)

(14) *夏天湖旁边的草木长得青翠的。(正：……草木长得很青翠。)

上面这三个句子是因为学习者不知道“得”后的形容词前一般都要加副词，就像形容词一般不单独做谓语一样，单独做情态补语也很少，这一点有些教材没有提到。

值得注意的是，上述句式如果变换成正反疑问句和特指问句，就要把形容词前的副词去掉。遗憾的是，除了教材 d 以外，其余四部教材都没有做相应的说明。我们知道，第二语言学习者在接触一个全新的语言项时是不可能自己凭语感悟出规则来的，教材或者语言教师有责任细致地讲解规则。“得”字补语在正反疑问句和特指疑问句中，形容词前不能加程度副词，这条规则不讲清楚，没有一定的练习，学生就会出现以下偏误：

（15） *你写得很快不很快？

2. 宾补同现

当动词后边有宾语时，动词必须重复后才能带“得”字补语。c、e 两套教材的语法注释里没有出现动词后带宾语的“得”字句，学习者在需要表达宾语时，自然不知道动词需要重复这一语法规则，就会生成以下偏误：

（16） *他打球得很好。

（17） *她爸爸做乌冬面得很好。（正：她爸爸做乌冬面做得很好。）

（18） *我的朋友比我做菜得很好。（正：我朋友比我做菜做得好。）

有的教材课文里完全没有出现动词带宾语的句式，语法解释里也没有出现相关项目，只在练习里出现宾语前置的句子，如“他网球打得很好”。我们觉得在练习里“冒”一些新句式也不失为一种好办法，可以让学习者对新句式先有一个印象，以后学起来就会快一些。不过，我们认为，类似“得”字句动词带宾语这样较难掌握的新句式，应该在课文里出现，并配以相应的语法注释说明。否则，学习者很难真正习得。

a、b、d 三套教材都提到当动词后边有宾语时，动词必须重复后才能带“得”字补语。这对学生掌握相关句式很有帮助。但我们发现，使用这些教材的学生仍然会出现一些偏误。如：

（19） *留学生表演表得都很好。（正：留学生表演得都很好。）

（20） *玛丽朗读朗得非常流利。（正：玛丽朗读得非常流利。）

此类偏误，跟学生在课堂上反复操练重复动词的“得”字句有关。我们知道，“表演、朗读”是一般的双音节动词，跟“演戏、读书、洗澡”等动宾组合很相似。学习者被告知动宾组合的词语，尤其是动宾式离合词做“得”字补语句时，需要将动词或动词语素重复一次，并做了大量的练习。但不少学习者只是被动地跟着老师的指挥棒进行机械性练习，却分不清动宾组合的词语跟其他结构双音节动词的区别；一些人甚至误以为双音节动词都需要重复第一个音节，于是生成类似（19）、（20）的偏误。

上述教材的注释没有错，只是过分强调了动词重复。我们认为，强调动词重复，不如强调“得”一定要在动词后，而不能用在名词（或名词语素）后边，避免学习者生成类似“他打球得打很好”这样的句子。此外，建议教材编写者和教师在教学过程中多展示两类不同的“得”字句：A. 谓语动词加宾语并重复动词（或动宾式离合词做谓语并重复动词语素）；B. 非动宾组合的双音节动词做谓语。如：

A. 他洗菜洗得很认真。// 他洗澡洗得很快。

B. 他洗刷得很干净。

加上教师适当的解释，使学习者在语境中自己领悟其区别。

3. 受事主语句

e教材的课文里“得”字句和意义被动句同时出现，因此课文里的“得”字句全部是受事主语句，如：

房间打扫得真干净。

这样处理会让学习者有一个错觉，以为当“得”字句的动词有受事宾语时，都应该像上述句式一样，把宾语放到前面，由此出现以下偏误：

衣服洗得很累。

这五部教材在提到动词宾语前置时，除了e教材，其余都没有提及它的条件限制。而实际上当受事宾语为人时动词宾语是不能提前的，因为施受关系容易混淆，造成歧义。例如，如果我们说：“他奶奶照顾得很好”，“奶奶”到底是施事还是受事呢？当然，我们并不认为每讲授一个语法项都要把所有的条件限制都一一介绍给学习者，这样做是不切实际的，因为课堂时间是有限的。但是教材编写者应该意识到，只需要加上一句说明就可以减少学习者出错的几率，这样做当然是有价值的，可以使我们在有限的课堂时间里达到最佳的教学效果。

二、时体

除了e教材外，其余教材在介绍“得”字句时，都说“得”前的动作行为是过去已经发生的或者经常发生的，b教材还补充说正在进行的也可用。教材里这样注释本来无可厚非。二语教学中，尤其是在初级阶段的教学，自然应该把最常用、最不容易出现偏误的句式教授给学习者。可是在c、d这两套教材里却出现与注释不符的例句，如：

他让我朗读得慢一点儿。

你写得整齐一点儿，行不行？

这些句子显然都是表示未然的。语言敏感的学习者由此会对教材的可信度产生怀疑。如果语言教师照本宣科，不加思考，面对学习者的质疑，一定会陷入尴尬的境地，教师的威信也会受到破坏。

这样注释还会使学习者产生一些语用上的偏误。例如有一次学生请老师吃饭，吃到半饱时，一个学生对老师说：“老师，我想你吃得多。”老师愣了，十分尴尬，以为学生觉得自己吃得太多了，心里有点不快。可就在这时，那个学生却又很热情地请老师吃菜。老师明白了，学生是想说：“我希望你吃得多一点儿”。

“得”字句一般用于过去发生或经常性发生的动作行为，但有时候也可以用于将来或未然的动作行为，不过是有条件的：一般用于假设复句、条件复句或做补语的形容词后带“一点、一些”的祈使句里。如：

学生写得好老师就表扬。

他只要住得舒服，再多钱也舍得花。

你要看得仔细一点，别再出差错了。

用于将来或未然的“得”字句毕竟占少数，因此，我们认为可以在教材刚出现“得”字句时就指出，这种句式一般用于过去已经发生或经常发生的动作行为。以后在适当的时候再在课文或练习中出现一些用于将来或未然的“得”字句，这样就可以在很大程度上减少类似上面那个学生出现的偏误了。一开始就把所有的用法都讲清楚也并不可行，因为那样会令学习者消化不了。

此外，教材编写者须特别谨慎，除了要注意注释准确、科学外，还要避免注释与课文、练习自相矛盾，否则会令学习者无所适从。

第四节　“得”字句的排序

一、“得”字句出现的最佳时机

“得”字句是汉语的常用句式，可是有的教材在编排上却欠考虑，把“得”字句推迟到第二个学期才教。我们认为，“得”字补语句出现在第一学期的25-40课比较合适。如果出现得太早，学习者汉语语言知识贫乏，无法理解如此复杂的“得”字句。而另一方面，在实际的交际中，学习者很早就会有表达“评价”意义的需要。我们发现，学习者在目的语环境里已通过听力得到大量“得”字句的输入，但是他们常常会把听到的“得”误以为是“的”或“了”。因为“的、了”在教材中一般早于“得”出现，学习者仅通过语音输入不可能分辨出这两个“de”，也很难分辨“le”和“de”。

我们给初级四班（初级第二学期）学生做过一次听写，有六人次把“了”听成了“de”或者把“de”听成了“了”。在访谈调查中，一位我跟踪调查的中级一班（中级第一学期）学生对我说：

（21）＊时间过了真快。（正：时间过得真快。）

当我指出她的语病时，她竟然十分惊讶。她说，她一直以为此句式的补语标志是“了”。这句话就是她通过自然语境学到的。虽然在课堂上学过“得”字句，但是教材中还没出现这个句子，学习者便由于听觉误差导致输出偏误。

以此类推，没学过“得”字句的学生更有可能在目的语语境中把“得”误听成“了”。因为他们之前已经接触过“了”，这两个都是轻声词，在自然的语流中极易出现听觉误差。教科书如果没有出现过“得”字句，就给不了他们一个可以借鉴的东西，他们自己更没有能力判断哪个才是正确的。因此教材如果不在适当的时机教授这一语法项，学习者可能就会一直用“了”或者别的代替“得”，导致其他语法项的认知也遭到干扰。而一旦偏误形成并逐渐养成习惯是非常难以纠正的。

在我们考察的五套教材中，a 教材的“得”字句出现在第二十五课，b 教材在第三十九课，c 教材在第二十九课，d 教材在第五十七课，e 教材在第十六课。d 教材的“得”字句出现得最晚，按照每周 12 节读写课算来，也要到第二学期才学到，对学习者及早养成语言习惯不利。而 e 教材的“得”字句出现得最早，在第 16 课，不过因为是速成教材，每课的语法点都比较多，“得”字句相对早一点出现也是合理的。a、b、c 三套教材出现的时间比较适中，在第十周前后。学习了两个多月汉语的学习者，在日常交际中常遇到需要评价某人某事的语境，如果不及时教授这一常用的语法项目，学生就会生成大量类似以下的偏误：

(22) ＊他是画家，他画很好。(正：他是画家，他画得很好。)

(23) ＊玛丽的写很不错。(正：玛丽写得不错。)

(24) ＊我昨天头疼，睡很早。(正：我昨天头疼，睡得很早。)

二、螺旋式排列

“得”字句无论是从语言对比的角度还是从语言发展或者语言认知的角度来说，都属于难度偏高的语言项。因此相对于线性排列来说，螺旋式排列更为科学、有效，因为它“更接近语言学习的自然过程”(桂诗春，2003)。学习者每习得一个语言项，尤其是认知难度大的语言项都需要不断地重复刺激才能完成内化过程。“得”字句句式多、结构形式与语义之间的关系复杂，所以更需要在教材中采用螺旋式的排列方式，使学习者在不同的语境中体会这一语言项的用法；另一方面，不同的句式也可以由易到难排序，不断深化，才不至于把庞杂繁复的句式一下子堆砌在学习者面前，令其产生畏难情绪，进而回避使用。

在我们考察的五套教材中，能够采用螺旋式排列“得”字句的只有b、d、e三套教材，其余两套教材都是采用线性排列。当然，采用螺旋式排列也有高下之分。

如教材b在第一次出现“得”字句时就把不带宾语的、带宾语的、宾语提前的三种句式教给学习者，而且出现这一语法点是在第29课，学习者大概只学了十周的汉语，宾语提前的句式要到第44、45课才出现。这样的编排是学习者很难消化得了的。而第二次出现“得”字句是在第53课，其句式是“得”后的补语是动词词组。如：

他看球赛看得忘了吃饭。

两次的“得”字句相隔太远，不利于学习者掌握这一认知难度如此之高的语言项。但是b教材在第53课出现很多先前学过的“得”字句，这样能重复之前的语言项，唤醒学习者的记忆，在一定程度上弥补了不足。

教材d把“得”字句不带宾语句式、宾语提前的句式安排在第57课，带宾语的句式和用于比较句中的“得”字句安排在第58课，而意义上的被动句安排在第41课，学习者已经对受事宾语提前有了一点认识，再接受宾语提前的“得”字句就不会有太大的难度，这样的编排就比b教材合理一些。

e教材的“得”字句最早出现在第16课，而且同一课里出现受事主语句这一语法点。课文和注释/练习中的“得”字句都是动词后没有带宾语的，或者是受事主语句。而第二次出现“得”字句是在第52课，仍没有出现动词后带宾语的句式，而出现的是动词性短语或主谓短语做补语的句式。整套教材都没有把动词后出现宾语的“得”字句作为语法点列出来。我们认为这样的编排有两个不当之处：一，两课的“得”字句出现的间隔太远，相隔三十六课，学习者通常已经遗忘了先前学习过的语言项，不能起到螺旋式排列应有的效果。二，动词后带宾语的句式是常用句式，学习者在交际中也十分需要这一句式，所以是很有必要专门教授的，而 e 教材却没有选用此句式，我们认为这不能不算是一个疏漏。

对教材误导造成的偏误，很难有一个科学而准确的统计方法。到底哪些偏误可以归咎于教材误导，也没有一个尺度标准。根据我们的考察分析，“得”字句偏误率高，使用率低，与教材编排不够科学合理应该有一定的关系。

我们的研究目的，是希望教材编写者能够科学合理地排列相关语法项目；注释语言项时要尽量准确、全面；描写语法规则时宜进一步细化；语法练习要合理、适量。所有这些，都是为了让学生更好更快地掌握汉语语法，尽量减少偏误出现的频率。

参考文献

北京语言大学汉语速成学院　速成汉语初级教程（综合课本）　北京语言大学出版社　1996

陈　军　试析“厉害”作补语的特点　汉语学习　2002（1）

黄　冰　第二语言习得入门　广东高等教育出版社　2004

黄伯荣　廖序东　现代汉语　高等教育出版社　2003

李大忠　外国人学汉语语法偏误分析　北京语言大学出版社　1997

李德津　李更新　现代汉语教程（读写课本）　北京语言大学出版社　1997

李　英　谈含“得”述补短语　中山大学学报论丛　1996（3）

刘　珣　邓恩明　刘社会　实用汉语课本　商务印书馆　1986

刘月华等　实用现代汉语语法　商务印书馆　2002

鲁健骥主编　初级汉语课本　北京语言大学出版社　2003

吕文华　关于对外汉语教学中的补语系统　语言教学与研究　1995（4）

孙德金　外国留学生汉语“得”字补语句习得情况考察　语言教学与研究　2002（6）

王建勤主编　汉语作为第二语言的习得研究　北京语言大学出版社　1998

吴　颖　“动词＋得＋补语”的分类和语义特征分析　苏州大学学报　2002（2）

杨寄洲主编　汉语教程　北京语言大学出版社　1999

尹绍华　试论状语与情态补语的区别　西南民族学院学报　2002（2）

张旺熹　汉语特殊句法的语义研究　北京语言大学出版社　2002

张豫峰　“得”字句补语的语义指向　山西师大学报　2002（1）

赵艳芳　认知语言学概论　上海外语教育出版社　2001

中国社会科学院语言研究所词典编辑室　现代汉语词典（第51版）　商务印书馆　2005

周小兵　李海鸥主编　对外汉语教学入门　中山大学出版社　2004

第十七章
概数表示法的教学误导分析

第一节　概数表示法和教材分析

本章结合现代汉语语法的实际情况，以“概数表示法”这一语法点为例，重点考察五套对外汉语教材（1.《现代汉语教程　读写课本》2.《初级汉语课本》3.《标准汉语教程》4.《新实用汉语课本》5.《汉语教程》）对此语法点的安排，同时分析五套教材在编写时存在的问题。

一、概数表示法

概数是指大概的数目，用来表示说话人不知道、不愿意或无须准确说出的数目。在现代汉语中，概数的表示法通常有以下三种方式：

（一）在数词后面或前面直接加上表示概数的词语“左右”、“多”、“来”、“把”、“前后”、“上下”、“约”、“近”、“上”等。加在数词后面的，如：三百左右、六十多元钱、二十来个人、百把人等；加在数词前面的，如：约四百斤、近一万元、上万人等。

（二）相邻两个数词连用，且连用的一般为系数词，通常数目小的在前，数目大的在后，如：三四千人、十七八岁、二三十天等。注意，“二”与“三”连用时，“二”要用“两”，而且，既可以说“两三天”，也可以说“三两天”。另外，个别不连续的系数词也可以连用，“三”和“五”就可以连用放在量词前表示概数，如：三五天、三五百人等。

（三）“几”与“两”也可以表示概数，如：几个人、几百天、十几元钱等；“两”也可以表示概数，不是具体数目“二”的意思，比如：我过两天再去上海。

对于中国人来说，概数的表示法是日常生活中常用常说的，根本不需要专门学习。但是，由于不同国家的人在认知和思维习惯方面存在一定差异，各国表示概数的方法也有所不同，因此，在对外汉语教学中，就不可避免地要涉及这一语法点。

二、教材分析

1. 教材的安排和解释

下面是五套教材对“概数的表示法”这一语法点的安排情况（其中数字、字母序号按教材原样）：

《现代汉语教程　读写课本》：

概数的表示法分为三个部分，并分置在不同的课文中：

概数(一)——“多”，“左右”（第一册，第406页）

(1)“多”可以用在数量词组后边或数量词组中间，表示超过该数的不定零数。

①个位数或数词词组中个位数的量词后边用“多”，表示个位数以下的零数。如：一斤多(水果) 两块多(钱)十三个多(星期)

②十位数以上的数词词组和量词之间用“多”表示该整数以下的零数。如：二十多斤(梨)　一百多本(书) 两千多张(票)

(2)“左右”可以用在数词词组或数量词组（加名词）后边，表示比该数稍多或稍少。如：五十左右　三百个左右　十个月左右

概数(2) ——几（第一册，第480页）

“几”可以表示“十”以下不确定的数目。如“几分钟”、“十几张照片”、“几十个演员”、“几百个学生”等。

概数(3) ——相邻的两个数字（第二册，第19页）

两个相邻的数字一起用，可以表示概数。如：一两天、十一二次、二三十本书、四五百块钱。如：

（1）再过五六天我就可以出院了。

（2）这个医院有二三百个护士。

（3）我每天看一两个小时电视。

《汉语教程》第二册（上），第60页：

汉语表达概数主要有以下几种：

1. 相邻的两个数词连用，一二、两三、三四、五六、七八、八九等。

（1）我每天晚上学习两三个小时。

（2）一件大衣要七八百块钱。

2. 多

（1）这些苹果一共五斤多。

（2）这件毛衣二百多块。

（3）我来中国已经两个多月了。

3. 几

（1）昨天去了十几个人。

（2）一件皮大衣要几千块钱。

《初级汉语课本》：

分成三项，但全部集中在第21课中（第118~119页）：

1）用“多”表示，“多”有两个位置：

A.“十”“百”等整数

数词　多　量词

二十　多　岁

七十　多　公斤

三百　多　米

B. “个”位

数词　　量词　多

七　　　岁　　多

二十三　岁　　多

一　　　米　　多

七十二　公斤　多

2）用“几”代表不定的数位：

A. 数词　几　量词

二十　几　岁

二十　几　公斤

十　　几　米

B. 几　数词　量词

几　十　　岁

几　百　　公斤

几　十　　米

3）用两个相邻的数字：

一两个　一二十斤　二十二三个

两三个　二三十个　三十三四岁

《标准汉语教程》上册（四），第137～140页：

（一）用两个相邻的数词连用，通常数目小的在前，数目大的在后。例如：略。

注意：“九”和“十”不能连用来表示概数。

（二）数量词语后加上“左右”等表示概数的词语。例如：略。

（三）用“几”来表示概数。例如：略。

（四）用“多”表示概数

“多”用在数量短语后边，表示不确定的零数。“多”的位置和用法如下：

1. 以0结尾的数词+多+各种量词+（名词）（例句略）。

2. 数词10+表示连续量的量词+“多”+名词。

这里，“表示连续量的量词”指“年”、“天”、“小时”、“分钟”、“公斤”、“克”一类的量词，而不是“个”、“支”、“瓶”、“杯”这样的“个体量词”（例句略）。

3. 如果数词是以1~9结尾的（如，17、25、101、3561等），则格式同2（例句略）。

（五）用“来”表示

这里的“来”，表示接近它前边的数词所表示的数量，可能多一点儿，也可能少一点儿。“来”只能用于整数，它的位置与“多”相似。例如：略。

《新实用汉语课本》第3册，第81~82页：

（1）用“几”表示概数

几+M+N　他买了几本书。

几+“十/百/千/万/亿”+M+N　今年语言学院来了几百个留学生。

“十”+几+M+N　前边来了十几个人。

这辆车用了二十几万块钱。

（2）用“多”表示概数

A. “十/百/千/万”+多+M+N/A

10	多	本	词典
1000	多	岁	
8800	多	米	高
1200	多	年	历史

B. Num + M + 多（+N）

两	斤	多	葡萄
十四	米	多	白布
一	个	多	月
254	块	多	钱

（3）用相邻的数字表示

三十，四五百，六七千，八九万，三四十万。

2. 教材评价

在考察中，我们发现，五套教材都将“概数的表示法（或表达）”作为语法点单独列出。总的来说，可以分为两种方法：一是用相邻的数字表示；二是加上“多”、“几”、“左右”等表示概数的词语。由于“多”的位置比较复杂，教材常将其单独列为一项。

但是，由于对留学生习得这一语法点的情况不够了解，综观各套教材，在“概数的表示法”这一语法点的安排上，普遍存在两个比较大的问题：

1）表述不准确

编写教材，最基本的要求是要表述准确。而要达到表述准确的要求，最起码的一点，是要做到同一语法点的各个语法项不但要单一、自足，而且不能互相违背或排斥。如大部分教材都将语气助词“了”分解为两个语法项：一是表示某件事情或某种情况肯定已经发生；一是表示情况的变化或新情况的出现。这两个语法项各自单一，能自足，互相补充又不相互违背或排斥。但遗憾的是，在解释用“多”及用“相邻两个数字”表示概数时，其中一些教材的表述有值得商榷的地方。

比如《现代汉语教程　读写课本》中，关于用“多”表示概数的表述，第1点我们可以理解为：有个位数的数或数词词组，“多”放在量词后边表概数。但是第2点就存在一个问题：“十位数以上的数词词组”可以指十以上的任何一个数词词组，虽然教材所举的例子中只有“二十”、“一百”、“两千”等这类没有零头的整数，但“二十三”、“六十八”等这类有零头的整数也是十位数以上的数词词组，我们却不可以根据第二个语法项说成“二十三多斤（梨）”、“六十八多块（钱）”。教材这样表述，是否容易使学生产生此类偏误？在下一节的偏误分析中，我们将可以看到，这个预测得到了验证。

其实，朱德熙（1982）曾经指出过，概数词“多”（和“来”）充任系位组合①的末一项，跟它紧邻的前一项必须是简单的系位构造②，像“二十”、“一百”、“两千”等，而“二十三”、“六十八”、“九十五”中的“三”、“八”和“五”都不是系位构造，因而就不符合这个规则了。由此我们可以看出，上述有关概数“多”的第2点论述不但本身不自足，而且与第1点矛盾。教材本意是想用简单一些、留学生容易听懂的话语来叙述这一语法规则，却说成“十位数以上的数词词组”，跟语言事实和相关语法规则不符。

另外，在谈到用相邻两个数字表示概数时，五套教材的表述都很简单，可以总结概括为：两个相邻的数字或数词连用可以用来表示概数。

这样的表述虽然简洁明了，但对留学生来说，就存在一定的问题，因为并非所有相邻的两个数字连用都可以表示概数，如“二十三二十四、五百二十五百二十一”等就是相邻两个数字的连用，但它们并不能用来表示概数。在我们所进行的概数测试中，也的确有学生产生了这样的偏误（见下一节）。汉语事实告诉我们，连用的仅仅只限于1～9这几个数字，是这九个数字中任何两个相邻的数字连用（且是由小到大地连用），或直接放在量词前（如“三四个”），或放在位数词前（如“三四十个”），或放在位数词后（如“十三四个”）来表示概数。教材不但表述不准确，而且没有提到两个数连用后的位置，显然是过于简单粗略了。

2）语法知识的涵盖范围不能满足实际应用的需要

因为对外汉语教学对象的特殊性和汉语本身的复杂性，我们并不提倡将汉语本体的语法知识全盘托出教给学生。但是，对一些常用的、交际中需要的知识，尤其是交际中需要的一些特殊的现象和例外的规则，我们必须考虑周全，不能留下较多或较大的纰漏。

---

① 系位组合：几个系位构造按照位数由大至小顺序排列造成的数词结构叫做系位组合。系位组合的几个系位构造之间是相加的关系。（朱德熙：《语法讲义》，第46页。）

② 系位构造：是由系数和位数两部分组成的复合数词，两部分之间是相乘的关系。简单的系位构造指系数和位数都是一个单纯的数词，如二十、一百、两千等。（朱德熙：《语法讲义》，第46页。）

首先，用“左右”表述概数，虽然《现代汉语教程　读写课本》与《标准汉语教程》对“左右”的位置规定明确，提出它应该放在数词词组或数量词组（语）后面来表示概数。但是，“左右”对其前的数词词组有一定的限制条件，这一点，教材却没有指出来。从我们可以说“二十左右”、“三百左右”、“六千左右”、“三十万左右”、“四十亿左右”，却不可以说“八左右”、“十左右”、“十三左右”、“二十四左右”、“一百三十二左右”、“五千六百五十九左右”，可以看出，在汉语事实中，“左右”前是数词时，这些数词必须是十以上的整十、整百、整千、整万或整亿。这一点若不说明，留学生就可能误认为“八左右”、“十左右”、“十三左右”等也正确，从而造成使用上的偏误。

其次，数词是“十”、量词是连续性量词（即该量词还可以分解为更小的量，比如“年”、“天”、“小时”、“分钟”、“公斤”、“克”等）时，“多”既可以在量词的前面，也可以在量词的后面，即可以说“十年多”，也可以说“十多年”。但关于这一点，除《标准汉语教程》独立列出以外，其他四套教材都没有注明。因此，在数词是“十”时，学生有可能会因为“多”与一般量词的位置（“多”置于量词前，如“十多个学生”），而影响其对“多”与连续性量词位置的习得。反过来，汉语事实中，数词是“十”时，“多”与连续性量词的位置，也会一定程度上混淆留学生对“多”与一般量词位置的习得。此预测在我们的测试结果中也得到了验证。

更重要的是，在处理表示概数的“多”这一语法点时，综观五套教材，内容上都存在一个大的空缺——忽略了汉语中两个特殊的位数词“万”和“亿”，而这两个词在实际表达中也是经常需要的。我们可以说“十万”、“十亿”，却不能说“十百”、“十千”，这是因为汉语中已有专用的数词“千”与“万”表示等同于“十百”和“十千”的数量，却没有专用的数词表示“十万”与“十亿”的数量。因此，我们不能将含有“万”或“亿”的数词词组当做一般的数词词组看待。而事实上，用“多”表示“万”或“亿”的概数时，也不适应某些教材（如《现代汉语教程　读写课本》）所给出的规则：“二十万”和“三百亿”都是十位数以上的数词词组，但我们却不能根据教材的规则将“多”放在量词前说成“二十万多斤（粮食）”和“三百亿多个（细胞）”来表示概数，而只能说成“二十多万斤（粮食）”和“三百多亿个（细胞）”。在这样的结构中，我们似乎应该将“万”和“亿”看做量词，将“多”置于其前。而各套教材，都没有单独注明“万”与“亿”的特殊情况，这显然会造成留学生习得上的空缺，使用时就容易产生偏误。在下一节的偏误分析中，我们将看到，留学生在涉及“万”与“亿”时，产生的偏误频率相当高，验证了教材的这一空缺所带来的不利影响。

第二节　留学生对概数表示法的习得和偏误分析

从上一节的分析可以看出，“概数表示法”对留学生来说是比较复杂的语法点，尤其是来自英语国家的学生，他们的语言里没有量词，对概数的表示相对简单和形式化。对外汉语教材若不重视这一语法点，编写上存在表述不当或内容空缺的现象，就更加会影响留学生对这一语法点的习得，从而产生各种各样的偏误。

为了验证考察教材对学生产生偏误的预测，我们用测试的形式，对中山大学对外汉语系初级 3C 班（27 人）、初级五班（18 人）、中级一班（19 人）、中级二班（21 人）四个班共 85 名学生进行了“概数表示法”的习得调查。其具体习得及偏误情况如下：

一、“左右”和“几”

调查结果显示，在用“左右”或“几”表示概数时，留学生的习得及偏误情况很相似：用“左右”表示概数，85 人中只有 2 人产生偏误；用“几”表示概数，85 人中有 5 人出现了偏误，且均表现为将“几十”与

“十几”混淆。从这个结果来看，用“左右”或“几”表示概数，对留学生来说，难度不大，因此习得效果好，一般不会产生偏误。

我们也可以通过汉英对比来分析产生这种结果的原因。汉语中将“左右”放在数词词组或数量词组后面表示近似于该数，如：五十左右，三百个左右，十个月左右；英语则常在数词前加“about”、“around”、“more or less”等表示，例如：

五十左右：about/around/more or less fifty

三百个左右：about/around/more or less three hundred

十个月左右：about/around/more or less ten months

由于“左右”能在英语中找到与其对应的词和对应的位置，而且它对前面数词的限定也比较简单（只要求是“十”以上的整十、整百、整千、整万、整亿等），因此，对于留学生来说，这个语法点对比难度不大，很少出现偏误。

汉语用“几”表示“十”以下不确定的数目，如：几分钟，十几把椅子，几十页，几百个学生；英语中可用“several”表示“十”以下的数，这点刚好对应汉语中的“几”。但需要注意，“several”除了单独修饰名词外，只能和百或百以上的位数词组合，如“several hundred”、“several thousand”，即它不能与“十”组合，“十几”和“几十”另有词表示，例如：

几分钟：several minutes

十几把椅子：ten or more chairs

几十页：tens/scores of pages

几百个学生：several hundred students

关于这一点，教材编写只需特别注明“十几”和“几十”的表示法，让学生注意其不同之处，其他则用“several”与“几”对应即可，比较容易掌握，一般也不会产生偏误。

二、相邻两个数字连用

对“相邻两个数字连用表示概数”这一语法点的测试，我们采取给出相应的英语短语，要求留学生用汉语翻译的方式，具体情况如下（括号里的数字表明此种答案的人数，另外一些偏误率极小，数目不超过三个的，省略未列出）：

（1）seventy or eighty yuan（RMB）

七八十元/块钱（53）

*七十八十元（20）

*七十或八十元（10）

（2）twenty－one or twenty－two students

二十一二个学生（47）

*二十一二十二学生（22）

*二十一或二十二个学生（14）

（3）one hundred and fifty（150）or one hundred and sixty（160）people

一百五六十个人（50）

*一百五十一百六十人（18）

*一百五十或一百六十人（11）

（4）eight hundred or nine hundred students

八九百（个）学生（47）

*八百九百学生（20）

*八百或九百个学生（12）

（5）250000（25 万）or 260000（26 万）people

二十五六万（个）人（50）

*二十五万二十六万个人（15）

*二十五二十六万个人（7）

*二十五万或二十六万人（10）

（6）Seventeen or eighteen kilogram（公斤）fruits

十七八公斤水果（42）

*十七十八公斤水果（22）

*十七或十八公斤水果（14）

（7） Two thousand and six hundred or two thousand and seven hundred people

两千六七百个/位人（49）

＊两千六百两千七百人（18）

＊两千六百或两千七百人（12）

统计以上结果，我们发现，对“两个数字连用表示概数”这一语法点的习得，正确率为58.4%。在出现的偏误中，不知道或者忽略了两数连用的限制，而将两个数字直接连用的偏误一共有142个，偏误率为23.8%；而两个数字中间用“或”连接，即直接从英语逐字翻译的偏误一共有83个，偏误率为13.9%。

这个结果验证了我们考察教材时的预测，即若不特别注明连用的数字范围，即使教材所举的例子全部符合语法实际，学生也极有可能产生超出连用范围的偏误。因为，虽然直观的例子有助于学生感性的了解与习得，但汉语毕竟是其第二语言，这客观上决定他们由例子概括为理论的能力相对薄弱，尤其是初级班的学生，所以，就像给理论配上相对应的例子一样，在举例的同时，应该也给出相应的简单鲜明的概括性理论，以突破例子的局限。

另外，我们发现，在偏误的类型中，还有一类，就是直接用“或”连接两个数字，这很明显是受英语的影响。在英语中，可用or连接两个相邻的数目来表示概数，如：

seventy or eighty yuan

one hundred and fifty or one hundred and sixty people

而且，英语中，九和十是可以连用的，例如可以说“nine or ten rooms”，但在汉语里，连用的只限于1－9中两个相邻的数字，九和十并不可以连用，十与十一也不可以连用。其实，不仅“十”如此，整百、整千、整万等都不能与其左或右的相邻数字连用。这一点，教材也必须注明。而且，还要根据位数词的有无或个数来确定连用数目的位置。教材一方面没有注明连用的范围限制，另一方面缺少对特殊点的必要说明，从而导致留学生产生了上述偏误。

三、“多”

用“多”表示概数的测试，我们采取联词成短语的方式，统计时，分为三大类，具体情况如下：

1. 数词是整十、整百、整千和十以内的数

（8）多，2，葡萄，斤

两斤多葡萄（70）

＊两多斤葡萄（6）

＊葡萄二多斤（2）

（9）词典，10，多，本

十多本词典（62）

＊十本多词典（17）

＊多十本词典（2）

（10）岁，100，多

一百多岁（71）

＊一百岁多（9）

（11）5000，年，多

五千多年（68）

＊五千年多（11）

＊多五千年（3）

当数词是十以内的数，或者是整十、整百、整千时，321 个短语里，正确的有 271 个，正确率达 84.4%。偏误率最低，只有 15.5%。其中，当数词是“十”时，“十本多词典”这样的偏误出现了 17 次，占偏误总数的 34%。这可能是受“多”与一些表示连续量的量词（如“年”、“天”、“小时”、“分钟”、“公斤”、“克”等）位置的影响，因为这些量词与“十”和“多”搭配时，“多”既可以在量词前，也可以在量词后，如我们既可以说“十多年/天/公斤”，也可以说“十年/天/公斤多”。但除《标准汉语教程》单独列出了这一点以外，其他四套教材都没有注明。而在日常生活中，涉及

“多”与连续性量词位置的词组使用频率又较高，所以，因为教材内容的空缺，这种位置便混淆了留学生对“多”与一般量词（如试题中的“本”）位置的习得。

2. 数词是23、54、65等两位以上且尾数不是0的数

（12）23，岁，多

二十三岁多（43）

＊二十三多岁（40）

（13）54，钱，多，块

五十四块多钱（38）

＊五十四多块钱（31）

＊五十四块钱多（11）

（14）65，多，个，星期

六十五个多星期（46）

＊六十五多个星期（27）

＊六十五个星期多（8）

数字是23、54、65等时，“多”的位置本与数字是2时一样，但由于教材表述上的问题（“十位数以上的数词”概念不清，见《现代汉语教程读写课本》），正确率只有52%，远远低于“十以内数字”时的正确率（数字是2时，正确率高达89.7%）；而数字是23、54、65等时，“多”的位置一共产生了117个偏误，偏误率为47.9%，远远高于数字是2时的偏误率10%。可见，教材表述上存在的问题，直接影响了留学生对“多”表示概数这一语法项的习得。

3. 数词含“万”或“亿”

（15）字，200000（20万），多

二十多万字（10）

＊二十万多字（62）

＊二十万字多（10）

（16）多，大米，斤，3400000（340万）

340 多万斤大米（7）

＊340 万多斤大米（45）

＊340 万斤多大米（31）

（17）多，2000000000（20 亿），细胞（cell）

20 多亿细胞（12）

＊20 亿多细胞（50）

＊20 亿细胞多（19）

当数词里出现“万”或“亿”，此时的偏误率最高，在 246 个短语中，一共产生了 217 个偏误，偏误率高达 88%；正确的短语只有 29 个，正确率低至 11.8%。由此看来，“万”与“亿”在教材内容上的空缺，也给用“多”表示概数这一语法项造成了习得上的缺失，从而大大降低了正确率，影响了习得效果。

以上是从测试的结果作出的分析，现在我们通过英汉对比来进一步分析“多”表示概数这一语法项的难度。比某数多，英语常在数词前加“more than”来表示，或者在整十、整百等数词后用“odd”来表示零数。例如：

两个多星期：more than two weeks

八十多个人：eighty odd people

二十多年：more than twenty years 或 twenty odd years

可见，英语比较简单，表示“多”的词位置固定。但是，在汉语中，由于有量词，常常牵涉到“多”和量词的位置；而且，汉语中还有几个特殊的位数词，如“十、万、亿”等，它们与“多”的位置也比较特别。因此，单凭英语的影响，留学生习得“多”就可能会出现一些这样的偏误：一是受“odd”位置的影响，在已经习得“二十多、两百多、三万多”等，但尚未明白“万”与“亿”的特殊情况时，会出现将“多”置于量词之前，“万”或“亿”之后的偏误，如测试中“＊340 万多斤大米”、“＊20 亿多细胞”等偏误。二是受“more than”位置的影响，将“多”全放在数量词组前，如“多五千年”、“多二十万字”等，但这类偏误一般会随着习得过程的深入而逐渐消失，从我们调查的四个班级来看，此类偏误也极少出现。

表示概数，英语有不同于汉语的地方，其他语言自然也是。学习者在学习汉语的过程中都会受到母语或多或少的影响，若教材编写时不够重视，出现表述或者内容上的问题，就更有可能影响留学生对这一语法点的习得了。

第三节　对教材编写的建议

一、语法点的分布及排序

关于“概数的表示法”，五套教材都将其分成了三或四个语法项，但只有《现代汉语教程　读写课本》将这几个项分置在不同的课文中，其他四套教材都将其作为同一个语法点的不同项集中在同一课中。从我们测试的调查结果来看，四个语法项的难度等级并不一样，教材不加分别地将它们放在一起教学，显然是没有考虑学生的习得难度。现在，我们具体分析一下这四个语法项的难度。

我们先看一下各班各语法项出现偏误率的情况，见下表：

各班“概数表示法”各语法项偏误率表

	“左右”	“几”	相邻两个数字连用	“多”
初级3C班（27人）	3.2%	3.2%	41%	51.6%
初级五班（18人）	2.8%	2.6%	41.2%	52.4%
中级一班（19人）	2.6%	2.8%	39%	54.6%
中级二班（21人）	3%	2.8%	36%	57.2%

周小兵（2004）在《学习难度的测定和考察》一文中指出，偏误跟学习难度的关系，可以从三个方面考察：一是偏误出现的频率，偏误频率高的语言项难度高，频率低的难度低；二是学习阶段；三是偏误延续时间的长短。

从上表统计的结果来看，四个语法项从初级到中级阶段都出现了偏误，而且两个阶段的偏误率相差不大。同时，对于同一语法点，偏误产生阶段的高低也可作为判定偏误延续时间长短的依据，所以，关于“概数的表示法”四个语法项难度高低的等级就主要依靠偏误出现的频率。从上表可以看出，用“多”表示概数这一语法项的偏误频率最高，其次是“相邻两个数字连用”表示概数，最后是用“左右”或“几”来表示概数。同时，我们发现，用“左右”和用“几”表示概数的偏误率差不多，都属于难度等级较低的项。

由于“相邻两个数字连用”表示概数与用“多”表示概数出现的偏误率都较高，两者的难度等级也较高，尤其是用“多”表示概数，本身又可以分为好几类，因此不适合将二者置于一篇课文中进行教学。根据留学生“由易至难，从简单到复杂”的习得顺序，教材应该最先安排用“左右”与“几”表示概数这两个语法项，考虑到二者难度等级都偏低，且偏误率相差不大，因此可以将这两个语法项安排在同一课中。然后，根据偏误率的高低，再安排“相邻两个数字连用表示概数”，最后是用“多”表示概数。

我们发现，虽然《现代汉语教程　读写课本》将这四个语法项分置在三篇不同的课文中，但却将最简单的“左右”和最复杂的“多”安排在一起先学，然后是“几”，最后才是“相邻两个数字连用表示概数”，这样的安排显然不符合留学生的习得规律，因此也是不合理的。

二、语法点的表述

综合上述分析，我们建议，关于“概数表示法”这一语法点的各个语法项，教材在编写时应做如下表述：

1. 用“几”表示概数

教材在表述时，应先界定“几”表述概数的数量范围，然后根据“几”与数词组合的位置分解为三点。

“几”表示概数，指“一以上十以下”的整数。它可以单独放在量词前，也可以与其他“整十”及“百、千、万、亿”等词组合后放在量词前表示概数：

1. “几”单独放在量词前。如：几个、几斤（水果）、几本（书）、几块（钱）。

2. “几”可以放在“十、二十、三十……九十”等整十的数词后面，与它们组合后放在量词前表示概数。如：十几本（书）、二十几斤（大米）、三十几块（钱）、九十几个（学生）。

3. “几”还可以放在“十、百、千、万、亿”等词前，与它们组合后放在量词前表示概数。如：几十个（星期）、几百本（词典）、几千个（学生）、几万块（钱）、几亿个（细胞）。

2. 用“左右”表示概数

教材在表述时，可以从“左右”前是数词还是数量词组来进行分解：

1. “左右”放在大于“十”以上的整十、整百、整千、整万、整亿等数词后面表示概数。如：二十左右、五十左右、六百左右、八千左右、七万左右、九亿左右。

2. “左右”放在数量词组后面表示概数。如：三个月左右、十三岁左右、二十块钱左右、两千六百人左右、三十万本书左右。

3. 用相邻两个数字表示概数

根据留学生习得的情况，以及汉语语法的实际，我们可以将这一语法项细化为以下三点：

1. 数词中没有出现“十、百、千、万、亿”等词时，1-9 中相邻的两个数连用，直接放在量词前表示概数。如：八九个，两三天，七八岁。

2. 当数词含有“十、百、千、万、亿”中的一个词时，1-9 中相邻的两个数连用，放在该词前表示概数。如：四五十人，五六百块钱，四五千个，六七万斤、八九亿人民币。另外，当数词是“十”时，连用的两个数既可放在其前也可放在其后，但意思不同，如：十一二次，二三十本书。

3. 当数词含有“十、百、千、万、亿”中的两个词时，1-9 中相邻的两个数连用，放在这两个词中较小量的词前表示概数。如：一百二三十人，两千六七百支枪，四万五六千亩田。

4. 另外，“三五”和“三两”也可以表示概数。如：三五斤，三两个学生。

这样处理，表述准确清晰，学生很好理解，容易接受，也不易产生偏误。

4. 用“多”表示概数

其实，在表述概数的“多”这一语法点时，可以根据数词词组的特点来确定分类：是简单的系位构造时，“多”应放在量词的前面；不是系位结构或不是简单的系位结构时，“多”应放在量词后面。这样，就不会出现既不自足亦互相矛盾的情况了。而且，我们还可以根据这个规则来判定“十”何时是系数词，何时是位数词（十位数的数词为“一”，称数时“一”略去不说，所以“一十”也称“十”）。如“十斤多、十岁多”等中的“十”就是系数词，因为“多”放在量词后面，表明量词前不是一个系位结构；“十多斤、十多岁”等中的“十”则是位数词，是系位结构“一十”略去了“一”的称法，因为“多”放在量词前面。

另外，朱德熙（1982）早就指出：“由‘多’和‘来’组成的系位组合或是放在量词之前（一千多个，十来个），或是做位数词‘万’和‘亿’的系数（一千多万，十来亿）。”也就是说，当“万”和“亿”前的数词词组是简单的系位构造时，“多”是应该放在“万”或“亿”的前面来表示概数的。

我们在调查中也发现，数词是“十”时，“多”的位置与量词的连续性与非连续性（即是否可以分解为更小单位的量）相关，所以，在这种情况下，我们应该将连续性量词与“多”的位置单独列出为一项。

当然，我们不能将本体研究的知识照搬进对外汉语教学中，编写教材及教学中更不适宜用“系位组合”、“系位结构”、“连续性量词”等这类汉语本体研究的术语。如何用简单易懂的语言向留学生表述，这是个不容忽视的问题。而使语法知识尽可能地形式化，又是教学中语法简化的方法之一。考虑到这一点，编写教材及教学时，我们要综合对各套教材的分析以及留学生对相关语法的习得偏误考察，并同时借鉴周小兵（2004）在《学习难度的测定和考察》一文中关于用“多”表示概数的相关结论，可以将“用‘多’表示概数”这一语法项阐述如下：

1. 如果尾数是1－9，如1，2，68，362，4821等数，格式是“数词＋量词＋多”。如：一斤多（水果）、两个多（星期）、六十八块多（钱），三百六十二米多（布），四千八百二十一公斤多（大米）。

2. 如果尾数是0，如20、100、2350，格式是“数词＋多＋量词”。如：二十多斤（梨）、一百多本（书）、两千三百五十多张（票）。

3. 如果数词中出现“万”或“亿”时，要将“多”放在“万”或“亿”的前面。如：三百四十多万斤大米、二十多亿字。

4. 当数词是“十”，量词是可以再分解为更小单位的词如“年”、“天”、“小时”、“分钟”、“公斤”、“克”等，“多”既可以在量词前，也可以在量词后，如我们既可以说“十多年、十多天、十多个小时、十多分钟、十多公斤、十多克”，也可以说“十年多、十天多、十个小时多、十分钟多、十公斤多、十克多”，但意思不同。

这样，“用‘多’表示概数”这一语法项的表述，既符合了准确清晰的标准，又满足了实际应用的需要，留学生也不会因为教材语法知识的空缺而产生偏误了。

参考文献

丁声树　现代汉语语法讲话　商务印书馆　1961

傅雨贤　现代汉语语法学　广东高等教育出版社　1988

郭　攀　论概数义的表现形式　郧阳师范高等专科学校学报　2001（5）

黄政澄主编　标准汉语教程（上册）　北京大学出版社　2004

李大忠　外国人学汉语语法偏误分析　北京语言大学出版社　1996

李大忠　偏误成因的思维心理分析　语言教学与研究　1999（2）

李德津　李更新主编　现代汉语教程（读写课本第一、二册）　北京语言大学出版社　1989

梁继超　张如芳　论引导偏误与中介语现象　汉语学习　1997（6）

凌德祥　中介语理论与对外汉语教学　南京大学学报　2003（3）

刘　珣主编　新实用汉语课本（第一、二、三册）　北京语言大学出版社　2002

刘月华等　实用现代汉语语法　商务印书馆　2001

卢福波　对外汉语教学的内容确定　层级划分与项目排序问题　第七届国际汉语教学讨论会论文选　北京大学出版社　2004（4）

鲁健骥主编　初级汉语课本　北京语言大学出版社　2003

鲁健骥　外国人学汉语的语法偏误分析　语言教学与研究　1999（1）

罗晓杰　孙　琳　偏误理论与二语习得　外语学刊　2003（2）

吕叔湘主编　现代汉语八百词　商务印书馆　1999

吕叔湘　中国文法要略　商务印书馆　1982

吕叔湘　数量词后的来、多、半　吕叔湘文集（第2卷）　商务印书馆　1990

钱玉莲　偏误例析与对外汉语教材编写　汉语学习　1996（3）

任长慧　汉语教学中的偏误分析　武汉大学出版社　2001

石　红　偏误分析和第二语言习得　扬州教育学院学报　2004（1）

佟慧君　外国人学汉语病句分析　北京语言学院出版社　1986

田善继　非对比性偏误浅析　汉语学习　1995（6）

王建勤主编　汉语作为第二语言的习得研究　北京语言大学出版社　1997

王　力　中国现代语法　商务印书馆　1985

王若江　留学生成语偏误诱因分析——词典篇　暨南大学华文学院学报　2001（3）

肖奚强　略论偏误分析的基本原则　语言文字应用　2001（1）
杨德峰　初级汉语教材语法点的确定　编排存在的问题　对外汉语教学与教材研究论文集　华语教学出版社　2002
杨寄洲主编　汉语教程　北京语言大学出版社　1999
杨寄洲　编写初级汉语教材的几个问题　语言教学与研究　2003（4）
杨文全　胡　琳　中介语理论与第二语言教学中的偏误分析　重庆三峡学院学报　2004（3）
杨子菁　评三部对外汉语学习词典及对提高释义水平的思考　辞书研究　2001（3）
赵金铭　汉语研究与对外汉语教学　语文出版社　1997
张如梅　偏误分析述评　云南师范大学学报　2003
张卫国　梁社会　概数的性质及语义解释　信阳师范学院学报（哲学社会科学版）2003（3）
张谊生　概数助词“来”和“多”　徐州师范大学学报（哲学社会科学版）2001（3）
周小兵　第二语言教学论　河北教育出版社　1996
周小兵　句法·语义·篇章——汉语语法综合研究　广东高等教育出版社　1996
周小兵　汉语作为第二语言教学语法研究的特点　对外汉语教学中的副词研究　中国社会科学出版社　2002
周小兵　“着”的教学与对外汉语语法　对外汉语教学与研究　南京大学出版社　2003
周小兵　越南留学生学习汉语难点分析　第七届国际汉语教学讨论会论文选　北京大学出版社　2004
周小兵　学习难度的测定和考察　世界汉语教学　2004（1）
朱德熙　语法讲义　商务印书馆　1982
Carl James　语言学习和语言使用中的错误：错误分析探讨　外语教学与研究出版社　2001
Rod Ellis　第二语言习得概论　上海外语教育出版社　1999

附录：概数调查测试卷

Approximate Numbers

姓名________　　国别________　　班级________

一、Make phrases using the following words, pay attention to the position of **"多"**:

1. 多，2，葡萄，斤________________________________
2. 词典，10，多，本________________________________
3. 岁，100，多________________________________
4. 54，钱，多，块________________________________
5. 5000，年，多________________________________
6. 字，200000（20 万），多________________________________
7. 多，大米，斤，3400000（340 万）________________________________
8. 65，多，个，星期________________________________
9. 23，岁，多________________________________
10. 多，2000000000（20 亿），细胞（cell）

二、Put the following phrases into Chinese, using adjacent numbers:

1. seventy or eighty yuan（RMB）________________________________
2. twenty – one or twenty – two students________________________________
3. one hundred and fifty（150）or one hundred and sixty（160）people

____

4. eight hundred or nine hundred students ______________________

5. 250000（25 万）or 260000（26 万）people ______________________

6. seventeen or eighteen kilogram（公斤）fruits ______________________

7. two thousand and six hundred（两千六百）or two thousand and seven hundred（两千七百）people

____

8. nine or ten pen ______________________

9. three or five people ______________________

10. two or three people ______________________

三、Put the following phrases into Chinese：

1. about/around/more or less fifty（using“左右”）

____

2. about/around/more or less three hundred（using“左右”）

____

3. about/around/more or less ten months（using“左右”）

____

4. several minutes（using“几”）______________________

5. ten or more chairs（using“几”）______________________

6. tens/scores of pages（using“几”）______________________

7. several hundred students（using“几”）______________________

第5编

基于交际策略的偏误

第十八章 常见交际策略引发偏误的类别

本章讨论交际策略引发的偏误。王建勤（1994）曾提到："学习者面对大量的目的语输入，一时不能完全消化吸收，便将其简化为一种简单的系统。这是学习者普遍采用的一种学习策略，但这种简化也可能是运用交际策略的结果。学习者为了应付交际，避免言语不连贯，省略了暂时不影响交际的功能词，特别是学习者注意力放在交际内容而不是语言形式上，这种情形就更突出。"

我们在调查中发现，与书面语可以事先不断修正、润色的特点不同，口语交际具有即时性的特点：交际者既要即时传递自己的意思，又要即时就对方的话题做出回应。因此，他们为了话轮的持续，为了交际的继续进行，常常会应用交际策略①，而由此所引发的偏误，与基于书面语的偏误相比，具有一定的特性，值得进行系统研究。

本篇考察的语料来源如下：

调查对象为中山大学对外汉语系 2004 学年初级、中级和高级汉语水平的韩国留学生共 30 名，其中初级 9 名，中级 15 名，高级 6 名。②

---

① 按 Rob Ellis (1999) 所总结的：交际策略是学习者在想表达某个意思时，由于缺乏或无法获取所需的语言材料而采取的措施，是迫于交际的急需而采取的策略。

② 因为该项目是与另一有关韩国留学生的项目同时进行的，所以访谈对象限于韩国留学生。

调查以一对一访谈录音形式进行，其中一方为中山大学汉语中心任课教师，内容以中国和韩国某些方面（如天气、城市、校园、餐厅、交通等）的比较，以及学生熟悉的人之间或事物之间（如父母亲人、动物等）的比较为主，引导学生作答。访谈时间为每人30到45分钟。之后把录音转写为文字语料，转写的语料每篇为2500到4000字之间，每篇中留学生的话语占70%以上。

Faerch 和 Kasper（1983）把交际策略分为两类：缩减策略和成就策略。其中缩减策略包括形式缩减和功能缩减。成就策略又包括补偿策略和检索策略，补偿策略下面还可再分为：基于第一语言的策略（语码转换、外语化、直译），基于第二语言的策略（替换、迂回、生造、重构）和非语言策略、求助策略等。

结合交际策略的类别，下面把常见的偏误现象分为转述、有意识的迁移、回避、检索中的重复等几种形式进行分析。

第一节 转　　述

James C. 曾对基于交际策略的偏误进行分类（2001：187－189），一为综合策略（Holistic strategies）（包括：同义词，上义词，反义词，造词），另一类是分析策略（Analytic strategies）。结合汉语的特点，我们认为可将其合并为一类——转述。具体可分成近似、生造、迂回三种情况。

一、近似

按照交际者的假设，如果能运用第二语言中的语言项目X，则也肯定能运用二语中的另一语言项目Y。在缺乏所需形式时，可以运用他们曾习得的另一相近的语言项目予以代替。

1. 同义词或近义词

这类偏误是所考察语料中出现得最多的，情况也比较多样。可以细分为几种。

在某些条件下可以互换的同义词混用

（1）S_1：你觉得广州人怎么样？①

S_2：……

S_1：那别的方面呢？

S_2：*还有我感觉广州人更好像城市人，没有情，比较硬，比较厉害。

这里“好像”的用法符合《现代汉语八百词》的解释：作为动词时意为“如同，表示比拟，必带名词、动词或小句作宾语”。但在具体运用中，当前面是程度副词（如“更、比较、很”等）时，要把“好像”换成单音节动词“像”。又如下例：

（2）S_1：中国和韩国的教育、大学情况有什么相同或者不同的地方呢？大学呢？

S_2：*很大差异是学校的大小。还有韩国学校的大小比中国大。

“大小”是联合式合成词，两个语素意义相反，它们的词汇意义是抽象、概括的，可以表示面积，如：“房间的大小可以决定设计的风格”。但在例（2）的比较句中，因为结论项是“大”，与“大小”的其中一个语素相同，抽取句子的主干为：大小大，容易造成歧义，所以在此应该改用“面积”。

由这两例可见，有些词不单意义相近，甚至在某些条件下还可互相转换，但若以之为规律，不注意具体例子的个性，就容易产生偏误。还有一些

① 转写符号：S1：采访者；S2：受访者；括号里的数字代表停顿的时间（转写时没有用计算时间的秒表等专门工具，只是大约数字）；括号内的文字内容为采访者对当时情景的补充说明；“……”代表省略不写。文中所提及的“交际者”是指以汉语为第二语言的留学生。为了表述更集中，作者对部分例子中非关键部分的偏误进行了一些修正。

词虽然不能互换，但意义相关，且词形相似，也容易造成偏误。

语素部分相同、意义相关的词语混用

（3）S_1：你觉得北京怎么样？

S_2：*很脏，人脏，路上也脏。有的人是很丰富，有车啊，很多钱。

受访者要表达的意思是有钱，应该用“富”或“富有”。按《现代汉语八百词》的解释，“丰富”指的是“种类多或数量大”，词义上适用于该句。但从形式上，它的主语必须是直接具有此特征的物质资料、学识经验等。而例（3）的主语是财富所有者“人”，所以造成偏误。

词性相同、某个义项相近或相同的词语混用

（4）S1：比起中国的女孩子，你觉得韩国的女孩子穿衣、打扮有些什么不一样？

S2：*今天我的化妆很重。……

“重”和“浓”的其中一个义项都是程度深，但“浓”与“化妆”搭配时，还带有粉涂得比较多的意思，这与“浓”的另一个义项“稠密”有关（跟“淡”相对），而“重”就没有这层意思了。又如：

（5）S_1：中国的电影院怎么样？

S_2：*差不多，但是在中国比较贵。看一篇电影60块，韩国50块。

“篇”和“场”都可做量词，前者用于“文章、纸张、书页等”（现代汉语词典，1978：970），后者用于“文娱体育活动”（现代汉语词典，1978：143），所以这里的表述是不正确的。

其他以认知为基础的词语混用

转述除了基于语法，有时也与人的认知有关。幼儿习得母语，往往是先习得表示直观事物的名词，后习得表示动作的动词，最后习得表示性质、状态的形容词。成人的第二语言学习虽然不完全按照这个顺序，但从学习者的中介语中，仍然可以看到这个潜在的顺序规则在起作用。具体表现就是，我们调查的受访者在遇到表达困难时，常常用一些表示直观事物的名词，替换表达动作的动词或表示性质的形容词。如：

（6）S_1：中国和韩国的地铁比较，怎么样？

S_2：＊椅子不一样，广州椅子很好，因为火的时候很安全，但是汉城的地铁不安全，很容易火。

要表达“火燃烧起来”的意思，应用“着火”，句中却以直观的名词形式“火”进行了替换。

（7）S_1：中国地铁人少，所以舒服，那其他呢？

S_2：＊不一样的。韩国很舒服，这里很钢。我不胖，但是这里（指着臀部）很疼。

句中以直观事物“钢”替换其特征“硬”。

还有用体词代替体词的情况，但往往是用具体的直观名词代替较为抽象的、表示具体事物之间关系的词语。如：

（8）S_1：那你觉得广州的公共汽车怎么样？

S_2：＊公共汽车，我觉得是好看，……其实我觉得那个公共汽车是每个站站不停，这样不好。

表示“两端的距离以内”，可以用“之间”（吕叔湘，1980：674），句中以直观的“站站”替换了“站与站之间”。

2. 上下位词语

由于学习内容上的局限，交际者还会通过上下位词语之间的转换完成表达，其中以上位词代替下位词的情况较多。

（9）S_1：你觉得广州的交通怎么样？

S_2：……车很多，但是燃料站很少。

（10）S_1：你在韩国的时候不用上学，那平时喜欢玩什么？

S_2：＊我喜欢打——（打高尔夫球的手势）运动。

（11）S_1：那你在日本用的钱多还是在广州用的多？

S_2：＊在广州用的多，日本的钱比广州的钱太便宜，很便宜，更便宜。

S_1：你是说在日本用的生活费比在广州的多是吗？

S_2：对，对，生活费。

以上三例中，要表达的分别是“加油站、高尔夫球、生活费”，但由于表达上遇到困难，交际者就分别以它们的上位词“燃料、运动、钱”予以替换。另外，从例（10）、例（11）可发现，手势的运用，采访者对受访者的即时提问，都有助于我们进一步了解交际者的表达意图，从而更好地发现和分析他们的偏误，这种优势是研究书面语语料不可比拟的。

3. 否定词与反义词连用

汉语中，形容词或动词的意义和“否定词与其反义词连用”的意义有时是等价的，因此以汉语为第二语言的交际者会运用后者转述前者。但由于句型的限制、否定词的误用、没把握住使用前提等原因，容易造成偏误。

（12）S_1：那地铁呢，跟汉城的地铁比较一下。

S_2：＊我觉得汉城的比广州不好。

这里的偏误在于：“比”字句的否定形式，是对“比”的否定，应把“比”换成“没有”，而不能通过对结论项的否定来完成。

（13）S_1：那你来广州八个月了，对广州的印象怎么样？

S_2：＊嗯，……对广州的印象，我觉得对广州的印象是比较发展吧，然后气候，不是干燥，所以我觉得气候对我来说不太好。

（14）S_1：你平时在留学生宿舍会干什么，看书？看电视？

S_2：＊嗯，我喜欢看书。但是我没有喜欢看电视。

以上两例的偏误都是由于否定词的误用造成的。例（13）中，“不是”修饰形容词，多出现在“不是A就是B”这一句型中，表示两项之中必有一项是事实，若要否定形容词，则只能通过“不”直接用在形容词前表示。例（14）中，要表示的是主观意愿，应该用“不”，而不应该用表示客观叙述的“没有”。除此，有些形容词并不具备有界性，即使在它们前面加否定词也不能达到表达目的，如“我不讨厌他”并不等价于“我喜欢他”，它的意思可能是“我对他没有什么意见”。可见，汉语否定词本身形和义的复杂性给替换增加了难度。

另外，还有受访者会以“否定词与名词连用”的形式进行转换，如：

（15）S_1：你一般是什么时候看书、学习的呢？

S_2：＊不晚上。

S_1：“不晚上”？白天？

S_2：是的，白天。

一方面，名词多不具备有界性，另一方面“不”表否定一般只用在动词、形容词或个别副词前，所以不能通过否定词与名词连用来表达交际者想象中的名词相反义。

二、生造

生造指的是用第二语言形式自造词汇形式来替代第二语言项目。这常与汉语的表达习惯相悖，虽然有时对话者也能理解其意，但从句法上仍属于偏误。如：

（16）S_1：有很多韩国明星靠整容变得很漂亮，你喜欢吗？

S_2：喜欢。

S_1：不喜欢他真实的一面吧？

S_2：＊喜欢。嗯，但是他这是为了他的看众，他们的工作吧。

（17）S_1：香港的交通怎么样？

S_2：＊很方便，我觉得很方便，有各种的车，地铁、出租汽车，还有二楼公共汽车。

（18）S_1：你哥哥比你大几岁？

S_2：＊两个七岁，二十七岁。

S_1：他比你大几岁？

S_2：三岁。

上面三个例子中，交际者分别生造了“看众”、“二楼公共汽车”、“两个七岁”的表达方式来转述“观众”、“双层巴士”和“二十七岁”。其中，例（16）是由于“观”这一“观众”的义素与“看”的意义相近而造成的。例（17）的“二楼公共汽车”是对“双层巴士”的直观描述。最后一例的“两个七”则是从词形上对“二十七”的近似表达。

三、迂回

迂回即就是 James C. 表述中的“分析策略”，是指间接地表达观点，多以暗示取代直接指称。交际者可以识别指示物的一个或多个标准特征，他们还努力尝试通过对这些特征的描述指向所要表述的实体。如：

（19）S_1：你觉得这些电影跟韩国的电影有什么不一样吗？

S_2：＊嗯，其实他们说的语言不一样，然后，我觉得那个在韩国的电影是……但是中国是，比如说香港的是他们的警察和黑人的集团，好人和坏人，或者是黑人的集团跟黑人的集团之间的。

交际者要表达的意思是“黑社会”，在遇到困难时，他们以“黑人”代替“黑”，以“集团”代替“社会”，从词形特征上对其进行描述。

除了词语外，受访者还会对一些短语进行迂回的表述。

（20）S_1：你觉得中国的电影电视跟韩国相比有什么特点？

S_2：＊喜欢中国电视剧，但是房间看不是现代的，是以前拍的，再播，再播，再播。

“再”表示“一个动作（或一种状态）重复或继续。多指未实现的或经常性的动作”（吕叔湘，1980：642）。例（20）中，受访者通过对“再＋动词”的多次重复，表达了播放次数很多的意思，不符合汉语的表达习惯，造成偏误，应该改为“重播”、“播了又播”或者“播了很多次”等。

（21）S_1：韩国学生的成绩怎么样？

S_2：一般，可以，但是我觉得印尼好。

S_1：为什么他们好呢？

S_2：＊他们学习很——（停顿 3 秒）我每天看的时候，他们每天学习，学习，学习。

虽然也是对词语的重复，但例（20）着重从词形上进行迂回表达，而例（21）则着眼于词义，以“学习”的重复，补充停顿中要表达的意思：“努力”。

第二节 有意识的迁移

这是指交际者采用自己熟悉的语言而不是交谈时所用的第二语言来表达。比较常见的是语码转换和母语直译。

一、语码转换

所谓语码转换，就是在用目的语交际时插入母语或第一外语的某些词语。先看例子：

（22）S_1：你喜欢什么运动？

S_2：……

S_1：那柔道呢？

S_2：＊我喜欢流汗，所以我喜欢那种运动，越来越……（韩文，健康之意）。

（23）S_1：你常常看中国电影、美国电影还是韩国电影？

S_2：一般是美国电影。

S_1：为什么？

S_2：＊美国电影有action（动作片）。

（24）S_1：你觉是中国的电影怎么样，好不好？

S_2：……

S_1：中国电影跟韩国的电影比的话呢？

S_2：＊韩国的电影是，都是有……（韩文，幽默之意），humor的。

以上三例都是因为使用了语码转换的策略，导致汉语表达不连贯。值得注意的是，调查中运用英语的有八例，而用他们的母语（韩语）的只有四例。我们猜测其原因是受访者注意到对方是中国人，并估计对方懂得英语，所以在遇到困难时，会下意识地使用英语以加强交际，这在例（24）中反映得比较明显。受访者先用韩语，既而马上就转换成英语的表达方式。这说明交际者使用语码转换策略时，不一定是用自己最熟悉的语言进行转换，交际沟通的效果才是他们首要考虑的问题。

二、母语直译

有时候，汉语和韩语中形式上相同相近的词语，意义上却完全不同。有时候，相同的意思，在汉语和韩语中是用不同的形式表达的。韩国学生没有掌握好这些，有时会在交际中采用母语直译的方法。如：

（25）S_1：你喜欢的是哪个课？

S_2：＊我喜欢报刊课，我每天都会去买<u>新闻</u>。

（26）S_1：你这几天都是在看《流星花园》？

S_2：＊是啊。好看，很好看，很帅，昨天看的是它的绝顶。

S_1：绝顶？

S_2：最好看、最紧张的地方。

韩语的“新闻”和“报纸”用的是同一个词。而韩语中的“高潮”没有表示电影情节中矛盾发展的顶点的义项，该义项是用另一个词“绝顶”来代替的。韩国的交际者如果采用母语直译的策略，就容易造成以上偏误。

第三节　回　　避

回避源于交际中的缩减策略，指的是放弃、简化某一语言形式或某话题。它可分为形式回避和功能回避。

一、形式回避

在汉语中，形式回避常表现为对句子成分的回避和对句型的回避。

1. 对句子成分的回避

汉语的基本句子成分是：主、谓、宾、定、状、补。主语可分为名词性和谓词性，而对于留学生来说，使用得比较多的是名词主语句。宾语的情况也与主语相似。因为名词性成分通常是比较直观的、有形的，所以交际者对此少有回避。但谓语常由形容词或动词性成分充当，不少带有抽象性，所以交际者在出现表达困难时，往往加以回避。如：

（27）S_1：韩国和中国的电影有什么不同吗？

S_2：＊……我们韩国好像四个台？这里 80 多个，很多。你知道吗？SBS，比较年青人的，KBS1 是比较奶奶爷爷的。

（28）S_1：姐姐呢，和谁比较像？

S_2：＊看眼睛的话，我爸爸，看下面的话，我妈妈。

这两例分别减缩了动词“适合”和“像”，但句子的其他成分齐全，所以对话方可以猜测出交际者的语义。

补语也是交际者常常回避的成分。如：

（29）S_1：你们两个谁跑得快？

S_2：＊哦，我跑，快。

有时，交际者甚至会利用句序的改变，缩减主语，如：

（30）S_1：你们都喜欢什么呢？

S_2：＊喜欢看《流星花园》。VCD 每天常常看，看了又看。

在此，交际者把要强调的宾语 VCD 提前了，但却同时省略了主语，造成偏误。

2. 对关联词的回避

（31）S_1：那你比较一下你在韩国的大学和在中国的大学的环境。

S_2：＊中大很大，我们学校没有这么大。我第一次来中大的时候也觉得很奇怪的是，学校里面有公寓，住在学校里面的别人，韩国的学校没有。

S_1：就是说学校里面除了住学生，还有别的人是吧？学校里面有学生宿舍和老师宿舍，里面还住着他们的家人和学校商店、食堂、医院的工人。

S_2：嗯，对，对。

（32）S_1：你去过哪些历史比较有意思的地方？

S_2：*好像我还没，……好像我觉得两个都不是澳门，好像澳门特有的一个什么特点。他们只有他们的特点。

S_1：哦，只有澳门才有的特点。

关联词语是留学生学习的一个难点，所以他们在使用时，常采取回避策略，并把复句以单句的形式转述。如例（31），交际者以“别人”替换了“除了……还有……”的句型。“别人”是指主体，即自己或某人以外的人，但例中并没明确表明主体，这就需要用“除了……还有……”的句式进行说明。例（32）要表达的是唯一条件，但句中的“只有”修饰名词，后面没有“才”，这里的“只有”是副词“只”对谓词“有”的修饰，意思是：“他们只有他们的特点，没有别的特点了”，与句义不符。

二、功能回避

在汉语中，功能回避表现为交际者常降低或回避原来的交际目标。在所作的调查中，常出现利用通用、模糊的词语对交际目标进行替换的情况。如：

（33）S_1：来中国这些地方跟你的想象有什么不一样吗？来以前对中国有个什么想法？到这儿来以后感觉怎么样？

S_2：*嗯，……我觉得中国很美，什么什么，但还有点古老的那样的感觉。但是到了广州，因为我来中国之前，我爸爸对我说，中国很危险。因为我爸爸去过哈尔滨，那边，爸爸说，好像他们到了六点的时候都关门关灯，都很黑的，不能出去，什么很害怕什么什么的。

根据《现代汉语词典》的解释，“什么”可以“虚指，表示不确定的事物，例如：他们仿佛在谈论什么”（《现代汉语词典》第5版，2005：1211），在例（33）中，留学生很可能受此影响，以“什么”一词来代替自己不清楚、不会表达的事物，所以出现了“什么很害怕什么什么”这样的句子。除了“什么”外，学生常用的替换词还有“怎样”、“怎么”、“东西”等。

另外，还有直接跳过表达难点的例子：

（34）S_1：你喜欢成龙吗？你以前看过他的电影吗？你觉得他的电影怎么样？

S_2：＊我喜欢成龙，我以前很多看过。他的电影没有假的，一般的电影里的是（停顿3秒）但是他的是自己做的，我觉得很厉害。

这种情况在书面语表达中是比较鲜有的，交际者虽然直接跳过了表达中的难点，但因为有上下文语境和双方的交流作补充，所以并不影响交际的进行。

第四节　检索中的重复

交际者在会话中遇到困难时，常通过说日常会话中常用的词语或套语、重复、填补空白的词语或踌躇等手段赢得思考时间，从而避免谈话中止。但这些词语的过度使用就会造成赘余的偏误。如：

（35）S_1：你在出来留学之前有没有比较一下自己要去哪里？

S_2：＊之前我只知道，是北京或者上海这些发展的城市，或者，那个北京是首都，然后如果去北京的话，那个，我只知道那个拿棒球的话，那个手法，跟北方有些不一样，然后，然后只知道这样然后如果到广州的话，跟香港附近。

S_1：现在在中国的生活和韩国的生活有什么一样不一样的地方？

S_2：＊这个在中国，中国比较大，所以，土地大，所以每个地方的自然环境不一样，所以比韩国旅游时间，嗯，旅游的时候很有意思。还有韩国呢，从最南边到最北边，只是五个小时左右，坐火车的时候五个小时左右，可以往来往去，所以一天以内都可以达到。但是中国太大，所以旅游的时候比较需要坐公交，公交，那个公共汽车火车需要坐的时间比较长。

（36）S_1：那你到广州来八个月了，那你对广州的印象怎么样？

S_2：嗯，对广州的印象，广州是从秦代开始的那个，比较古代的那个，但是我觉得在广州没有那个古代的，古代的，明显国界吧，只有很少很少，但是我觉得对广州的印象是比较发展吧。

在调查中，“那个”、“所以”、“然后”是受访者为了拖延时间而滥用的频率最高的词。这些词的赘余出现，影响了篇章的连贯。

对外汉语学界对于偏误成因的分类，不外乎以下几方面：母语干扰，目的语规则泛化，教学误导，交际策略等。在具体分析时，会有重复交叉的地方。如，本章讨论交际策略引发的偏误，其实也涉及了母语干扰和目的语规则泛化等因素。不同的是，交际策略的即时性特点能让我们捕捉到留学生在第一反应下产生的偏误，更能凸显他们在习得中的问题。

有研究者把求助以及模仿、手势语分别列为交际中造成偏误的两种策略。我们认为，求助以直接提问或停顿为主，得到回答后一般会以正确的表达形式进行交际。这虽然间接影响了语篇的衔接与连贯，但反映在转写材料中的语法偏误并不明显。而模仿和手势语属于身体语言，造成的影响与求助类似，所以本章没有探讨这两种交际策略。

在汉语偏误的研究中，基于交际策略的研究目前仍处于起步阶段，需要进行更广泛深入的研究。

参考文献

江　新　汉语作为第二语言学习策略初探　语言教学与研究　2000（1）

刘悦娥　范宏雅编著　话语分析　上海外语教育出版社　2002

鲁健骥　中介语理论与外国人学习汉语的语音偏误分析　语言教学与研究　1984（3）

鲁健骥　外国人学习汉语的词语偏误分析　语言教学与研究　1987（4）

鲁健骥　外国人学习汉语的语用失误　汉语学习　1993（1）

鲁健骥　外国人学习汉语的语法偏误分析　语言教学与研究　1994（1）

罗青松　外国人学习汉语过程中的回避策略分析　第六届国际汉语教学讨论会论文选　北京大学出版社　2003

吕叔湘主编　现代汉语八百词　商务印书馆　1980

彭增安　张少云　第二语言学习者的交际策略研究　云南师范大学学报（对外汉语教学版）　2003（2）

田善继　外国人汉语非对比性偏误分析　汉语学习　1995（6）

王建勤　中介语产生的诸因素及相互关系　语言教学与研究　1994（4）

王立非　国外第二语言习得交际策略研究述评　外语教学与研究　2000（2）

熊　文　论第二语言教学中的简化原则　对外汉语教学的理论与实践　延边大学出版社　1997

中国社会科学院语言研究所词典编辑室　现代汉语词典（第5版）　商务印书馆，2005

周小兵　李海鸥主编　对外汉语教学入门　中山大学出版社　2004

Ellis　R. *Understanding Second Language Acquisition*　上海外语教育出版社　1999

James　C. *Errors in Language and Use*：*Exploring Error Analysis*　外语教学与研究出版社　2001

第6编

语法偏误的认知解释

第十九章
语言普遍性、标记性、自然度与偏误解释

第二语言习得研究领域在经历了对比分析（Contrastive Analysis）、偏误分析（Error Analysis）之后，又出现了语言普遍性理论，这为第二语言习得研究打开了新的局面。应用于第二语言习得研究的语言普遍性理论主要有 Chomsky 的普遍语法（Universal Grammar：UG）和 Greenberg 的类型普遍性（Typological Universals）。这两者分别从内部和外部解释了第二语言习得的本质心理过程和认知过程。Gregg（1996）和 Eubank（1995）甚至认为，Chomsky 的普遍语法理论是第二语言习得中"第一个真正意义上的理论，它的出现，标志着二语习得成为一个完整的研究领域"。

本书第二至第五编分别从母语负迁移、目的语规则泛化、教学误导、交际策略应用四个方面对汉语学习者语法偏误的成因及汉语相关语法规则进行了细致的解释。我们知道，偏误的成因往往是多个层面的。本章的论述尝试应用认知科学的理论方法，在上述四编的基础上，从语言普遍性、语言标记性和语言点的自然度等方面，对相关偏误进行解释。

第一节　语言普遍性与偏误

一、普遍语法与母语习得偏误

普遍语法是“由人类所有语言所共有的原则、条件和规则组成的系统，是人类语言的本质所在”。这个理论认为，语言包括“原则”（principle）和“参数”（parameter）。“原则”反映人类语言的普遍性，是人脑先天固有的，不必通过学习而存在于大脑中。“原则”中固有的语法规则是核心语法规则（core grammar）。而“参数”反映了语言与语言之间的差异，不同语言体现不同的参数值（value）。通过设置参数值而形成的语法规则，属外围语法规则（periphery grammar）。核心语法容易习得，外围语法是习得的困难所在。例如儿童对以下两个句式的习得就体现了这样的规律：

（1）在动物园我看见了一只老虎。

（2）哥哥在外面踢球。

例（1）的“在”是表处所的介词，置于句首，与“在”的核心语义相符，属核心语法规则。我们调查发现，儿童对此类用法掌握得非常好，没有偏误出现。例（2）的“在”并不是一个单纯的介词，而是体标记和介词的远距离合体（陈重瑜，1978），如：他在床上＋他在看电视→他在床上在看电视→他在床上看电视。这一变换过程便是一个参数的重设过程，属外围语法，因而在儿童早期的习得过程中经常出现这样的偏误：

（3）＊哥哥在外面在踢球。

（4）＊妈妈在厨房在做饭，给宝宝吃。

（5）＊有两个人在门口在说话。

（6）＊有个叔叔在路灯下在看书。

（7） ＊老奶奶在路上在卖冰淇淋。

这样的例子不仅体现了普遍语法在母语习得中的作用，同时也从语言生成和发展的角度印证了语言的普遍发展规律。

如果说例（2）的“在”因为需要经历一个整合的过程而使习得难度增加的话，那么作为单纯的表动作进行或状态持续的副词“在”的习得是否就显得容易许多呢？事实上我们发现，儿童对“Np＋在 Vp”结构的掌握并不好。这是因为表动作进行或状态持续的“在”只与持续动词搭配，与其他动词同现受到很多限制，同样不属于核心语法，因而儿童语言中出现了各式各样的偏误，如：

（8） ＊两个小朋友在跳跳舞。

（9） ＊电影在结束。

（10） ＊小汽车在开。

（11） ＊他在撞车。

“跳跳舞”动词重叠表示动作时间短，不能与表进行的“在”搭配，应改为“两个小朋友在跳舞”；“结束”是一个历程动词，具有瞬间性，同样不能与“在”搭配，正确的应是“电影结束了”；当V是一个二价动词，而Np又不是动作的发出者时，也不能跟“在”搭配，要么去掉“在”改成“小汽车开走了”，要么保留“在”改成“宝宝在开小汽车”。当V并非人的主观意愿，且是一个被动承受的受损事件时，也不能用“在”，只能改成“他撞车了”。

二、普遍语法与第二语言习得偏误

母语习得如此，第二语言也不例外。我们在对留学生语料的收集中同样发现了类似的偏误。核心义的表处所的“在”字句掌握得最好，一般不会出现偏误，但其他类型的“在”字句却是错误百出，如：

（12） ＊我正在撞车。

（13） ＊两个人坐了在火车的餐厅。

（14） ＊今天很累，我躺了在沙发上睡着了。

第一句和儿童犯了同样的错误。后两句是“了”的插入错误。表完成的“了”一般紧跟动词之后，表变化的“了”一般置于句末，这是核心语法规则。但“V＋在Np”结构受到其他动结式（如“V到”、“V给”等）的同化（邢福义，1998），“在”和“V”的结合越来越紧，以至于中间不能插入其他成分，因而“了”便要放在“V在”之后。这个语法规则显然属于外围语法，不易被留学生习得。他们要么将“了”放在动词后，要么干脆将“V在”看成一个整体，像其他动词一样运用，如：

（15）＊现在我的妈妈和我们一起住在。（丁安琪、沈兰，2001）

（16）＊我愿意在中国住在。（丁安琪、沈兰，2001）

在留学生的语料中，我们最常见到的偏误之一就是个体量词的误用或遗漏。如：

（17）＊今天我吃了一枚面包。

（18）＊我昨天买了一件毛巾。

（19）＊好大一只鱼啊！

（20）＊一裤子多少钱？

一方面，从语言普遍性来看，个体量词是汉语特有的语言现象，不具有普遍性，留学生掌握起来自然有难度；另一方面，量词与名词存在一个搭配的问题，什么名词搭配什么样的量词，是不受普遍语法限制的，无规律可循。这自然造成了留学生在使用量词时存在大量的偏误。

又如以下偏误：

（21）＊除非解决这些经济方面的问题，才儿童能上学。

（22）＊他一打开盒子，就白烟冒出来了。

正确的句子应是：

（21′）除非解决这些经济方面的问题，儿童才能上学。

（22′）他一打开盒子，白烟就冒出来了。

在许多语言里，两个分句之间的连接依靠位于后一分句句首的连词。汉语具有连接功能的既有连词，又有连接副词。后者即使出现在后一分句，也不能放在句首，而必须放在后一分句的主语和谓语之间。即，副词具有连接两个分句的功能，却不能位于后一分句句首这个最凸显、最合理的位置，只能位于后一分句中间，原因仅仅是它的副词身份。由于母语影响和普遍认知的因素，此类偏误的产生有其“合理性”，出现频率高、延续时间长也就不足为奇了。

第二节　标记性与偏误

一、标记性与语言习得

标记性是基于语言普遍性提出来的。Chomsky（1980、1981）把标记性和语言习得理论明确地联系在一起。在 Chomsky 的语言理论中，核心规则是无标记的，它们受普遍语法制约，容易习得。而外围规则是有标记的，它们不受普遍语法制约，只能慢慢习得。

Greenberg（1963）将标记理论由一种语言内部扩展到几乎人类所有语言中，用标记性将几种不同的语言联系了起来：如果具有特征 X 的语言也具有特征 Y，而具有特性 Y 的语言不具有特性 X 的话，那么 Y 的标记性就比 X 的弱。例如，许多形容词是成对的反义词，一个表积极意义，一个表消极意义。含积极意义的形容词既可表积极义，又可表一般义，是无标记项或弱标记项；而含消极意义的形容词则只能表消极义，是有标记项或强标记项。如：

（23）a. 他很高。（积极意义）　b. 他有多高？（一般意义）

（24）a. 他很矮。（消极意义）　b. *他有多矮？（一般意义）

类似的形容词还有“深－浅，长－短，宽－窄”等等。“高、深、长、宽”的适用面宽，是无标记形容词，“矮、浅、短、窄”的适用面窄，是有标记形容词。留学生在习得过程中会造出这样的句子：

（25） *我对他了解不深，只能讲这么少。

（26） *我只跳了这么矮，肯定不合格。

老师对其进行纠正，“我对他了解不深，只能讲这么多”，“我只跳了这么高，肯定不合格”。学生会不解地问，既然“了解不深”，就只能说“少”，为什么还用“多”呢？既然跳得不高，为什么不能用“矮”呢？这就和形容词的有标记和无标记有关了。有标记的形容词如“少”、“矮”只能用在消极意义上，使用范围受到很大限制；而这里表示的是一般意义而非消极意义，因而不能用“少”和“矮”，而只能用“多”和“高”。可见，对于有标记项的运用，学生的困难较大。

标记等级同样可以用来解释同一语言项不同句式的习得难度。同样是“是”字句，表存现的“是”字句（如“我是韩国人”）学生掌握起来得心应手，但表突出焦点的“是”字句学生运用起来却显得有些力不从心，要么强调部分出错，要么错用句式，要么遗漏“的”字，如：

（27） *这样的事是每年的。

（28） *这个星期是我第三个住在广州的。

（29） *我是从菲律宾来。

正确的句子应为：

（27′） 这样的事是每年都发生的。

（28′） 这个星期是我住在广州的第三个星期。

（29′） 我是从菲律宾来的。

突出焦点的“是”字句结构为“是……的”，“是”有时可以省略，但“的”不能省略，如“我上星期二去的，不过没见着他”。当强调状语时“是……的”中间一般是状动短语、主谓短语或动词等。相比表存现的“是”字句，突出焦点的“是”字句结构要复杂得多，而且形式多样，使用频率较低，属于有标记语言点，学生的习得难度高，因而容易出错。

“有”字句的习得具有同样的特点。“他有一个姐姐”相比“黑板上写有一行字”使用频率高，形式也简单些，属于无标记语言点，习得难度低，不容易出错；后一句式留学生一般采用回避的态度，用其他一些简单的存现句式代替：

（30）纸上写着一个字。

（31）黑板上有一行字。

语言项的标记等级也会影响习得顺序。施家炜（2002）对韩国留学生的个案研究发现，学习者在早期多使用无标记的语调是非问句（多种语言共有）；中后期，有标记的语气词是非问句增加，并与语调是非问句大致持平。

二、标记性、母语迁移和偏误产生

标记性同样适用于不同语言之间的对比，用来解释母语的迁移与否、偏误的产生原因等。例如对汉语语序的习得。留学生在用“主 + 谓 + 宾”结构表达意思时，SVO 的语序基本不会出错；但一旦运用“把”字句（SOV 语序）表达时，偏误便出现了，如：

（32）*因为那时候我国家刚刚把战争脱离。

（33）*每个星期四把在阳台的花浇水。

（34）*这样的情况更把很深的印象给我。

这是母语分别为英语和日语的学生造出的句子。汉语、英语都是 SVO 型。如：“我看书。”“I'm reading the book.”汉语同时存在着一种 SOV 的语序。如最典型的“把”字句：“我把衣服洗了。”而日语则是典型的 SOV 语序。假如说英语母语者因为母语（SVO）和目的语（SOV）的不同而造成偏误的话，那么日语母语者在掌握这类句型时应掌握得很好，在习得 SVO 语序时可能会出现大量偏误。但是事实并非如此。这两种不同母语背景的学生对 SVO 语序的掌握都非常好，而对“把”字句的习得却显示了一定的难度。

根据 Greenberg（1963）对 30 种语言的抽样调查发现，SVO 型的频度是最高的（13 种），SOV 型次之（11 种）。因此可以认为 SVO 为弱标记项，SOV 为强标记项。尽管母语语序是强标记的（日语），由于目的语语序（汉语）是弱标记的，日本学生极少会将母语语序迁移到中介语中来；母语语序是弱标记的（英语），由于目的语语序（汉语）也是弱标记的，英语学生能很快掌握这种与其母语相同的语序。而当目的语语序为强标记的时候，不管母语是否为强标记，偏误率都很高，可见强标记项难度要高些。

当目的语为有标记项时，学生的习得情况又是怎样呢？我们拿第一人称做领属定语的省略情况做例子。我们发现，英语母语者会出现以下偏误：

（35）＊昨天我和我的妹妹去我的姑姑家做客。

（36）＊我叫我的哥哥不要再放音乐了。

（37）＊我的妈妈和我住在汉城。

母语为日语的学生则很少出现这样的偏误。是什么原因造成习得情况的不同呢？大家知道，汉语中第一人称做领属定语，当主语也为第一人称时，领属定语常常不说。上面三句在汉语中一般说“昨天我和妹妹去姑姑家做客”“我叫哥哥不要再放音乐了”“妈妈和我住在汉城”。日语的情况和汉语的相似。而英语则不然，它必须保留这个领属定语。请比较：

汉语：我要去做作业。

英语：I'm going to do <u>my</u> homework.

日语：わたし　は　　宿題　を　　　する　つもり　てす。

字译：我［表主题助词］作业［宾格助词］做要［表断定助动词］

从语言类型学的角度看，汉、日语中的缺省情况属于一种非普遍现象，而英语的不缺省情况属于普遍现象。因而可将汉语、日语这个语法点看成是有标记的，将英语中相关语法点看成是无标记的。在习得一项有标记的语言项时，母语为无标记（英语）的学习者会将母语的无标记迁移到汉语中来，导致偏误；而母语为有标记（日语）的学习者不会迁移这些有标记项，因而掌握得较好。

有意思的是，在对母语分别为日语和英语的学生进行调查时我们发现，他们对汉语特指疑问句的掌握都非常好。日语、汉语的特指疑问句都和陈述句的语序基本一致，只需在提问的位置上替换上疑问词便可以了，从这点看，母语日语者肯定掌握得更好。

值得注意的是，英语特指疑问句跟汉语有很大区别：第一，疑问词放在句首；第二，主语和谓语颠倒语序。如：“What are you doing?”但是英语母语者在学习汉语时，几乎不会将英语语序搬到汉语里。“你在干什么”对于他们来说很容易掌握。

但反过来，中国学生习得英语和日语情况却大为不同。他们对日语的特殊疑问句习得较好，基本没什么问题。问题主要出现在英语的特指疑问句上。他们大都懂得将疑问词移至句首，但却常在疑问词的选择、助动词的加入、词序的颠倒上产生偏误。如会生成这样的句子：

（38） * When you back to country?

（39） * Whose that man wearing the red clothes?

（40） * Who that man on red?”

标记理论对此现象同样具有解释力。汉语和日语的特指疑问句从陈述句变换过来相对都比较简单，也符合人的语言认知，是无标记项。而英语则不是如此简单的替换。英语从陈述句到疑问句的变换需前置疑问词、添加助动词、变换语序等，甚为繁琐，是有标记项。当目的语为无标记时，不管母语为有标记项或无标记项，学生都能很好地掌握此语言项，而当习得目的语的有标记项时，学生掌握起来就不容易了。

第三节　自然度与偏误

一、自然度与人类认知

学习难度需要从心理学出发，考察学习项目的自然度。Hatch（1983）认为，自然度是第二语言习得的决定因素，主要表现为：1）第二语言中某个特征对学习者是否突显；2）一个已知形式与其意义之间的关系是否简单明了；3）语言项目是简单形式还是复杂形式。

留学生在习得表概数的“多”时常出现这样的偏误：

（41）＊阮芳秋昨天买了三多斤苹果。

（42）＊他很瘦，只有四十公斤多。

（43）＊他已有八十岁多。

一种语言中“多”一般只有一个位置，或在数词前，如英语、越南语；或在数词后，如印尼语、土耳其语：

英语：a. more than three kilograms　b. over thirty kilograms

越南语：a. hon（多）ba（三）can（公斤）　b. hon ba muoi（十）can

印尼语：a. 8 tahun（岁）lebih（多）　b. 80 tahun lebih

土耳其语：a. 8 yasin（岁）uzerinde（多）　b. 80 yasin uzerind

但汉语“多”与数量词搭配有不同的位置，表达不同的意思，如：

（44）a. 十岁多（10-11 岁）b. 十多岁（11-15、16 岁）

这种区别只是在跟“十”结合时才突显出来；而在尾数小于十的数字或在大于十、尾数为 0 的数字中，“多”的位置只有一个：

（45）a. 三岁多　b. ＊三多岁

（46）c. ＊三十岁多　b. 三十多岁

这种情况下，与“十”不同搭配时的区别被模糊化，被忽略了。而这种模糊和忽略，又使含“多”概数词语形式和意义的关联模糊了，学习者理不清形式与意义之间的对应关系，在语言认知上有困难，因而会产生偏误，出现类似例（41）-（43）的偏误，这不但跟母语负迁移有关，而且也跟汉语中“多”和数词、单位词组合时规则复杂、意义与形式之间的关系多样化有关。

语言自然度有时也和语言项目的难易有关。一般来说，简单结构比复杂结构认知难度低，较容易习得，复杂结构较易出错：

（47）a. 会唱歌的人很少。

b. ＊会唱音乐英文的人很少。（正：会唱英文歌的人很少。）

（48）a. 他是我的老师。

b. ＊他是我的老师教汉语。（正：他是教我汉语的老师。）

二、自然度的高低与偏误生成

自然度因素跟人的认知有关，可称为“语言认知难度”。由此引起的偏误，是认知性偏误，又称“普遍偏误”。第二语言习得者的偏误和第二语言的自然度高低有关。

汉语含“半”的时量词语对外国人来讲也是一大难点，如：

（49）＊今晚他只喝了一半瓶就醉了。

（50）＊从我家坐火车到广州要八个小时半。

正确的句子应是：

（49′）今晚他只喝了一瓶半就醉了。

（50′）从我家坐火车到广州要八个半小时。

这主要是由自然度因素引起的。请比较：

汉语：三个月＋半个月→三个半月

英语：three months + half month → three months and a half

越南语：ba tháng + <u>nửa</u> *tháng* → ba tháng <u>rưỡi</u>

词译：三月　半月　三月　半

斜体表删除或增加，下画线表替换。对比可知，英语和越南语采用后删除，将深层结构中后一词组跟“月”相对应的month/tháng删除。表层结构的语义组合和结构层次比较合理，自然度高。外国人学习时不会产生误解，不易出现偏误。此外，英语的语义加合标志“+”在表层结构用and标示，容易学习。

但是，汉语采用间隔删除，将前一词组的“月”和后一词组的“个”删除。表层结构的形式组合和语义加合关系不够合理，自然度低。外国人学习时不知如何划分层次。输入时可能误解为“三×半个月”，按“三个/半月”来理解；输出时可能生成“*三个月半”，因为“三个月/半”的语义组合较合理，自然度较高。

又如表“取得”类的双宾结构。如汉语的“买+某人+某物”“偷+某人+某物”，英语的“buy + sb. + sth.”“steal + sb. + sth.”。汉语和英语的结构完全相同，但意义却截然相反。例如：

(51) 我买了他三本书。(意思：我从他那儿买了三本书。)

(52) 他偷了张三一辆自行车。(意思：他从张三那儿偷了一辆自行车。)

(53) I bought father a watch. (意思：我给父亲买了一个手表。)

(54) He stole Mary a bicycle. (意思：他偷了一辆自行车给玛丽。)

留学生在习得汉语这两个结构时基本没什么问题，但中国人学习英语时在理解上就经常出错，上面两个句子他们的理解是：

(53′) *我买了父亲一个手表。

(54′) *他偷了玛丽一辆自行车。

这和语言认知难度不无关系。和“取得”类动词关系最密切的论元是“来源”和“客体”，即“从哪里取得”、“取得什么东西”，汉语上述两个结构中这两个论元都表示得非常清楚，而在英语结构中，只有论元“客体：取得什么东西”，而没有“来源”。其次，一般人们关心的首先是“从哪儿买/偷”、“买/偷了什么东西”，然后才是“买/偷来干吗”，汉语的结构语序符合人的认知顺序，认知难度不高；而英语结构的论元“目的”和“取得”动词没有直接联系，加上英语的动词是右向动词，因而在认知上的顺序是“买/偷来干什么/给谁”然后才是“买/偷了什么东西”，这不大符合一般的认知顺序，认知难度高，在认知上容易产生误解，因而习得难度也较高。

参考文献

戴曼纯 UG理论与第二语言习得研究 外语与外语教学 1998(2)

戴曼纯. 普遍语法可及性三假说 外语教学与研究 1998(1)

丁安琪 沈 兰 韩国留学生口语中使用介词“在”的调查分析 语言教学与研究 2001(6)

丰国欣 普遍语法与二语习得相关程度研究综述 湖北师范学院学报 2002(4)

房玉清 实用汉语语法 北京大学出版社 2001

盖淑华 标记理论在语言习得中的作用 四川外语学院学报 2002(2)

郭 巍 韩晓惠 普遍语法框架下“母语迁移”作用的争论 外语学刊2002(2)

韩 芳 普遍语法理论在第二语言句法习得中的应用 雁北师范学院学报 2004(4)

胡国安 语言的标记性及其对语言迁移的影响 福建外语 2002(4)

胡国安 外语习得中的标记性 安徽工业大学学报 2002(1)

黄锦章 刘 焱主编 对外汉语教学中的理论和方法 北京大学出版社 2004

李 丹主编 儿童发展心理学 华东师范大学出版社 1987

李晓琪 母语为英语者习得“再”、“又”的考察 世界汉语教学 2002(2)

李宇明 儿童语言的发展 华中师范大学出版社 1995

寮 菲 第二语言习得中母语迁移现象分析 外语教学与研究 1998(2)

刘东楼 普遍语法与母语迁移 山东师大外国语学院学报 2002(3)

林 榕 论普遍语法与语言习得 湖南大学社会科学学报 1995(1)

罗晓英 论普遍语法观与第二语言能力研究 暨南大学华文学院学报 2001(3)

尼尔·史密斯 达埃德尔·威尔逊著 李谷城等译 现代语言学：乔姆斯基革命的结果 外语教学与研究出版社 1983

潘平亮 标记、无标记与二语习得 黔西南民族师范高等专科学校学报 2002(1)

阮亦慧 “习得”/“学得”与语言标记的联系 山东外语教学 2002(1)

施家炜 外国留学生22类现代汉语句式的习得顺序研究 世界汉语教学 1998(4)

时锦瑞 标记和第二语言习得 四川外语学院学报 2002(4)

唐承贤 标记理论探析 外语研究 2003(4)

王初明 解释二语习得 连接论优于普遍语法 外国语 2001(5)

王瑞昀 普遍语法与语言习得 江苏大学学报 2004(1)

王 薇 从联结主义看普遍语法对二语习得的意义 四川外语学院学报 2002(6)

王文斌　普遍语法与第二语言习得理论研究　外国语　2001（3）

王文琴　论“普遍语法”对语言输入量的作用　外语研究　2003（6）

武和平　二语习得中“逻辑问题”的逻辑与普遍语法可及性假说　外语学刊　2004（3）

邢福义　汉语语法学　东北师范大学出版社　1998

张国宪　语言单位的有标记与无标记现象　语言教学与研究　1995（4）

周国光　王葆华　儿童句式发展研究和语言习得理论　北京语言大学出版社　2001

周小兵　李海鸥主编　对外汉语教学入门　中山大学出版社　2004

周小兵　学习难度的测定和考察　世界汉语教学　2004（1）

朱曼殊主编　儿童语言发展研究　华东师范大学出版社　1986

Bardevi-Harlig　K. 1987 Markedness and Salience in Second Language Acquisition　*Language Learning*

Bernard Comrie 1988 Linguistic typology　*Linguistics*：*The Cambridge Survey*1：447 –461（廖秋中译　语言类型学　国外语言学　1990（4））

Eckman　Fred 1997　Markedness and contrastive analysis hypothesis　*Language Learning* 27：315 –330

Doughty　C. J. & Long　M. H.（eds.）2003　*The Handbook of Second Language Acquisition*　United Kingdom：Blackwell Publishing Press

Ellen Broselow 1988　Language：Psychological and Biological Aspects　*Linguistics*：*The Cambridge Survey* 3　（王嘉龄译　第二语言习得，《国外语言学》1990（2））

Joseph H　Greenberg 1963　Some Universals of Grammar with Particular Reference to the Order of Meaningful Elements　*Universals of Language*　Cambridge：MIT Press　（陆丙甫　陆致极译　某些主要跟语序有关的语法普通现象　国外语言学　1984（2））

Larsen –Freeman　D.　et al 2000　*An Introduction to Second Language Acquisition Research*　Beijing：Foreign Language Teaching and Research Press

Rod Ellis 1985　*Understanding Second Language Acquisition*　Oxford：Oxford University Press　（《第二语言习得概论》　上海外语教育出版社　2000）

Rutherford, W.　1982　Markedness in second language acquisition　*Language Learning* 32：85 –107

William C　Titchie and Tej K　Bhatia（eds.）1996　*Handbook of Second Language Acquisition*　Academic Press

Zobl　H.　1983　Markedness and projection problem　*Language Learning*　33：293 –313

第二十章
疑问句偏误的认知解释

疑问句有一定的发展过程，期间会先后出现一系列中介语结构，并体现出一个各种疑问标记从无到有、由简到繁、从不完善到完善的过程。此间所发生的专属疑问范畴的偏误，与语言的普遍性、标记性、自然度相关，可以从认知的角度进行解释。

需要说明的是，语言的普遍性、标记性、自然度这三个概念目前并无统一而明确的界定，三者之间会有重叠之处。语言普遍性：一指诸语言的共性，有乔姆斯基的普遍原则（核心语法），和 Greenberg 及 Comrie 的蕴含普遍性（“优势”倾向、蕴含等级）；二指某语言内部的分布和频率，其中分布广、频率高的语言项的普遍性更高。语言自然度：主要是根据认知难度，比如结构、语义的复杂度；特征的突出性、形式与意义的清晰性①。语言标记性：主要参考的是频率的高低、分布的广窄、形式的简繁（Croft，1990），语义的核心与边缘（Kellerman 时间）等的相对程度，标记性体现一种相对的程度。因此，我们在下面提到普遍性、标记性、自然度这些概念的时候，只是一个笼统的提法。

本章所举例句，有的后边标明了学习者的国籍与学时等级，如 L1、L2 为第一学期学生，L3、L4 为第二学期学生，L5、L6 为第三学期学生，每组中后一类比前一类汉语水平略高一些。

---

① Hatch（1983）认为自然度在二语习得句法和话语领域起主导作用。

第一节　添加类标记

一、“吗”的遗漏

先看例句：

（1）＊他们也回忆我们的幸福时光（　　）？＊每当下雨，他们也想见面一起（　　）？

（2）＊你去了旅行在中国（　　）？（法 LI）

（3）＊你在中山大学的宿舍(住)（　　）？（阿尔及利亚 L1）

（4）＊（这个电影）我不知道，有名人（　　）？（瑞典 L1）

在习得初期的口语中，“吗”字问的主要偏误是“吗”的遗漏。在对一个英语母语学习者的个案研究中，统计其所有跟“吗”相关的疑问句，误漏“吗”的句子高达61%。

误漏“吗”而成的偏误性语调问，与正确的语调问不同。前者应是既“疑”且“问”的高疑“吗”字问形式，后者是侧重于“疑”而弱于“问”的表惊疑用于求证的低疑问。误漏“吗”是因学习者习得之初，未能稳固建立句末添加疑问标记的意识，所以往往用最自然简单因而也是最普遍的办法，将一般陈述句“升调/句尾高音调”化来表示疑问。这就是习得初期语调问使用率多的原因。

值得我们注意的是，尽管学生母语不同，但学习者普遍存在“吗”的遗漏现象。英语等语言问句中没有添加类疑问标记，母语是这些语言的学习者，遗漏“吗”是很自然的。但是，泰语、日语等语言中问句有添加类疑问标记，泰国、日本学生也会遗漏“吗”。这只能用自然度、标记性来解释了。

从自然度的角度看，句末升调表示是非问是最自然的。儿童习得母语也往往是先习得语调问，然后才学会其他复杂一些的问句。英语母语学生受母语影响遗漏“吗”，当然跟母语负迁移有关，但跟自然度也有关。泰语、日语为母语的学生遗漏“吗”，就只能用自然度来解释了。他们在学习目的语时，似乎又回到幼儿习得母语的阶段一样，采用最自然的方式（语调问）来表示疑问。

当然，母语是否有添加标志在这个偏误点上的表现还是不同的：母语中无“添加”类疑问标记的学习者（英语母语者）的偏误量稍多一些，延续时间稍长一些。

不过，“吗”遗漏率的高低随语言情境的不同而不同，在基于书面语对话体的考察中发现，书面语中误漏“吗”的句子极少，而在自然谈话中误漏“吗”的现象明显要多得多。这可能是因为书面语体偏向于谨慎语体，而自然口语属于随意语体。在这些不同风格的语体中，言语主体对语言形式的关注度不同（Tarone），对语言计划程度不同（Ellis），言语的准确度也相应地不同。谨慎语体更关注形式，而随意的口语中多关注意义，因时间的制约以及计划性差更易于产生省略。

二、“呢”的遗漏

在简略问“N 呢?”中，当 N 为“你”以外的其他词语时，留学生容易将“呢”误漏，如：

（5）甲：他叫什么？乙：他叫小明。甲：＊她（　　）？

（6）甲：昨天下午你干什么？乙：我在上课。甲：＊晚上（　　）？

简略问在一般语言中都有，如韩语、泰语、英语、西班牙语。但有的语种有与“呢”对应的添加标记，如泰语；有的则没有类似添加标记，如英语、西班牙语。“呢”的遗漏原因与以上“吗”遗漏的原因一样，跟语言点的自然度有关。“呢”的遗漏现象在我们追踪的母语为英语、泰语（有与“呢”对应的词）的学习者中都有。

三、“吧”的回避和被误代

“吧”作为疑问标记在汉语中远不如“吗”典型、普遍，认知上显著度不高。跟“吗”相比，它是分布和频率意义上标记性更强的标记。“吧”是一种不同于印欧语系“位移”手段的一种“添加”手段；而且在一些具有“添加”手段的语种中（如泰语），没有与“吧”对应的一种专用于测度问的标记；因此，“吧”是一种很独特的、语际差异难度大的标记。因此学习者要么用更简单更普遍的语调问或“吗”字问来替代，要么干脆畏难回避。

赵果（2003）的研究发现，“吧”的始用时间较晚。这跟我们所进行的个案和群案考察结果相同。我们的个案考察发现，学习者大约是从第二学期开始用“吧”。即使开始用“吧”，使用率也非常低，这说明学习者回避“吧”的使用。

“吧”的误代，指在明显应该用“吧”的情境或句法语境中使用更普遍的“吗”。如：

（7） ＊还没带来你的行李吗？（韩 L2）（依谈话情景得知应使用“吧”）

（8） ＊你是多（很）疲倦吗？（韩 L2）

（9） ＊你有点胖了吗？（日 L3）（依谈话情景得知应使用“吧”）

（10） ＊那广州的生活太困难吗？（日 L4）

这种误代同样可以从认知上进行解释。首先，在汉语内部“吧”的普遍性不如“吗”。其次，尽管有些学生的母语含有添加类疑问标记，但大多数学习者只将母语中添加类疑问标记与汉语中的“吗”对应。有两种情况，一种是母语中虽有“添加”类标记，但没有与“吧”对应的标记，只有与“吗”对应的标记，因此，“吧”的语际差异难度大，学生在母语负迁移和目的语规则泛化的双重影响下，用“吗”来替代“吧”。另一种情况是，母语中即使有跟“吧”对应或大致对应的成分，但由于此类成分在学生母语中也是标记性比较强的，在儿童习得母语中也是后习得的，因此，学习者倾向于迁移标记性比较弱的、跟“吗”大致对应的成分，所以出现了上述“吧”被“吗”误代的偏误。

第二节　重叠标记

用肯定、否定重叠的方式表示疑问，在所有语言中不多，习得难度较高，容易出现偏误。一般来说，与肯定、否定重叠手段相比，添加手段在诸语言中的分布要更加普遍。汉藏语及日语、马来语等都可以使用添加标志来表示疑问，而重叠只在汉藏语系的一些语种中存在。

一、正反问的回避

从认知难度来看，句中确定适当的谓词性成分再进行正反“重叠”的手段，比句末添加“吗”的方式难度大。因此，正反问是汉语问句系统中较为独特的、标记性较强的问句，而是非问是汉语中较为普遍的、标记性较弱的问句。有统计显示，是非问的出现频率远远高于正反问：二者比例为25%和4.7%。因此，学习者在表达特定意义时，可能回避标记性强、认知难度大的正反问，而选择标记性弱、认知难度低的是非问。

笔者在对约三万字的对话语料的统计中发现，是非问的总频次大大高于正反问（2.4：1），即使在两种问句可以互换的情况下（即结构简单的高疑问），学习者仍偏向于使用是非问而非正反问。可见，相同的功能，第二语言学习者偏向于用是非问来承担。这一点甚至在母语为汉语者中也不例外，陈妹金（1995）在进行大量语料统计后得出结论：“北京话正反选择内容（及正反问）主要由是非问尤其是‘吗’问句承担。”

二、正反问句中的误代

正反问句的偏误主要是用“X不X”替代“X没X”。如：

（11）＊你<u>去不去</u>长城<u>了</u>？L1

（12）＊中国很大的国家，去不去别的地方？（问对方以前在中国的情况）L5

学习者偏向于使用目的语中普遍的、认知难度小的语言项。“X不X”不体现时体特征，在目的语汉语中普遍性强，标记性弱；“X没X”体现“过去、完成”的时体特征，在目的语汉语中普遍性弱，标记性强。第二语言习得中，普遍性强的或自然度高的（即标记性弱的）语言形式认知难度相对低，因而更易于习得，学习者往往以普遍度高的项目（“X不X”）代替相似的语言项。

如例（11），句末“了”显示学习者有体现过去时体特征的意识，却未能以“X没X”结构来体现，而以普遍性强的或自然度高的“X不X”后附“了”来表示。在笔者所考察的各类疑问句语料（口语、书面语）中发现，“X没X”的使用率极低。用“X不X”误代“X没X”的不少，但没有一例是将“X没X”误代“X不X”的。当然，这类偏误的发生还主要与“没”、“了”的习得相关。

第三节　疑问词标记

一、特指问句中的疑问代词

可以大致分为几类。

1. 误代

用相似的简单常用的疑问词代替复杂的不常用疑问词，尤其用“什么”等代替语义稍难的疑问代词，造成表意不准确，并导致过度使用某词或某格式。如：

（13）＊你们的New Year什么时候，啊……<u>什么月</u>？

（14）＊老师（的）老师谁人？

例（13）以“什么”代“哪（一）个”“几”。因为“什么”经常做定语的，可以修饰许多名词（什么人，什么东西，什么学校），使用频率很高。“哪（一）个”的频率和分布都远不如“什么”，结构复杂且与学习者母语的差异大，标记性强，习得难度大。“几”的使用频率也不如“什么”高，而且通常用来询问人或事物数量的多少，习得难度也比“什么”要大。因此，学习者选择了简单普遍的“什么”。

例（14）以常用的“谁”取代在定语位置上使用频率较低的“什么样/怎么样”。“谁”常常用来指代人，但是当它做定语时，往往要加“的”（谁的书/谁的报纸/谁的老师/谁的人）；如果是表示对人性质、状态的描述，不能用“谁”，只能用“什么样”或“怎么样”，后边加“的”。如：

他是什么样的人 // 新来的厂长是怎么样的领导

从语言对比上看，“谁”在任何语言中都有对应项，而“什么样”、“怎么样”却未必有。就一种语言而言，即使这些成分都有，“谁”的出现环境、使用频率仍远远多于、高于“什么样”和“怎么样”。因此，“谁”的习得难度相对要低，不论是在母语习得中还是第二语言习得中，都比“什么样”、“怎么样”要先习得。可见，学习者用“谁”来误代“什么样”、“怎么样”是很自然的。

此外，还有类似的以简单常用的“几岁”误代复杂的“多大年纪”。这些都主要与认知难度相关。

2. 错序

错序最常见的偏误是，集中使用疑问词的最常用、自然的句法位置，而回避疑问词的非常用、自然的句法位置。如将“为什么”、“什么时候”置于句首位，将“（介词＋）哪儿”放在宾语位置，使某些句子显得别扭，或明显成为偏误。如：

（15）＊你看冷山哪儿了？（瑞典）

（16）＊你学习哪里？（厄瓜多尔）

（17）＊你工作在哪儿？（英）

（18） *你们一起吃饭在哪儿?（印尼 L2）

（19） ? 为什么你去图书馆读书? 你有没有读写课本?（前后句子不很顺畅）

（20） ? 什么时候这个球拍 play?

“为什么、什么时候”等部分疑问代词出现前移句首的倾向，这可能与被试熟悉的英语的迁移有关。同时也可能与疑问代词语义辖域相关：关涉整个事件的原因及发生时间的“为什么、什么时候”更易于置于句首，而“什么”之类语义仅关涉事件的局部、句子的某部分，不大可能置于句首。另外，句首、句尾位置认知显著度高于句内位置，语言处理中受记忆容量限制相对小，因而优先发展疑问词的句首、句尾句法位置，当这一“偏向”过度时便易发生以上偏误。

二、疑问选项连接词“还是”

选择问中疑问标记是疑问选择项连接词“还是”，选择问主要偏误表现是：早期多遗漏或误代，中期多遗漏。如：

（21） *什么时候吃? 早上，晚上，下午?（遗漏）

（22） * （这种水果）很便宜或很贵?（误代）

（23） * （你写文章）一个月一个年?（遗漏）

（24） *你一个人（去），丈夫一起……去?（遗漏）

关于漏用“还是”的情况，第一节谈到“吗、呢”的习得最先都有标记漏用的偏误。Zobl 通过研究总结出具有普遍性的相关规律：习得第二语言中一种新的形式标记，一般要经历省略标记阶段和“变换”标记阶段，再进入近目的语形式阶段。这是第二语言习得中因语言的普遍性和自然度的影响而出现的十分普遍的现象。第二语言学习者最初都愿意使用更自然普遍的无标记形式（即漏用标记形式）。漏用标记现象也符合 Hyltenstam 所概括的关于“母语迁移和标记性”规律。当习得第二语言中有标记形式时，不论学习者母语对应项是有标记的还是无标记形式，其中介语都是无标记形式，这里就表现为标记漏用的现象。而他所概括的关于“母语迁移和标记性”

种种规律的精髓，即“母语无标记（普遍自然）迁移二语，母语有标记（不普遍自然）不迁移”，说明了“语言的普遍性制约着二语习得”。

以上各类偏误都是在中介语汉语问句的发展过程中出现的。这些偏误之间似乎有较大的相似性。综合起来，偏误不外乎两种类型。一种是将形式标记遗漏，如语助词“吗、呢”和连接词“还是”遗漏。另一种是以简代繁，如“吗”代“吧”，“X不X”代“X没X”，简单常用的疑问词代替复杂不常用的疑问词，等等。

各类偏误的共同之处是，第二语言学习者在掌握目的语之前，都明显倾向于使用无标记形式、自然度高的形式、简单普遍的形式。哪怕是某些蕴含母语迁移成分的偏误，如“为什么”一律前置和介宾“哪儿”后置于句尾，也都有语言的自然度在起作用，即母语迁移的往往是自然度高的弱标记形式，而不会迁移不太自然的强标记形式，就像学习汉语特指问时不会迁移母语英语中主谓倒置的非自然的强标记形式一样。

参考书目

徐　杰　普遍语法原则及汉语语法现象　北京大学出版社　2001

李宇明　唐志东　汉族儿童问句系统习得探微　华中师范大学出版社　1991

李宇明　语言的理解与发生　华中师范大学出版社　1999

李宇明　疑问标记的复用及标记功能的衰变　中国语文　1997（2）

沈家煊　类型学中的标记模式．外语教学与研究　1997（1）

陈妹金　北京话疑问语气词的分布　功能及成因　中国语文　1995（1）

赵　果　美国学生“吗”字是非问的习得　世界汉语教学　2003（1）

邵敬敏　现代汉语疑问句研究　华东师范大学出版社　1996

Larsen – freeman and long　第二语言习得研究概况　外语教学与研究出版社　2000

Rod – Ellis　第二语言习得概论　上海外语教育出版社　1994（以上外文文献基本转引自此）

后　记

本书是国家对外汉语教学领导小组办公室“十五”规划项目《留学生语法偏误的生成原因和相关汉语语法规则的解释》（HBK01－05/068）的主要成果，全国社科规划办公室“十一五”科研项目《对外汉语语法点学习难度、排序及偏误研究》（05BYY030）的部分成果。

本书是集体合作的结晶。周小兵是这两个项目的主持人，负责全书的策划、组织，和全书的审稿改稿统稿。邓小宁负责第二编的审稿改稿。朱其智负责第三编的审稿改稿。

各章节的撰写情况如下：

第一编：第一章第一节，周小兵；第二节，源洁渝；第三节，源洁渝、刘宏帆。第二章，周小兵、朱其智。

第二编：第三章，彭淑莉。第四章，第一节，赖鹏；第二节，赵成新。第五章，第一节，邓小宁；第二节，王黎今；第三节，米原千秋（日）。第六章，第一节，邓小宁；第二、三节，陈珺。第七章，何黎金英（越）、杨氏金枝（越）、陆振邦（越）。第八章，徐霄鹰、尹世伟（泰）。第九章，第一节，林凌、张念；第二节，李晓雪。

第三编：第十章，王静。第十一章，刘瑜。第十二章，朱其智。第十三章，赵成新。第十四节，刘连海。

第四编：第十五章，柯露晞。第十六章，邓小宁。第十七章，姚清垠。

第五编：第十八章，源洁渝。

第六编：第十九章，陈凡凡。第二十章，丁雪欢。

周小兵、朱其智、徐霄鹰、林凌、邓小宁、张念、赖鹏、王黎今是中山大学教师，后四位为兼读博士生。尹世伟是泰国华侨崇圣大学教师。其余为中山大学博士生、硕士生。其中，丁雪欢、赵成新为在职生，分别在汕头大学、河南大学任教；陈珺、王宇、李晓雪、刘连海、王静、姚清垠、源洁渝、刘宏帆毕业后分别就职于华南师范大学、东北师范大学、广东工业大学、湛江海洋大学、绵阳师范学院、广州市国土资源和房屋管理局、广东省检察院、深圳市职业技术学院。

本书研究使用的主要偏误语料，来自中山大学“汉语中介语偏误标注语料库”。该语料库建设是中山大学“十五”“211 工程”重点学科建设项目《智能逻辑系统及其应用》的子项目。

感谢赵金铭教授为本书写序。赵教授一贯重视对外汉语教学语法的研究，并有专文论述；对外国人学习汉语语法偏误的研究，他一直十分关注。

感谢北京语言大学出版社对此书出版的支持。这是对偏误研究最有力的支持，是对作者最大的鼓励。

本书在撰写过程中还存在一些不足，希望得到读者的指正。

作者

2007. 10. 10